JAN ULLRICH

mit Dennis Sand

HIMMEL, HÖLLE – UND ZURÜCK INS LEBEN

NXTLVL

Wichtiger Hinweis
Die im Buch veröffentlichten Empfehlungen wurden von Verfasser und Verlag sorgfältig erarbeitet und geprüft. Eine Garantie kann dennoch nicht übernommen werden. Ebenso ist die Haftung des Verfassers bzw. des Verlags und seiner Beauftragten für Personen-, Sach- und Vermögensschäden ausgeschlossen.

Auch wenn eine gendergerechte Sprache wünschenswert ist, gibt es aus Sicht des Verlages bisher keine befriedigende, gut lesbare Lösung. Der leichteren Lesbarkeit zuliebe haben wir des Öfteren von der Doppelung männlicher und weiblicher Formen Abstand genommen. Selbstverständlich liegt es uns fern, dadurch einen Teil der Bevölkerung zu diskriminieren.

3. Auflage

NXT LVL GmbH, An der Dornwiese 2, 82166 Gräfelfing
www.next-level-verlag.de

Co-Autor: Dennis Sand
Lektorat: Christiane Geldmacher, Bremberg
Korrektorat: Christiane Otto
Satz: Satzwerk Huber, Germering
Umschlaggestaltung: www.b3k-design.de, Andrea Schneider & diceindustries
Coverfoto: ©Axel Gross
Druck: GGP Media GmbH, Pößneck
Printed in the EU
ISBN Print: 978-3-949458-72-9
ISBN E-Book (PDF): 978-3-949458-73-6
ISBN E-Book (EPUB, Mobi): 978-3-949458-74-3

Inhalt

III RESILIENZ

IV RESPEKT

Vorwort

Es heißt, dass der Mensch seine eigenen Grenzen mindestens einmal überschreiten muss, um zu erkennen, wer er wirklich ist. Grenzen habe ich in meinem Leben einige überschritten. Als Radsportprofi gehörte das gewissermaßen zu meiner Berufsvoraussetzung. Ich habe von klein auf gelernt, dass ich im Sport nur erfolgreich sein kann, wenn ich die Grenzen, die mir gegeben wurden, nicht akzeptiere. Wenn ich über das hinausgehen würde, was mich limitiert. Und mir waren einige Grenzen gesetzt. Ich war ein kleiner, schmächtiger Junge, der in der DDR aufwuchs und nie wirklich einen Vater hatte. Als Kind glaubte ich selbst nicht, dass jemals etwas Außergewöhnliches aus mir werden würde. Und dann entdeckte ich den Sport. Der Sport veränderte alles in meinem Leben. Ich lernte durch ihn, dass es eigentlich keine Grenzen für uns gibt. Dass wir sie alle überwinden können. Wenn wir uns nur hart genug dafür vorbereiten.

Ich hatte immer einen Traum. Ich wollte einmal an der Tour de France teilnehmen, dem größten und wichtigsten Radrennen der Welt. Für einen Sportler aus der DDR eigentlich unmöglich. Am Ende habe ich achtmal teilnehmen dürfen. Fünfmal wurde ich Zweiter. Einmal gewann ich sie sogar – als erster und einziger Deutscher in der Geschichte. Die Tour de France ist nicht einfach nur ein Radrennen. Die Tour de France ist das härteste Radrennen der Welt. Sie ist ein Mythos. Sie ist mit nichts zu vergleichen. In drei Wochen legen die Fahrer rund 4000 Kilometer zurück. Sie überwinden Steigungen bis zu 20 Prozent. Und das kilometerlang. Im Radsport gibt es eine Fähigkeit, die als unentbehrlich gilt: die Fähigkeit, Schmerzen zu ertragen. Wer die Tour de France bestehen will, der muss noch viel größere Schmerzen wegstecken. Schon während der ersten Etappen schreit jede Faser des Körpers nach Erholung. Die Kunst ist es, diesen Schmerz zu ignorieren. Einfach weiterzufahren.

Ich habe mich oft gefragt, warum ausgerechnet dieses Rennen für viele Menschen so eine Faszination ausmacht. Warum auch ich schon in jungen Jahren meine großen Helden am Bildschirm verfolgte und ein Rennen mich mehr fesselte als jeder Krimi.

Ich glaube, dass die Menschen so fasziniert von der Tour de France sind, weil sie für so viel mehr steht als bloß für den Radsport. Seit mehr als 120 Jahren existiert die Tour. Sie hat Kriege, Skandale und Pandemien überdauert. Und sie hat unzählige Geschichten geschrieben. Es gab historische Triumphe und furchtbare Tragödien.

Die Tour de France ist größer als wir alle zusammen, aber zugleich ist sie auch ein Spiegel für jeden einzelnen von uns. Die Tour zeigt, wie der Mensch im Angesicht einer übermenschlichen Herausforderung reagiert. Und die Tour beweist, dass wir Menschen Anstrengungen auf uns nehmen können, die wir selber nicht für möglich gehalten haben. In der Tour ist es wie im Leben. Auch im Leben werden wir vor Herausforderungen gestellt, die für uns oftmals unüberwindbar erscheinen. Und am Ende gelingt es uns doch, sie zu meistern. Oftmals unter Schmerzen und Verlusten. Aber es gelingt.

Auch mein Leben war voller düsterer Etappen, die mir kaum überwindbar erschienen. 2006 brach für mich eine Welt zusammen. Ein Dopingskandal holte mich ein und ich wurde von meinem Team suspendiert. Ein Jahr später beendete ich meine Radsportkarriere. Ich fiel in ein sehr tiefes Loch. Ich hatte mein ganzes Leben dem Radsport geopfert. Und jetzt brach er weg. Ich versuchte ein neues Kapitel aufzuschlagen, aber die Vergangenheit ließ mich einfach nicht los. Ich brauchte beinahe 15 Jahre, um mit ihr ins Reine zu kommen. Diese Jahre waren begleitet von schweren Krisen. Von Alkohol- und Drogenabstürzen, von der Trennung von meiner Frau und gesundheitlichen Problemen. Ich habe mich erst wieder gefangen, als ich lernte, meine eigene Geschichte zu akzeptieren. Und mir meine Fehler einzugestehen. Besonders die Sache mit dem Doping. Ja, ich habe gedopt. Diese Wahrheit auszusprechen, fiel mir aus so vielen unterschiedlichen Gründen so ungeheuerlich schwer. Ich habe nie darüber gesprochen, weil ich dachte, dass es wahnsinnig kompliziert wäre, all die Dinge zu erklären, die ich erklären müsste. Dass ich in ein Radsportsystem gekommen war, in dem ich keine Chance gehabt hätte, wenn ich nicht auch gedopt gewesen wäre. Dass ich mit jeder Aussage, die ich machte, automatisch meine Radsportkollegen belastet hätte, die für mich meine Familie waren. Aber die Wahrheit ist: Es wäre ganz einfach gewesen. Ich hatte einen schweren Fehler gemacht. Und ich war lange nicht bereit, diesen auszusprechen. Ich habe ihn mit mir herumgetragen, wie ein unbehandeltes Geschwür, das immer größer und größer wurde und drohte, mich irgendwann umzubringen. Bis ich endlich erkannte, dass ich etwas ändern musste, sollte ich noch viele dunkle Jahre durchleben.

In all diesen Krisensituationen habe ich etwas mitgenommen. In all diesen Situationen habe ich etwas gelernt. Vieles leider nicht immer sofort. Vieles verstehe ich erst heute, im Rückblick. Aber so ist es ja oft im Leben. Wie hat der dänische Philosoph Sören Kierkegaard einmal geschrieben? Das Leben lässt sich nur rückwärts verstehen, muss aber vorwärts gelebt werden.

Dieses Buch ist keine klassische Biografie. In diesem Buch möchte ich verschiedene Etappen meines Lebens noch einmal Revue passieren lassen. Ich habe auf all diesen Etappen etwas gelernt. Über mich. Aber auch über das Leben. Und vielleicht kann ich einen kleinen Teil von dem, was ich in all dieser Zeit begriffen habe, mit diesem Buch weitergeben. Dazu habe ich einige meiner Erkenntnisse zu Learnings verdichtet, die hoffentlich auch anderen Menschen weiterhelfen und Mut machen können.

Ich war ganz weit oben. Ich war aber auch ganz tief unten. Ich habe das Leben in seinen Extremen kennengelernt. Und ich habe es überlebt. Wenn ich das kann, dann können andere das auch.

Vielleicht gibt es nicht die eine Strategie dafür. Aber ich glaube, dass es wichtig ist, dass wir einen Wertekompass haben, an dem wir uns festhalten können. Einen Kompass, der uns auch in der tiefsten Dunkelheit eine Richtung zeigt. Vielleicht finden wir nicht immer den richtigen Weg. Das müssen wir auch gar nicht. Denn auch ein falscher Weg führt uns an einen Ort, an dem wir etwas über uns lernen können. Und von diesem Ort können wir dann einen neuen Weg einschlagen, der uns dann vielleicht zu unserem ursprünglichen Ziel führt. Wenn wir ankommen, dann haben wir vielleicht einen Umweg gemacht. Aber wir haben jede Menge neue Erfahrungen gesammelt.

Es ist völlig okay, seinen Pfad auch einmal zu verlieren. Solange wir an unserem Wertekompass festhalten, finden wir immer wieder einen Weg zurück. Ich habe für mich vier Werte definiert, die mich durch die besten und die schlimmsten Jahre meines Lebens begleitet haben. Die mir geholfen haben zurückzufinden. Zurück ins Leben. Zurück zu mir selbst. Diese Werte sind Kampfgeist, Fair Play, Respekt und Resilienz also Widerstandsfähigkeit. Das sind die vier Werte, die mich mein Leben lang begleitet haben. Und denen ich vieles zu verdanken habe. Am Ende wohl auch mein Leben. Die Geschichten, die ich in diesem Buch erzähle, haben alle etwas mit einem dieser Werte zu tun. Entsprechend sind die Kapitel hier angeordnet. Dieses Buch ist eine wilde Tour über 20 Etappen meines Lebens. Es waren einige gute und einige schlechte dabei. Missen möchte ich keine einzige. Denn sie alle brachten mich an den Ort, an dem ich heute stehe. Und sie machten mich zu dem Mann, der ich heute bin. Ein Mann, der endlich sein Glück im Leben gefunden hat. Ein Mann, der über alle seine Grenzen gegangen ist, um zu erkennen, wie schön es auch einfach mal in der Mitte sein kann. Es war ein verdammt langer und anstrengender Weg. Aber er hat sich gelohnt.

I

KAMPFGEIST

Der unsichtbare Sohn

Noch ein tiefer Atemzug. Dann hielt ich die Luft an und tauchte unter. Mein Körper fühlte sich leicht an, komplett umhüllt von dem warmen Salzwasser der Ostsee. Alles um mich herum wurde ganz still. Das Geschrei der Kinder, das Lachen der Erwachsenen, das Kreischen der Möwen. Von allem blieb nur noch ein dumpfer Bass. Das Meer verschluckte die Welt um mich herum. Ich schloss die Augen und versuchte, mich zu konzentrieren. Hielt die Luft weiter an. Versuchte, im Kopf die Sekunden mitzuzählen. Einundzwanzig, zweiundzwanzig, dreiundzwanzig ... Es wurde immer schwieriger. Aber ich wollte nicht aufgeben. Ich wollte unbedingt durchhalten. Ich zwang mich, weiter unter Wasser zu bleiben. Nur ein kleines bisschen noch. Mir wurde schummrig. Ich öffnete die Augen und sah, wie alles vor mir verschwamm. Komm schon, Jan, sprach ich mir selber zu, nur noch ein kleines bisschen. Ich konnte mich mittlerweile schon nicht mehr darauf konzentrieren, die Sekunden im Kopf weiterzuzählen. Mein Körper gehorchte mir nicht mehr richtig. Wurde unruhig. Meine Beine fingen an zu strampeln. Alles in mir drängte wieder an die Wasseroberfläche. Aber ich wollte weiter durchhalten. Ein kleines Stück. Noch weiter an meine Grenze gehen und ... ich tauchte auf. Ich konnte nicht mehr. Ich nahm einen tiefen Atemzug und inhalierte gierig den frischen Sauerstoff.

Mein großer Bruder nickte mir anerkennend zu. »Das war ziemlich gut«, sagte Stefan und zeigte mir meine Zeit auf der Stoppuhr. »Ich glaube, so lange hast du es noch nie geschafft.«

Ich nahm noch zwei hektische Atemzüge. Erst langsam kam ich wieder in der Realität an. Die Welt hatte mich wieder.

»Alles klar, Jani?«, fragte er.

Ich nickte. Dann drückte er mir die Stoppuhr in die Hand.

»Jetzt ich.«

Ich sah, wie Stefan untertauchte und unter die Wasseroberfläche glitt. Ich spürte die Wärme der Sonne auf meinem Gesicht. Das Salz kribbelte auf meiner Haut. Ich schaute auf die Stoppuhr. Vierzig, einundvierzig, zweiundvierzig … Stefan blieb unter Wasser. Er schien ganz ruhig zu sein. Nicht so nervös wie ich. Zweiundfünfzig, dreiundfünfzig …, dann tauchte er wieder auf. Ich schaute auf die Uhr. Er hatte es geschafft, mich um zwei Sekunden zu schlagen. Aber immerhin. So knapp war ich noch nie an ihm dran gewesen. Stefan war zwei Jahre älter als ich und er hatte in jedem Spiel, das wir spielten, die Nase immer ein kleines Stück weiter vorne. Immer sprang er ein paar Zentimeter mehr, lief ein paar Sekunden schneller oder hielt einfach etwas länger durch als ich. Aber jetzt war ich ganz nah dran, ihn auch einmal zu schlagen. Zwei Sekunden. Das war eine Ansage.

»Bald hast du mich«, sagte Stefan und schlug mir lächelnd auf die Schulter. »Aber das wird noch ein bisschen dauern«, grinste er.

Dann schwammen wir zurück an den Strand und ließen uns dort erschöpft auf unser Handtuch fallen.

»Na, Jungs, habt ihr euch ausgetobt?«, fragte Mama, zog ihren Korb heran und gab uns ein paar Snacks, die sie vorbereitet hatte. Ich biss in ein Apfelstück und schloss für einen kurzen Moment die Augen. Das war ein Samstag, ganz nach meinem Geschmack. Eigentlich ein ganz typischer Samstag. Meine Mutter hatte in der Woche ziemlich viel um die Ohren. Sie musste sich nicht nur um uns Kinder kümmern, sie hatte auch eine anstrengende Arbeit, die sie ziemlich beanspruchte. Weil sie so wenig zu Hause war, versuchte sie, die Wochenenden für meinen großen Bruder und mich umso schöner zu gestalten. Das gelang ihr. So wie heute. Ein Ausflug an die Ostsee war für mich immer ein Höhepunkt. Ich liebte es, hier zu sein. Die salzige Luft. Der grobe Sand unter meinen nackten Füßen. Und der Ausbruch aus unserem Alltag. Das hier, das war für mich das Paradies. Ich war fünf Jahre alt und mein Leben schien in diesem Moment wirklich perfekt zu sein. Ich war umgeben von den Menschen, die ich liebte. Und hatte alles, was ich brauchte. Na ja, fast alles. Wenn ich mich an meine Kindheit erinnere, dann sind es beinahe nur schöne Erinnerungen. Erinnerungen an Menschen, die ich sehr liebe, und Erinnerungen an Momente, die mich erfüllten. Aber auf all diesen Erinnerungen liegt auch ein Schatten. Er ist nicht groß. Er überlagert die schönen Momente nicht. Aber er ist immer irgendwie da. Und meistens nahm ich ihn immer dann besonders intensiv wahr, wenn ich ihn eigentlich schon vergessen hatte.

»Jungs«, sagte meine Mutter und schaute auf die Uhr. »Macht euch so langsam fertig. Wir müssen wieder nach Hause.« Ich nahm das letzte Apfelstück aus der Brotbox, vergrub meine Füße im warmen Sand und klammerte mich noch ein paar Sekunden an diesen perfekten Augenblick. Nach Hause. Ich spürte, wie sich ganz langsam bereits der Schatten auf den Tag legte.

Wir packten unsere Sachen und fuhren in Mamas Trabbi wieder nach Hause. Nach Papendorf. Papendorf ist eine kleine Gemeinde in der Nähe von Rostock. Knapp 2000 Einwohner. Idyllisch gelegen. In Papendorf gab es viel Natur und nur wenig Stadt. Wir waren erst vor kurzem hier hergezogen, weil Mama eine Betriebswohnung gestellt bekommen hatte. Die Landwirtschaftliche Produktionsgenossenschaft, für die sie arbeitete, hatte in der Dorfstraße einen großen Wohnblock für ihre Mitarbeiter hochgezogen. Das war typisch für die DDR. Die Wohnung war klein. Wir wohnten direkt unter dem Dach. Drei-Zimmer, Küche, Bad. Keine 60 Quadratmeter. Ich teilte mir mit Stefan ein Zimmer. Die Wohnung war beengend. Darum verbrachten wir so viel Zeit wie möglich draußen. Direkt vor unserem Haus war eine große Wiese. Es gab dort eine alte Schaukel, sie war so etwas wie unser Treffpunkt. Unser liebster Aufenthaltsort. Von der Schaukel aus schmiedeten Stefan und ich Pläne, was wir als Nächstes anstellen würden.

»Das war gut heute«, sagte er. »Du hast mich beim Tauchen fast gehabt.«

»Zwei Sekunden«, sagte ich und spürte, wie mich der Ehrgeiz packte. Irgendwann müsste ich ihn doch schlagen können. Gelegenheiten gab es genug. Stefan und ich hatten beide einen riesigen Energie-Überschuss. Und um den loszuwerden, dachte er sich immer wieder neue Wettkämpfe aus. Es waren die unmöglichsten Sachen, aber wir mussten uns ständig miteinander messen. Das war unser Ding. Und mein großer Bruder war unglaublich kreativ, wenn es darum ging, sich neue Spiele auszudenken.

»Wir müssten mal einen richtig großen Lauf machen«, überlegte er, während er auf der Wiese lag und die Arme hinter seinem Kopf verschränkte. Es war mittlerweile schon früher Abend. Die Sonne ging langsam unter, aber es war noch immer warm. Viele Nachbarn waren noch unterwegs. Sie gingen spazieren. Irgendwo in der Nähe wurde gegrillt. Der Geruch von gebratenem Fleisch lag in der Luft.

»Vielleicht sogar bis zu Oma und Opa«, überlegte er. Unsere Großeltern wohnten einige Kilometer von uns entfernt. Ein ganz schönes Stück. »Das wäre machbar ...«, murmelte er vor sich hin, als plötzlich ein Motor aufheulte.

Wir schreckten auf und drehten uns um. Das war unser Vater. Er fuhr mit seinem Motorrad direkt auf der Wiese vor und schaute zu uns herunter.

Er sagte kein Wort. Nickte nur. Ich legte meinen Kopf in den Nacken und sah diese große, übermächtige Gestalt. Mein Vater war in meinen Augen der coolste Mensch der Welt. Besonders dann, wenn er auf seinem Motorrad saß. Was für eine Maschine. Ich hätte alles gegeben, sie auch nur einmal anfassen zu dürfen.

»Hallo, Papa«, begrüßte ich ihn. Aber er reagierte gar nicht darauf.

»Steig auf«, rief er zu meinem Bruder. »Wir machen noch einen Ausflug, mein Sohn.« Stefan strahlte. Er raffte sich von der Wiese auf und kletterte auf Papas Motorrad.

»Halt dich gut fest«, sagte mein Vater. Mich beachtete er dabei gar nicht.

Stefan drehte sich noch einmal zu mir um. »Bis später, Jani«, sagte er noch, dann fuhren die beiden weg.

Ich winkte ihnen hinterher, aber das bekamen sie gar nicht mehr mit. Sie drehten sich nicht einmal mehr um. Ich setzte mich auf die Schaukel und schaute ihnen noch eine gefühlte

Ewigkeit hinterher. Auch, als sie schon längst weg waren. Ich spürte, wie langsam eine ganz tiefe Traurigkeit in mir aufzog. Sie breitete sich wie ein Schatten aus, der sich über meine Seele legte. Es war merkwürdig. Eben war noch alles gut gewesen. Eben mit Mama und Stefan am Strand war ich noch das glücklichste Kind der Welt gewesen. Wir hatten einen tollen Tag gehabt. Warum war jetzt alles so anders?

Solche Situationen wie eben erlebte ich ja nicht zum ersten Mal. Es war nicht so, dass ich ein schlechtes Verhältnis zu meinem Vater hatte. Ich hatte überhaupt kein Verhältnis zu ihm. Er beachtete mich einfach nicht. Für ihn war ich wie Luft. Klar, Stefan war der Ältere, mit ihm konnte er mehr anfangen, redete ich mir ein. Irgendwann würde bestimmt auch der Tag kommen, an dem ich hinten auf dem Motorrad sitzen dürfte. Die Hoffnung hielt weiter an. Aber was, wenn nicht? Vielleicht war es diese Angst, die mich so traurig machte. Die Angst, dass mein Vater mich niemals sehen würde. Dass ich für immer vergessen bliebe. Ich spürte, wie sich meine Kehle langsam zuschnürte. Ich wischte mir die Träne weg und ging ins Haus.

Mein Vater blieb mir immer ein Rätsel. Ich wusste nicht, wie ich ihn einschätzen sollte.

Das mag auch daran gelegen haben, dass ich so wenig von ihm mitbekam. Er war meistens gar nicht da. Vater arbeitete als Maurer und war ständig außer Haus. Selbst am Wochenende war er oft arbeiten. Er verließ das Haus, als wir noch schliefen, und er kam zurück, wenn wir schon wieder im Bett waren. Eigentlich habe ich ihn nie wirklich kennengelernt. Aber ein paar Monate, nachdem er mich vor unserem Haus einfach übersehen hatte, gab es eine Gelegenheit, ihm ein wenig näher zu kommen. Das war die Woche, in der mein kleiner Bruder Thomas geboren wurde. Ich war fünf Jahre alt, meine Mutter war noch im Krankenhaus und mein Vater wurde dazu verpflichtet, dass er sich in dieser Zeit um mich und Stefan kümmern sollte. Das fiel ihm scheinbar nicht so leicht. Eines Morgens stand ich in der Küche. Vater saß auf seinem Stuhl und las in seiner Zeitung. Stefan saß neben ihm. Es roch nach frischem Kaffee und das Radio lief. Ich schaute mich um. Ich war ein wenig verwundert, dass er mich nicht geweckt hatte. Schließlich musste ich in den Kindergarten. Es war eigentlich schon viel zu spät. Aber er schien das vergessen zu haben, jedenfalls schaute er mich genauso überrascht an, wie ich ihn, als er mich entdeckte.

»Guten Morgen, Jani«, sagte er, »willst du etwas frühstücken?« Er steckte eine Scheibe Brot in den Toaster, bestrich sie mit Butter und legte sie mir dann auf einen Teller.

»Wie spät ist es?«, fragte ich ihn.

»Halb neun«, sagte er. »Hast du gut geschlafen?«

Pflichtbewusst wie ich war, erinnerte ich ihn daran, dass ich doch in den Kindergarten müsste.

»Kindergarten?« Er stockte. »Brauchst du heute nicht«, sagte er ziemlich überzeugt, wahrscheinlich weil er gar nicht wusste, dass ich überhaupt in den Kindergarten ging. Dann widmete er sich wieder seiner Zeitung.

»Heute muss ich auch nicht in die Schule«, sagte Stefan stolz und tat es meinem Vater nach, indem er den Sportteil las, den Vater ihm von der Zeitung abgegeben hatte.

Okay, dachte ich. Keine Schule. Kein Kindergarten. Dann ist es halt so. Wenn Vater es so für richtig hält, dann wird es so auch sein. Ich wollte mich nicht beschweren, immerhin hatte ich so die Gelegenheit, ein wenig Zeit mit ihm zu verbringen. Darauf hatte ich immer gewartet. Ich schaute aus dem Fenster.

Es war komplett vereist. Draußen wehte ein schwerer Schneesturm. Der Wind war so heftig, dass er durch die Fugen pfiff. Ich schaute wieder auf meinen Vater. Er hatte sich hinter seiner Zeitung versteckt. Im Radio liefen irgendwelche Schlager. Ich lehnte mich zurück und aß mein Brot. Na ja, irgendwie würde Vater mich schon beschäftigen, dachte ich und wartete darauf, dass etwas passierte. Aber es passierte nichts. Als er seine Zeitung fertig gelesen hatte, legte er sie weg und sah mich an. Ich glaube, er hatte ganz vergessen, dass ich noch im Zimmer war.

»Ach, Jan«, sagte er, überrascht mich noch in der Küche zu sehen. »Ich muss gleich los, ich treffe mich noch mit einem Freund. Komm, wir machen dich fertig.«

Er ging in unser Kinderzimmer und öffnete den Schrank. Dann drückte er mir eine Hose und ein Nicki in die Hand. Ein kurzärmliges T-Shirt. Ich stutzte kurz, wollte Vater aber nicht widersprechen und zog das Nicki an. Dann schob er mich und Stefan schon vor die Tür.

»Geh ein bisschen mit deinem Bruder spielen«, sagte er, während er in sein Auto stieg und wegfuhr. Es fiel noch immer ziemlich viel Schnee. Ich schaute mich um. Außer mir und meinem Bruder war niemand da. Die anderen Kinder waren wohl in der Schule. Ich zitterte. Es war verdammt kalt. Wir setzten uns auf die kleine Schaukel. Ich hatte das Gefühl, dass meine Hände an den Ketten festfroren, also steckte ich sie zitternd in die Hosentasche.

»Papa kommt bestimmt gleich wieder«, sagte Stefan.

»Bestimmt«, sagte ich.

Ich wartete darauf, dass Stefan sich irgendein Spiel für uns ausdachte, aber er saß nur da und zitterte. Ich überlegte, etwas vorzuschlagen. Einen Schneemann bauen. Aber das war keine gute Idee. Ich spürte meine Hände jetzt schon nicht mehr. Und auch Stefan war nicht wärmer gekleidet als ich. Und so saßen wir da. Zitterten und starrten vor uns hin. Ich glaube, Stefan war wirklich davon überzeugt, dass Vater jeden Moment wiederkäme. Ich war da nicht so optimistisch. Ich machte mir schon Gedanken über einen Plan B. Wir könnten zu Oma und Opa gehen, überlegte ich. Aber nein, das wäre kaum zu schaffen. Sie wohnten einige Kilometer entfernt. Der Weg war zu weit. Wir könnten bei den Nachbarn klingeln ... In meinem Kopf arbeitete es. Eigentlich verließ ich mich immer auf Stefan. Er war mein großer Bruder. Er war derjenige, der sagte, was zu tun war. Aber ich hatte zum ersten Mal in meinem Leben das Gefühl, dass er mit der Situation überfordert war. Ich weiß nicht, wie lange genau wir so vor unserer Haustür saßen, aber irgendwann kam der Trabbi meiner Mutter vorgefahren. Sie stieg aus, ging zur Beifahrertür und hob unseren kleinen Bruder aus der Babyschale im Auto. Dann sah sie uns auf der Schaukel sitzen. Sie wurde bleich.

»Jungs!«, rief sie. »Was macht ihr denn hier draußen? Wieso habt ihr keine Jacken an? Seid ihr völlig verrückt geworden?« Unserer Mutter ist beinahe der Thomas aus der Hand gefallen vor Schreck.

Selbst wenn wir ihr hätten antworten wollen, wir hätten es nicht geschafft. Wir bekamen kein Wort mehr raus, so erfroren waren wir. Ich hörte meine Zähne klappern. Mein Körper gehorchte mir gar nicht mehr. Geschockt schloss Mama uns die Wohnung auf und wickelte uns in warme Decken ein.

»Was zur Hölle ist denn hier passiert? Ihr seid ja ganz blau gefroren! Wieso geht ihr so vor die Tür? Wo ist euer Vater?«

Alles, was uns übrig blieb, war mit den Schultern zu zucken.

Wir wussten es ja auch nicht.

»Dieser Kerl«, stöhnte Mutter und schüttelte den Kopf.

Sie hatte sich ja bereits daran gewöhnt, dass Vater in seiner ganz eigenen Welt lebte. Aber das hätte selbst sie ihm nicht zugetraut.

Als er am Abend wieder nach Hause kam, hatten Stefan und ich wieder unsere normale Farbe angenommen und waren halbwegs wieder aufgetaut. Wir lagen in unserem Stockbett und hörten, wie die beiden sich stritten. Es war eigentlich so wie immer. Es gab nur einen Unterschied. Dass wir unser Zimmer jetzt mit unserem kleinen Bruder teilten, der seit heute bei uns eingezogen war. Das Zimmer war damit komplett voll. Und die Wohnung war noch beengender geworden. Ab ich hatte einen ganz anderen Gedanken, der mich die Nacht über wach hielt. Ab sofort war ich nicht mehr der Jüngste. Vielleicht, dachte ich, würde das das Verhältnis zu meinem Vater ein bisschen besser machen.

Ich weiß nicht, ob mein Vater ein schlechtes Gewissen bekam, weil er uns beinahe hatte erfrieren lassen, oder ob irgendetwas anderes in ihn gefahren war, aber ein paar Wochen nachdem er uns in der Kälte vergessen hatte, kam er zu mir und verkündete, dass heute ein ganz großer Tag sei.

»Was denn für ein großer Tag?«, fragte ich ihn.

»Heute wirst du Fahrrad fahren lernen«, verkündete Vater stolz, packte mich am Arm und zog mich vor unsere Haustüre. Bei uns in der Gegend hatten alle Kinder ein Fahrrad. Die meisten hatten selbst zusammengeschraubte Räder mit dicken Reifen, die ein wenig wie BMX-Räder wirkten. Die waren ideal für die Feldwege und die Wälder, die es bei uns gab. Vater hatte mir Stefans altes 20er-Kinderrad ohne Gangschaltung hingestellt. Es war blau. Das war irgendwie so eine fixe Idee von Vater: Alle Räder der Familie Ullrich mussten blau sein. Keine Ahnung warum. Er nahm sie also mit in seine Werkstatt, strahlte den Lack ab und verpasste ihnen dann eine neue Farbe.

»Na komm«, sagte Vater. »Steig auf.«

Ich war ziemlich aufgeregt. Ich wollte schon immer einmal lernen, wie man Fahrrad fährt. Aber bisher hieß es immer, dass ich dafür noch zu jung wäre. Vater fasste das Rad am Sattel. »Keine Sorge«, sagte er und hielt mich am Oberarm. »Es kann nichts passieren.« Ich setzte meine Füße auf die Pedale und griff nach dem Lenkrad. »Gut so«, sagte Vater. »Und jetzt schau nach vorne. Einfach geradeaus auf die Straße.« Ich blickte vor mich. Ich war so aufgeregt, dass ich gar nicht mitbekam, was für ein besonderer Moment das hier eigentlich war. Mein Vater nahm sich Zeit für mich. Es war vielleicht das erste Mal, dass er sich einfach nur um mich kümmerte. »Und jetzt tritt in die Pedale«, sagte er. Ich drückte meine Füße ab und spürte, wie sich das Rad plötzlich zu bewegen begann. Ich fuhr. Krampfhaft versuchte ich, das Gleichgewicht zu halten und nicht umzukippen. Mein Vater lief neben mir her. »Genauso, Jan, ganz genauso! Du machst das gut!«

Mein Herz schlug schneller. Ich tat es tatsächlich. Ich fuhr Fahrrad. »Weiter so, mein Sohn«, hörte ich meinen Vater. »Immer nach vorne schauen.« Ich umklammerte den Lenker und blickte starr vor mich auf die Straße. Ich fuhr nun eine kleine Abfahrt herunter und das Fahrrad wurde immer schneller. Ich wusste nicht, wie ich bremsen sollte, trat stattdessen einfach weiter in die Pedale. »Du hast es!«, hörte ich die Stimme meines

Vaters, merkte aber, dass plötzlich etwas anders war. Sie war so weit entfernt.

»Papa?«, fragte ich etwas ängstlich. »Bist du noch da?«

»Du fährst! Du fährst!«, hörte ich seine Stimme, die immer leiser wurde.

Ich klammerte mich an den Lenker, drehte mich um und sah, wie er gut 20 Meter hinter mir stand und jubelte. Aber ... wenn er das Fahrrad nicht mehr festhielt ...? Ich wurde panisch, merkte, wie ich langsam das Gleichgewicht verlor. Wie bremste ich das Ding nur ab? Mir gingen tausend Gedanken durch den Kopf. Dann krachte ich in ein paar Mülleimer hinein. Ich drehte mich zu Vater um.

Er jubelte jetzt nicht mehr, sondern hatte die Fäuste in die Hüften gestemmt und schüttelte den Kopf. »Na ja, für einen Moment bist du gefahren«, rief er. »Der Rest ist nur noch Übung.«

Dann ging er ins Haus. Ich rappelte mich auf. Bis auf eine kleine Schramme am Arm war nichts passiert. Aber ich war Fahrrad gefahren. Und Vater hatte mich beachtet. Das tröstete mich wirklich über all die Enttäuschungen der letzten Monate hinweg.

Von diesem Tag an übte ich jede freie Minute auf meinem neuen Fahrrad. Ich sah das als eine Herausforderung an. So wie die Wettkämpfe mit meinem großen Bruder für mich eine Herausforderung waren. Und ich wurde besser und besser. Nach ein paar Tagen zeigte ich ihm meine Fortschritte. Mittlerweile fuhr ich wirklich sicher. Vater zeigte sich beeindruckt. Unser Verhältnis sollte sich an diesem Tag ändern. Plötzlich war ich für ihn nicht mehr der unsichtbare Sohn.

Was ich in dieser Zeit gelernt habe:

Ich war damals noch viel zu jung, um zu verstehen, dass ich nicht bloß einfach nur Fahrrad fahren lernen wollte. Vielmehr wollte ich gesehen werden. Meine Motivation, etwas richtig gut hinzubekommen, entstand aus einem Mangel. In meinem Fall war das ein Mangel an Aufmerksamkeit. Als Kind litt ich ganz furchtbar darunter, dass ich von meinem Vater nicht gesehen wurde. Aber durch meine Fortschritte auf dem Rad, bekam ich ihn dazu, mich endlich wahrzunehmen. Ich glaube, dass meine Wettkämpfe mit meinem großen Bruder aus der selben Motivation heraus entstanden. Ich wollte, dass mein Bruder mich ernst nimmt. Mich als jemanden akzeptiert, mit dem er sich messen kann. Ich wollte mit ihm auf Augenhöhe sein. Ich denke, dass dieses Gefühl, nicht gesehen zu werden, viele Menschen kennen. Nicht nur, wenn sie Kinder sind. Wie selten bekommen wir doch wirklich Wertschätzung für das, was wir in unserem Alltag leisten? Hand aufs Herz: meistens nicht oft genug. Vielleicht ist das auch der Grund, warum soziale Medien so erfolgreich sind. Wenn wir schon nicht in der analogen Welt wahrgenommen werden, dann kriegen wir ja vielleicht zumindest ein paar Likes in der digitalen Welt. Das scheint zumindest die Hoffnung vieler Menschen zu sein.

Mangel an Aufmerksamkeit ist kein schönes Gefühl. Jeder Mensch weiß das. Denn jeder Mensch möchte gesehen, möchte ernst- und wahrgenommen werden. Ich bin aber davon überzeugt, dass ein Mangel immer auch die stärkste Motivationsquelle ist, die wir Menschen haben. Du bist unzufrieden mit den Verhältnissen, in denen du lebst? Du bist unzufrieden mit deiner Partnerschaft? Du fühlst dich im Leben nicht genug gesehen? Du hast zwei Möglichkeiten, damit umzugehen: Nimm es hin oder ändere etwas. Die Wahrheit ist: Der Mensch ist ein bequemes Wesen. Er ist meistens nur dann dazu bereit, etwas in seinem Leben zu ändern, wenn er wirklich darunter leidet. Sieh den Mangel, den du empfindest, also als eine Quelle deiner Motivation. Entwickle einen gesunden Kampfgeist. Und ändere das, was dich stört. Mach dich sichtbar, wenn du dich unsichtbar fühlst. Mein erstes eigenes Fahrrad war nicht einfach nur mein erstes Fahrrad. Mein erstes Fahrrad war ein Instrument der Selbstermächtigung.

Jeder motiviert sich anders.
Ich empfand einen Mangel,
der bei mir fast schon ein
Frustrationsgefühl hervorrief.
Das spornte mich so an,
dass ich mich meiner Sache voll
und ganz widmete und wirklich
gut in dem wurde, was ich mir
vorgenommen hatte.

Das einsamste Kind der Welt

Die Zeit schien überhaupt nicht zu vergehen. Nervös wippte ich auf meinem Stuhl. Ich war alles andere als ein geduldiges Kind, aber heute war ich noch unruhiger als ich es sowieso schon war. Immer wieder schaute ich auf die große Uhr, die über der Tür hing. Der Minutenzeiger bewegte sich nur schwerfällig. Bewegte er sich überhaupt? Ich hatte das Gefühl, dass der Vormittag niemals mehr enden würde. Konnte es nicht endlich Mittag sein? Ich atmete schwer aus. Dann spürte ich einen kleinen Schlag in die Rippen, der mich wieder aus meinen Gedanken riss.

»Mensch, Jan, du träumst schon wieder«, flüsterte mir mein Sitznachbar zu.

Er hatte recht. Ich riss mich von meinen Gedanken los und versuchte, mich zu konzentrieren. Vor mir stand unsere Kindergärtnerin und las uns eine Geschichte vor.

Im Raum herrschte Ruhe. Die anderen Kinder starrten gebannt nach vorne. Mir gelang das nicht. Ich musste die ganze Zeit an den Nachmittag denken. Heute würde es endlich losgehen. Der große Urlaub, auf den ich mich so lange schon gefreut hatte.

Ich schaute aus dem Fenster. Das Wetter war perfekt.

Dann blickte ich wieder auf unsere Erzieherin. Ich versuchte wirklich, der Geschichte zu folgen, es ging um eine Raupe und einen Schmetterling, aber ich bekam irgendwie nicht zusammen, was es damit auf sich hatte und dann … die Glocke! Endlich! Was für eine Erlösung. Ich packte meine Sachen in meinen Rucksack und rannte so schnell ich konnte aus dem kleinen Kindergarten. Als ich wieder zu Hause war, stand schon mein Vater vor der Tür und packte zwei große Koffer in seinen Camper.

Dass dieser Urlaub unser letzter Familienurlaub werden sollte, das wusste ich damals nicht.

Tatsächlich schweißte mein kleiner Bruder Thomas, der gerade zur Welt gekommen war, die Familie noch einmal zusammen. Aber nur für kurze Zeit. Auch wenn ich mitbekam, dass die Spannungen zwischen meinen Eltern zunahmen, so war es für mich doch unvorstellbar, dass sie sich tatsächlich trennen könnten. Das lag einfach außerhalb meiner kindlichen Vorstellungskraft. Und ganz offenbar wollten sie sich auch noch einmal zusammenraufen. Ein gemeinsamer Urlaub sollte es richten. Also fuhren wir zusammen an die Mecklenburgische Seenplatte zum Camping. Mein Vater liebte es zu campen. Das war für ihn das Größte. Ich weiß nicht genau, was ihn daran so begeisterte, aber er entwickelte eine große Leidenschaft für alles, was mit seinem Wohnwagen zu tun hatte. Er bastelte und werkelte ständig daran herum und konnte es nie erwarten, dass er zum Einsatz kam. Für mich hatte es auch etwas Gutes. Denn ich wusste, dass das bedeutete, dass ich meinem Vater noch einmal ganz nah sein konnte.

Und tatsächlich hatte ich das Gefühl, dass sich unser Verhältnis in eine gute Richtung bewegte, dass mein Vater mich mittlerweile ein wenig mehr beachtete als sonst. Er nahm zumindest wahr, dass ich existierte. Das war in den letzten Jahren noch anders gewesen.

Eines Morgens saß ich draußen vor unserem Campingwagen. Mama war mit meinen Brüdern unterwegs, um etwas einzukaufen.

»Wo ist Stefan?«, fragte Papa und schaute sich um.

»Nicht da«, sagte ich und spielte ein wenig mit den zwei Plastikautos, die ich auf dem Boden gegeneinander fahren ließ.

Er stemmte seine Hände in die Hüften und schaute sich um.

»Gut, gut ...«, sagte er und blickte zu mir herunter. Er schien einen kurzen Moment zu überlegen. Dann überwand er sich.

»Willst du mitkommen? Ich gehe angeln.«

Ich schaute zu Papa auf. Ich konnte nicht glauben, dass er mich das gerade gefragt hatte. Es war das erste Mal überhaupt, dass er mich mitnahm. Ich musste nicht lange überlegen. Ich ließ die Autos auf dem Boden liegen, sprang auf und nickte wild. Klar wollte ich mitkommen!

»Gut, dann gehen wir mal rüber zum Dieter.« Dieter war ein guter Freund von Vater. Ein großer, grobschlächtiger Typ mit einem enormen Bauch, den er vor sich hertrug. Dieter war Metzger, mehr wusste ich nicht von ihm.

Er wohnte in dem Camper direkt neben uns. Vater klopfte drei Mal an seine Tür. »Ja, ja, komme ja schon«, grummelte er. Dann trat er verschlafen aus seinem Wagen und rieb sich die Augen.

»Haste noch geschlafen?«, fragte Vater und schüttelte den Kopf.

»Quatsch.« Dieter rieb sich den Schlaf aus den Augen, schlug einmal auf seinen gewaltigen Bauch und schaute dann zu mir runter.

»Wer ist das?«, fragte er meinen Vater.

»Mein Sohn.«

»War der nicht mal größer?«

»Nee, ist der Kleinere.«

»Ach so.«

Dieter griff nach einer Tüte, dann machten wir uns auf den Weg zu unserem Boot. Als wir schon beinahe am Ufer waren, fiel mir auf, dass wir gar keine Angelrouten dabeihatten. Ich überlegte, ob ich Vater darauf ansprechen sollte, aber ich ließ es besser bleiben. Er würde schon einen Plan haben. Als wir etwa die Mitte des Sees erreichten, packte Dieter die Tüte aus. In ihr war ein riesiger Pferdekopf. Ich erschrak mich so sehr, dass ich beinahe aus dem Boot gefallen wäre.

»Entspann dich, Jan«, sagte mein Vater beinahe ein wenig verärgert. »Ist doch nichts dabei.«

Sie befestigten den Kopf an einer Schnur und ließen ihn ins Wasser. Dann warteten wir. Wir saßen einfach nur auf dem Boot und warteten. Immer wieder schaute ich in das Wasser hinunter. Stunde um Stunde verging. Als wir den Pferdekopf wieder hochzogen, war er voller Aale. Wie kleine Schlangen wanden sie sich in den Augenhöhlen des Schädels. Der Anblick war eklig.

»Guter Fang«, freuten sich die beiden Männer.

»Heute gibt es ein richtig feines Abendessen«, lachte mein Vater und legte mir die Hand in den Nacken. Bei der Vorstellung, einen dieser Aale essen zu müssen, wurde mir leicht übel. Aber ich war trotzdem auch stolz, dass ich dabei sein durfte.

In dieser Zeit lernte ich auch eine Seite von meinem Vater kennen, von der Mama oft gesprochen hatte. Sie sagte uns immer wieder, dass Papa manchmal merkwürdige Dinge tut. Papa-Dinge. Ich hatte nie ganz verstanden, was sie damit meinte. Jetzt tat ich es. Papa-Dinge waren Dinge, die merkwürdig waren. Wie die Sache mit dem Pferdekopf. Oder die Sache mit dem Ball. Am Tag nach unserem Angelerlebnis standen mein großer Bruder Stefan und ich am Ufer und spielten mit einem aufblasbaren Gummiball. Irgendwann kam ein Windstoß und der Ball landete auf dem See. Wir mussten zusehen, wie er vom Wind immer weiter abgetrieben wurde. Bald war er kaum noch zu sehen.

»Was macht ihr da, Jungs?«

»Unser Ball«, sagte Stefan nur und zeigte mit dem Finger auf den kleinen Fleck am Horizont.

Mein Vater stellte sich auf und schaute auf den verschwindenden Punkt. »Ich hole ihn euch«, sagte er und sprang einfach ins Wasser. Wir sahen, wie auch er immer kleiner und kleiner wurde und am Ende nur noch ein Punkt am Ende des Sees war. Dann verloren wir ihn aus dem Blick. Wir setzten uns schweigend in den Sand und warteten.

Irgendwann kam unsere Mutter vorbei. »Wo ist euer Vater?«, fragte sie.

»Irgendwo auf dem See«, sagten wir apathisch, während wir aufs Wasser starrten.

Es verging eine Stunde. So langsam machten wir uns wirklich Sorgen. Aber was sollten wir machen? Wir überlegten, selber rauszuschwimmen, aber wir hätten keine Chance gehabt. Außerdem musste ich an die vielen Aale denken, die sich da im Wasser herumtummelten. Alleine die Vorstellung machte mir Gänsehaut. Es verging eine weitere Stunde, da sahen wir Vater endlich wieder. Er schwamm auf das Ufer zu, mit dem Ball in der Hand. Wo er die ganze Zeit gewesen war? Wir hatten überhaupt keine Ahnung.

Auf der einen Seite bewunderte ich meinen Vater. Auf der anderen Seite fand ich sein Verhalten auch merkwürdig. Er war so unberechenbar.

»So ist Werner«, sagte meine Mutter, als ich sie am Abend darauf ansprach. »Er ist wie eine Wundertüte. Man weiß nie, was man bekommt.«

Die Erinnerungen an unseren Familienurlaub waren die letzten schönen Erinnerungen, die ich an unsere Familie hatte. Schon von dem ersten Tag an, als wir wieder zu Hause waren, wurde alles sehr viel schwieriger und komplizierter. Meine Eltern stritten sich rund um die Uhr. Besonders Mama versuchte ihr Bestes, dass wir Kinder das nicht mitbekamen. Aber es ließ sich nicht vermeiden. Unsere Wände waren dünn wie Pappe. Wenn Stefan und ich abends im Bett lagen, hörten wir jedes Wort aus dem Schlafzimmer meiner Eltern. Manchmal lagen wir einfach nur da, schwiegen und taten so, als würde das alles gar nicht passieren. Manchmal versuchte Stefan mich auch abzulenken, indem er mir irgendetwas erzählte. Von der Schule. Oder von einem Abenteuer, das er erlebt hatte. Oder von einem Wettbewerb, den wir beide noch gegeneinander ausfechten müssten.

Dann schlief ich meistens ein und träumte davon, meinen Bruder noch einmal zu besiegen. Irgendwann wurde der Streit für uns zu einer Art Hintergrundrauschen. Er war einfach immer da. Es gab allerdings auch Nächte, in denen fand ich keinen Schlaf.

Das waren die Nächte, in denen meine Eltern ganz besonders viel zankten. Manchmal, da hörte ich durch die dünnen Pappwände auch, wie Mama weinte. Das machte mich fertig. Ich lag in meinem Bett und spürte, wie auch mir Tränen über das Gesicht liefen, weil ich nicht in der Lage war, ihr zu helfen. Wie gerne wäre ich einfach nur rübergegangen, hätte mich an sie heran gekuschelt und sie getröstet. Aber ich wusste, dass das nicht ging.

Ich versuchte, mir nichts anmerken zu lassen. Ich wollte nicht, dass Stefan mich für ein Weichei hielt. Aber natürlich bekam er mit, wie sehr mich die Situation belastete.

»Hey, Jan«, flüsterte er.

»Ja?«, fragte ich und wischte mir die Tränen weg.

»Morgen nach der Schule machen wir ein Spiel, okay?«

»Okay«, antwortete ich.

»Wir machen Baum-Klettern, okay? Wer zuerst oben ist, gewinnt. Und wenn du mich besiegst, kriegst du eine Tafel Schokolade.«

»Wirklich?«

»Wirklich!«

Ich beruhigte mich etwas, dachte an den nächsten Tag und freute mich auf die Herausforderung. Wie froh war ich, dass ich einen großen Bruder wie Stefan hatte.

Doch auch er konnte nicht verhindern, dass die Probleme zu Hause immer weiter zunahmen. Besonders die Geldprobleme. Mein Vater war wahnsinnig fleißig. Ein echtes Arbeitstier. Das war auch einer der Gründe, warum wir ihn kaum zu Gesicht bekamen. Meistens verließ er das Haus schon um fünf Uhr morgens, während wir anderen noch alle schliefen. Und obwohl er eigentlich gutes Geld verdiente, haben wir davon nicht viel gehabt. Als Kind wusste ich davon natürlich nichts. Ich hatte keine Ahnung von Geld. Ich bekam nur mit, wenn Mama wieder sagte, dass wir auch diesen Monat ein bisschen sparsamer sein müssten. Und ich nahm wahr, dass wir weniger Spielzeug hatten als andere Kinder. Was mit dem Geld passierte, das mein Vater verdiente, wusste ich damals nicht. Erst später erzählte man mir, dass Vater gerne nach Feierabend in die Kneipe ging. Dort wurde er wie ein König behandelt – weil er sich auch wie ein König verhielt. Er schmiss eine Runde nach der anderen. Er lud jeden ein. Ganz egal, ob er die Leute kannte oder nicht. Mein Vater hatte kein gutes Verhältnis zum Alkohol. Mal machte der Alkohol ihn gesellig. Mal machte er ihn aber auch aggressiv. Besonders dann, wenn er zu Hause war.

Eines Morgens kam mein Vater in unser Zimmer, weil er mit Stefan einen Ausflug machen wollte. »Bist du wach?«, fragte er meinen Bruder. Stefan sprang aus dem Bett. Ich blieb unter meiner Decke liegen und klammerte sie ganz fest an mich. Ich spürte, dass es schon wieder passiert war. Ich wollte mir nichts anmerken lassen. Ich zog die Decke bis zu meinem Kinn hoch und blieb ganz ruhig liegen. »Jan, ist alles okay?«, fragte mein Vater. Ich nickte. »Was ist denn mit dir? Bist du krank?«

Ich schüttelte den Kopf. Lass dir jetzt bloß nichts anmerken, redete ich mir selbst gut zu. Aber ich war scheinbar kein sonderlich guter Schauspieler. Auch wenn Vater mich nie wirklich kannte, so kannte er mich doch gut genug, um zu merken, dass etwas nicht stimmte. Er setzte sich an den Rand meines Betts und legte seine flache Hand auf meine Stirn. »Hast du Fieber, Junge?«

»Nein, mir geht es gut.«

Er überlegte. Dann merkte er, dass irgendwas nicht stimmte.

»Was riecht hier denn so streng?«

Ich schaute hilfesuchend zu Stefan, aber ich wusste, der konnte mir auch nicht mehr helfen.

»Komm, Papa, lass uns losgehen«, versuchte er es dennoch.

Keine Chance. Vater zog die Decke weg und sprang auf.

»Herrgott, was ist das denn?«, fluchte er, als er sah, dass mein gesamtes Bett nass war. Ich traute mich gar nicht herunterzuschauen. Ich hatte mir in die Hose gemacht.

»Was ist denn das für eine Schweinerei?«, brüllte er, zog mich aus dem Bett und gab mir eine schallende Ohrfeige.

Sie kam so unerwartet, dass ich durch das halbe Zimmer gegen meinen Schrank flog. Mir wurde schwarz vor Augen. Ich nahm meine Umgebung gar nicht mehr richtig wahr. Ich hörte nur noch dumpfe Bässe. Sah verschwommen, wie meine Mutter in das Zimmer kam. Wie sie meinen Vater anschrie. Wie Stefan sich zu mir runterbeugte. Dann dämmerte ich weg. Als ich die Augen wieder öffnete, saß ich im Krankenhaus auf dem Schoß von meiner Mutter. Mein Kopf tat höllisch weh.

»Ist Vater jetzt böse auf mich?«, fragte ich besorgt. Mama küsste mich auf die Stirn.

»Ach, mein Schatz«, sagte sie und hatte dabei Tränen in den Augen.

»Jetzt weiß er es ...«, sagte ich betrübt.

Ich weiß nicht genau, was die Gründe waren, vielleicht waren es die ewigen Streitigkeiten zu Hause, vielleicht war es der Mangel an Aufmerksamkeit, den ich empfand, aber aus irgendeinem Grund belastete mich die Situation so sehr, dass ich zum Bettnässer wurde. Ich konnte gar nichts dagegen tun. Es geschah einfach. Bisher wusste nur Mama davon. Es war unser Geheimnis. Ich war froh, dass sie mir nie Vorwürfe machte, wenn es passierte. Sie sagte nur, das würde schon wieder vorbeigehen. Ich glaube, Stefan hatte auch eine Ahnung. Aber wir sprachen das Thema nicht an.

Meine größte Sorge war immer nur, dass Vater davon erfahren würde. Einfach weil ich Angst davor hatte, dass er mich noch mehr ignorieren würde, als er es eh schon tat. Ich spürte, wie der Schatten, der über meiner Kindheit lag, immer größer und größer wurde. Und ich hatte das Gefühl, er war im Begriff alles aufzufressen.

Und dann war Vater irgendwann weg.

Einfach so.

Ich war sechs Jahre alt, als Mutter uns erzählte, dass die beiden sich getrennt hätten. Dass es besser für uns sei. Und wahrscheinlich hatte sie recht. Obwohl Mama jetzt als Alleinerziehende sehr viel mehr Arbeit und eigentlich überhaupt keine freie Minute mehr hatte, spürte man, wie sie wieder aufblühte. Seit Vater nicht mehr da war, schien ihr eine schwere Last von den Schultern gefallen zu sein.

Und obwohl ihr Leben nun eigentlich viel schwieriger wurde, versuchte sie doch zumindest für uns Kindern, alles ganz einfach aussehen zu lassen. Und das gelang ihr auch. Sie war mittlerweile in ihrem Job als Agrartechnikerin befördert worden. Sie reiste nun durch die gesamte DDR, um Betriebe auf irgendwelche Umweltauflagen zu kontrollieren. Und sie entschied sich, uns Kinder so oft es irgendwie ging mitzunehmen.

Für mich waren das jedes Mal kleine Abenteuer. Wir reisten mal nach Thüringen. Mal nach Sachsen. Immer in Orte, von denen ich noch nie etwas gehört hatte. Hotels gab es für uns meistens nicht, aber wir durften in den staatseigenen Schulen übernachten, wo wir uns dann mit einer Luftmatratze in die Turnhalle legten. Klar, das war nicht luxuriös, aber für mich als Kind dennoch ein großes Abenteuer. Und ich war froh, viel Zeit mit Mama und meinen beiden Brüdern verbringen zu dürfen. Auf diese Weise lenkte sie uns auch davon ab, dass Vater nicht mehr da war. Es war komisch, wie er einfach aus unserem Leben verschwand. Ein paarmal kam er anfangs noch vorbei und holte Stefan ab, um mit ihm einen Ausflug zu machen oder angeln zu gehen. Irgendwann wurde auch das weniger. Und dann war er einfach nicht mehr da. Er verschwand nach und nach aus unserem Leben.

Das schweißte unsere kleine Familie noch mehr zusammen. Zumindest vorerst. Bis Stefan in den Sportverein ging. Stefan wollte Leichtathlet werden. Und es schien, als ob ihm dafür alle

Türen offenstanden. Der einzige Nachteil: Je mehr Zeit er im Sportverein verbrachte, desto weniger Zeit hatte er mit mir. Dass unser Vater nicht mehr da war, hatte keine allzu großen Auswirkungen auf meinen Alltag. Ich kannte es schlicht nicht anders. Aber dass Stefan jetzt auch immer weniger zu Hause war, das traf mich fürchterlich schwer. Stefan war immer mein wichtigster Bezugspunkt gewesen. Er war nicht nur mein großer Bruder, er war auch mein bester Freund. Ich fühlte mich plötzlich wahnsinnig einsam. Ich fühlte mich wie das einsamste Kind der Welt.

Das sollte sich zunächst auch nicht ändern, als ich sieben Jahre alt war und eingeschult wurde. Mama, Opa und Oma, Stefan und Thomas, alle waren gekommen, Opa trug sogar einen schicken Anzug. Nur mein Vater ließ sich am Tag meiner Einschulung nicht blicken. Aber das wunderte mich nicht. Der Kontakt zu ihm und seiner Familie war mittlerweile komplett abgerissen. Für den Rest meiner Familie schien die Einschulung ein wirklich großer Akt zu sein. Dabei war die Schule, die ich besuchte, die Bezeichnung kaum wert. Das Schulgebäude in Groß Stove war mehr eine Baracke. Jeden Morgen wurden alle Kinder aus den umliegenden Dörfern mit einem Schulbus eingesammelt und hier abgesetzt.

Ich gewöhnte mich schnell an die Schule. Und dennoch blieb ich in der ersten Zeit eher für mich. Ich war einfach zu schüchtern, um neue Freundschaften zu schließen. Und vielleicht fehlte mir auch Selbstbewusstsein. Die anderen Kinder waren zwar alle nett zu mir, aber in meinem Kopf hatte ich ständig den Gedanken, dass ich nicht so richtig zu ihnen gehörte. Vielleicht lag das daran, dass ich es nicht anders kannte, als übersehen zu werden. Vielleicht lag es aber auch daran, dass ich sehr viel kleiner und dünner als alle anderen war. Ich war für mein Alter wirklich eine halbe Portion. Manchmal dachte ich, dass ich mich nicht nur unsichtbar fühlte, sondern es auch schlichtweg war. Wenn die Kinder auf dem Schulhof spielten, schaute ich zunächst bloß von Weitem zu. Ich hätte mich eigentlich nur zu ihnen stellen und fragen müssen, ob ich mitmachen durfte. Aber das traute ich mich zu Beginn nicht. Ich hatte einfach viel zu viel Angst, dass sie mich zurückweisen würden. Alleine der Gedanke machte mir schon Bauchschmerzen. »Nein, mit dir wollen wir nicht spielen.« Dieser Satz hätte mich umgebracht, dachte ich. Also riskierte ich zunächst nichts und machte mein eigenes Ding. Und insgeheim ärgerte ich mich auch, dass Stefan nicht mehr hier war.

Mein Bruder war genau in dem Jahr, in dem ich eingeschult wurde, auf eine andere Schule gekommen. Wir hatten uns verpasst. Aber dennoch merkte ich bald, dass er irgendwie noch ziemlich präsent hier war. Besonders die älteren Schüler sprachen viel von ihm. Stefan hatte die Gene von unserem Vater. Auch er hatte seine Momente. Momente, in denen er immer wieder aneckte. Die Lehrer waren alles andere als begeistert, wenn er Widerworte gab. Die Schüler umso mehr. Schnell wurde er so etwas wie eine Legende. Als ich darauf angesprochen wurde, hatte ich das Gefühl, dass mein großer Bruder sehr große Fußstapfen hinterlassen hatte, die für mich nur schwer auszufüllen waren. Gerade auch, weil ich das genaue Gegenteil von ihm war. Ich war nicht laut und wild, ich war leise und introvertiert. Auf der anderen Seite bekam ich von allen einen großen Vertrauensvorschuss geschenkt. Eben weil sie Stefan so gerne mochten. Das half mir, dass ich nicht ganz so unsichtbar blieb, wie ich mich fühlte.

Aber es war am Ende etwas ganz anderes, das dafür sorgte, dass ich doch noch Anschluss fand. Meine ständigen Wettbewerbe mit Stefan schienen eine gute Schule für mich gewesen zu sein. Jedenfalls räumte ich im Sportunterricht ständig ab. Egal, was uns aufgetragen wurde, ich absolvierte alle Übungen immer mit Bestwerten. Das blieb nicht unbemerkt. Das sorgte zunächst dafür, dass die anderen mich immer in ihr Team wählten und mich irgendwann auch in den Pausen fragten, ob ich nicht Lust hätte, mit ihnen Fußball zu spielen. Meine guten sportlichen Leistungen waren für mich eine Art Eintrittskarte in die Welt der anderen Kinder. Von nun an stand ich nicht mehr alleine auf dem Pausenhof. Und von nun an war ich Tag für Tag immer weniger einsam.

Was ich in dieser Zeit gelernt habe:

Ich war ein wahnsinnig einsames Kind. Ich war vor allem auch ein wahnsinnig unsicheres Kind. Ich war kleiner und schmächtiger als die anderen Kinder in meinem Alter und ich hatte von meinem Vater nie wirklich Aufmerksamkeit bekommen. Das sorgte dafür, dass ich zurückhaltend war. Das änderte sich erst durch den Sport. Der Sport hatte für mich eine Art Integrationsfunktion. Der Sport ließ mich Teil von etwas werden. Das sollte ich im Laufe der nächsten Jahre noch häufiger erleben. Dennoch hat sich diese erste Erfahrung in meiner frühen Schulzeit tief in mein Gedächtnis eingebrannt. Meine guten Leistungen im Sport halfen mir ein Stück weit, meine Identität und damit auch meinen Platz zu finden. Erst meinen Platz in der Schule. Später dann auch meinen Platz in der Welt. Der Sport gab mir Sicherheit. Ich bin der festen Überzeugung, dass jeder Mensch etwas in seinem Leben hat, was er besonders gut kann. Was ihn von anderen Menschen abhebt. Vielleicht ist jemand ganz besonders sozial oder er kann sehr gut rechnen, sehr gut schreiben, sich besonders gut in andere Menschen hineinversetzen oder oder oder ... Egal, welches Talent man hat, man sollte es ausbilden. Und man sollte davon zehren. Wenn wir uns bewusst sind, dass es etwas gibt, was wir gut können, dann machen wir eine Kompetenzerfahrung. Diese Kompetenzerfahrung ist etwas, das uns Sicherheit gibt. Das uns hilft, einen Platz im Leben zu finden.

Die erfolgreichsten Menschen, die mir begegnet sind, waren Menschen, die sich ihrer eigenen Schwächen bewusst waren. Auch ich habe mit der Zeit gelernt, mich nur auf meine Stärken und Talente zu konzentrieren und diese weiter auszubilden. In den Bereichen, in denen ich nicht so wirklich stark war, habe ich mir hingegen helfen lassen von Leuten, die es besser konnten.

Der Traum vom silbernen Diamant

Ich hatte einen Lauf. Ich hatte einen verdammt guten Lauf. Ich hatte bereits zwei Abwehrspieler ausgedribbelt und näherte mich dem Tor. Nur der Keeper stand breitbeinig zwischen den Pfosten, breitete die Arme aus und bewegte sich in kleinen Sprüngen von links nach rechts. Sein Blick war auf den Ball gerichtet. Das war jetzt die perfekte Chance.

»Jan, schieß! Schieß doch!«, hörte ich meine Mitspieler rufen. Aus den Augenwinkeln sah ich, dass die beiden Abwehrspieler aufgeholt hatten. Sie waren dicht hinter mir. Das musste jetzt klappen. Ich legte mir mit der linken Fußspitze den Ball zurecht, täuschte einen ersten Schuss an und führte dann aus. Der Torwart sprang in die linke Ecke. Der Ball landete in der rechten.

»Jawoll!«, freute ich mich und hörte, wie meine Mitspieler jubelten.

Das war das 3:1. Die gegnerische Mannschaft fluchte. Wir hatten gewonnen. Ich strahlte über das ganze Gesicht. Dann wurde abgepfiffen.

»Saubere Leistung, Kleiner!«, hörte ich vom Spielfeldrand eine Stimme, die ich nur allzu gut kannte. Ich drehte mich um. Das war Stefan. Was machte er denn hier? Es waren Sommerferien und ich war für zwei Wochen in einem Ferienlager in Pölchow untergebracht. Ich war neun Jahre alt und liebte diese Ferienlager. Für Mama war es eine gute Sache, weil sie dann für zwei Wochen den Kopf frei hatte und sich nicht um eine Betreuung für uns kümmern musste, und mir machte das einfach Spaß. Es gab immer ein ziemlich gutes Programm. Von Tanzwettbewerben bis zu Sportveranstaltungen. Mich interessierte natürlich eher das sportliche Rahmenprogramm. Pölchow war rund 15 Kilometer von Rostock entfernt. Das Lager war wirklich schön gelegen. Inmitten eines Waldes um einen großen See herum. Ich lief zu meinem Bruder. »Was machst du denn hier?« Im Gegensatz zu den letzten Jahren hatte er sich dieses Mal geweigert, in das Ferienlager mitzukommen. Er hatte zu viel mit seinem Sportverein zu tun. Darum musste ich alleine fahren.

»Ich wollte nur einmal schauen, was mein kleiner Bruder hier so treibt«, sagte er und zwinkerte mir zu. »Uuuuund ... ich wollte dir was zeigen.«

Stolz präsentierte er mir sein neues Fahrrad. Was zum Teufel war das denn? So etwas hatte ich bisher nur im Fernsehen gesehen. Ein silbernes »Diamant«-Rennrad. Das hatte er von seinem Sportverein gestellt bekommen, erzählte er mir beiläufig. Es sah einfach großartig aus. Die schmale Form. Die dünnen Reifen. Überhaupt nicht zu vergleichen mit dem ollen Kinderfahrrad, was ich zu Hause stehen hatte.

»Darf ich eine Runde damit fahren?«, fragte ich ihn mit großen Augen.

»Auf keinen Fall«, sagte er.

»Komm schon, Stefan. Bitte!« Ich musste dieses Rad fahren.

»Das geht doch gar nicht«, sagte mein Bruder, »du bist doch viel zu klein.«

Aber da ich nicht locker ließ, gab er dann irgendwann doch nach, stellte den Sattel etwas niedriger und ließ mich eine Runde drehen.

»Bist du mit dem Ding von zu Hause bis hierhin gefahren?«, fragte ich.

»Na klar«, prahlte er. »So, und jetzt steig ab. Ich muss auch wieder zurück. Wollte dir mein neues Baby nur einmal zeigen. Sonst alles okay, ja? Macht das Camp Spaß?«

Ich nickte und brachte kein Wort mehr raus, so begeistert war ich von seiner neuen Errungenschaft. »Grüß Mama und den Kleinen von mir, ja?«

»Mach ich«, sagte er. Innerhalb weniger Sekunden war von ihm nichts mehr zu sehen, so schnell fuhr er davon.

Als ich mich Abends in mein Bett legte, verschränkte ich die Hände hinter meinem Kopf und starrte an die Decke. Ich musste daran, denken, wie ich damals Fahrradfahren gelernt hatte. Wie mein Vater es mir beigebracht hatte und wie ich das erste Mal in meinem Leben das Gefühl hatte, dass er stolz auf mich war, als ich alleine fuhr. Ich verband mit Fahrrädern nur gute Dinge. Wie gerne hätte ich auch so ein tolles Rad gehabt wie mein großer Bruder!

Als meine Jugendfreizeit vorbei war, besuchten wir Oma und Opa. Während Mutter mit Oma im Haus saß und Kaffee trank, streunten Stefan, Opa und ich durch den Garten. Opa zeigte uns, wie sich die Tiere machten. Dann halfen wir ihm dabei, ein paar Salatköpfe zu ernten. Wie üblich hatte Opa eine große Tüte dabei, in welche wir den Salat, das Obst und das Gemüse packten, das er uns mitgab. Ich beobachtete die weißen Hasen mit den blauen Augen, die in ihrem Gehege herumhüpften.

»Und du bist im Sportverein jetzt, habe ich gehört?«, löcherte Opa meinen großen Bruder.

»Ja, Opa. Bei den Leichtathleten.«

»Das ist gut. Das ist sehr gut, Stefan. Vielleicht wird aus dir mal ein ganz Großer.«

»Ich will Läufer werden, Opa. Das kann ich am besten. Ich denke, ich kann es weit bringen.«

Ich fand es spannend zu sehen, wie Stefan plötzlich von allen dafür gelobt wurde, dass er im Verein war und gute Leistungen absolvierte. Stefan war ja schon immer sehr sportlich. Aber wenn er auf einen Baum kletterte, eine gute Zeit für sich lief oder im Wettkampf mit mir oder seinen Freunden eine gute Leistung vollbrachte, dann war das nicht weiter erwähnenswert. Jetzt hatten seine Leistungen eine Art offiziellen Anstrich bekommen. Und das veränderte etwas. Alle bewunderten ihn. Besonders die Erwachsenen.

»Jungs, kommt ihr? Wir müssen los!«, hörte ich die Stimme von Mama.

Wir verabschiedeten uns von unseren Großeltern, verstauten die Gemüsetüte in Mutters Trabbi und fuhren nach Hause.

Als wir zu Hause ankamen und Mutter die Tür aufschließen wollte, merkte sie, dass sie die Wohnungsschlüssel nicht mehr bei sich hatte. Sie tastete alle Jackentaschen ab. Wir durchsuchten den kompletten Trabbi. Nichts. »Ich muss sie bei Oma und Opa vergessen haben«, seufzte Mama.

»Kein Problem«, sagte Stefan und nahm sich sein Rennrad, das er vor dem Haus angeschlossen hatte. »Ich hole uns die Schlüssel.«

»Nein, Stefan«, widersprach meine Mutter. »Lass doch, ich fahre schnell mit dem Auto ...«

Aber da war er schon weg. Ich sah ihn, wie er immer kleiner und kleiner wurde. Stefan hatte schon einen verdammt guten Tritt, staunte ich. Mama zuckte mit den Schultern.

»Ganz der Vater«, sagte sie und wir setzten uns auf die Veranda. Mama zog eine Tomate aus Opas Gemüsetüte und reichte sie mir. Ich biss hinein. Das würde jetzt wohl einige Zeit dauern. Ich lehnte mich zurück und genoss die letzten Sonnenstrahlen des Tages – da hörte ich Stefans Stimme.

»Hab sie ...«

Er kam in einem wahnsinnigen Tempo angefahren und bremste scharf vor uns ab. Ich konnte es nicht glauben. Er war schon wieder zurück? Das war doch völlig unmöglich! Oma und Opa wohnten neun Kilometer von uns entfernt. Für mich war das eine halbe Weltreise. Wie gelang es ihm, mit dem Fahrrad schneller als mit unserem Trabbi zu sein?

»Da staunste, was Jani?«, fragte er, als könnte er meinen Gesichtsausdruck lesen. Ja, ich staunte tatsächlich. Der Anblick von Stefan auf seinem Diamant-Rad war einfach beeindruckend. Wenn er auf seinem Rad saß, dann war es, als wenn er auf der Sonne geritten kam.

Ein paar Monate später, es war bereits November, beobachtete ich, wie Stefan draußen vor der Haustür saß und an seinem Fahrrad schraubte. Ich war ziemlich neidisch. Nicht nur, weil Stefan jetzt mehr Zeit mit dem Fahrrad verbrachte als mit mir. Ich wollte das einfach auch. Ich wollte auch so ein Rennrad haben, mit dem ich einfach so zu Oma und Opa fahren konnte. Ich sah in dem Rennrad nicht nur ein Rennrad. Ich sah darin eine Möglichkeit. Schon mit meinem einfachen Kinderfahrrad hatte sich mein Radius enorm erweitert. Wie sehr würde er sich wohl erst mit einem Rennrad ausweiten?

Stefan sah natürlich, wie ich ihm zuschaute. »Hey, Jani«, sagte er, als könne er meine Gedanken lesen. »Die im Sportverein haben am Wochenende ein Rennen. Ein Crosslauf. Da suchen die noch einen Läufer. Mach doch mit. Wenn du gewinnst, geben die dir auch ein Rad.«

»Wirklich?«, fragte ich und setzte mich zu ihm.

»Ja, klar. Wenn du im Verein mitmachst, kriegst du fürs Training ein Rad gestellt. So wie ich.«

Ein eigenes Rennrad. Das wäre ein Traum. Aber zum Sportverein gehen? Ich wusste nicht, ob ich das könnte.

»Ich weiß nicht, ob ich das hinkriege, Stefan.« Da war ich wieder. Der kleine, verschüchterte Junge, der sich kaum etwas zutraute.

Stefan ließ von seinem Rad ab und schaute mich an. »Ist das dein Ernst, Jan?«, fragte er. »Klar kannst du das. Du bist doch ein total guter Sportler. Du kannst es sogar beinahe mit mir aufnehmen.«

Ich grinste. »Manchmal kann ich dich auch besiegen.«

»Übertreib nicht, Jani. Aber gegen Jungs in deiner Altersklasse wirst du locker ankommen. Du kommst am Sonntag einfach mit und ich stelle dich meinem Trainer vor.«

»Meinst du wirklich?«

»Ja, na klar.«

»Und wenn ich es nicht schaffe?«

»Dann schaffst du es eben nicht. Geht die Welt auch nicht von unter.«

Stefan hatte recht. Ich hatte nichts zu verlieren, aber ein Rennrad zu gewinnen. Und bei dem Sportverein mitzumachen, ja, das reizte mich schon. Immer wenn mein großer Bruder mir von seinem Training erzählte, dachte ich mir, dass ich das auch gerne machen würde. Aber ich war einfach zu schüchtern, es selbst vorzuschlagen.

Am Abend lag ich aufgeregt im Bett und bekam kein Auge zu. Ich war wahnsinnig gespannt, wie es am nächsten Tag werden würde.

Am nächsten Morgen fuhren Mama, Stefan und ich dann nach Fischerdorf. Fischerdorf war ein Neubaugebiet. Nicht weit weg von uns. Hier standen brandneue, teure Bungalows, die um einen wunderschönen See herum angeordnet waren. Am Ende des Dorfes erstreckte sich ein weites Waldgebiet und es gab einen großen Berg, der alles überragte. Der Berg war kein echter Berg. Der Berg war ein Trümmerberg. Man hatte nach dem Zweiten Weltkrieg die Trümmer aufgeschüttet und sie begrünt.

Als wir ankamen, war schon jede Menge los. Zahlreiche Kinder standen am Ufer des Sees und wärmten sich auf. Am Rand saßen die Eltern und riefen ihren Schützlingen irgendwelche Tipps zu. Ich rieb mir die Hände. Es war ziemlich kalt hier draußen und im Gegensatz zu den anderen Kindern hatte ich keinen wirklich wärmenden Trainingsanzug. Ich hatte den einzigen Anzug, den ich immer hatte. Und der war rot. Knallrot. Alleine dadurch fiel ich hier schon auf. Immer wieder schaute ich mich um und beobachtete die anderen Kinder. Ich war ziemlich aufgeregt. Es war das erste Mal, dass ich bei so einem Wettbewerb teilnahm. Klar, in der Schule gab es auch immer mal wieder Wettbewerbe, aber das war etwas ganz anderes. Ich kannte meine Mitschüler ja. Das war irgendwie, na ja, familiär.

Hier waren Kinder aus der gesamten Umgebung. Und die meisten von ihnen waren eben nicht irgendwelche Kinder, sondern richtige Sportler. Die im Verein waren. Die viel trainierten. Das war eine echte Konkurrenz für mich. Ich musterte nervös die anderen Kinder. Sie waren zum Teil deutlich älter, dachte ich.

»Kennst du die?«, fragte ich meinen großen Bruder.

Er nickte. »Klar, die laufen bei mir im Verein.« Dann erklärte er mir, dass bei dem Rennen alle Altersklassen gleichzeitig loslaufen würden. »Du musst also auch gegen Zwölfjährige antreten.« Erst am Ende der Wertung würde man eine Rangliste für die einzelnen Altersgruppen machen. »Du brauchst dir da keinen Kopf machen, Jani«, beruhigte er mich. »Du bist neun. Die älteren stehen nicht in Konkurrenz zu dir. Lass dich davon nicht beeindrucken. Die machen ihr Ding und du machst deins.« Er lächelte und fuhr mir durch mein Haar. »Du wirst das machen, Großer.«

Ich nickte ihm zu. Dann ging ich an die Startlinie.

»Jan«, hörte ich meinen Bruder rufen und drehte mich noch einmal um. »Teil dir deine Kräfte ein. Nicht sofort verausgaben, klar?«

»Okay …«

Dann machte ich mich bereit. Auch die anderen Kinder standen bereits an der Startlinie. Wir warteten auf das Signal und … liefen los. Was hatte Stefan doch gleich gesagt? Ich sollte meine Kräfte einteilen? Ich dachte ja gar nicht dran. Ich lief, so schnell ich konnte, los, musste mich an den Größeren regelrecht vorbeiarbeiten. Aber es gelang mir. Ich fühlte mich gut. Ich spürte, dass ich jede Menge Energie hatte. Ich lief und lief und überholte ein Kind nach dem anderen. Selbst die Größeren. Die Strecke war hügelig und es gab einen Anstieg. Die erste Runde lag hinter mir. Ich war in der Spitzengruppe. Neben mir nur noch drei Zwölfjährige. Doch ich realisierte das gar nicht. Ich war so sehr darauf fokussiert, ein gutes Rennen hinzulegen, dass ich alles um mich herum vergaß. Alleine die Aussicht auf ein Rennrad befeuerte meinen Ehrgeiz. Ich spürte, dass ich noch immer mehr als genügend Kraftreserven hatte. Nach der zweiten Runde hatte ich bereits alle überholt. Für einen kurzen Moment hatte ich Angst, dass mir die Puste ausgehen würde. Aber ich fühlte mich gut und lief weiter. Dann erhöhte ich das Tempo noch einmal. Kurz vor der Ziellinie hörte ich meine Mutter und Stefan, wie sie mich anfeuerten.

»Jani, du hast es gleich geschafft. Lauf weiter, lauf weiter, lauf weiter.«

Ich legte noch einen Abschlusssprint ein – und schaffte es mit großem Abstand als Erster über die Ziellinie. Als Neunjähriger. Noch vor den Kindern, die bis zu drei Jahre älter waren als ich. Alle waren komplett aus dem Häuschen und jubelten mir zu. Ein merkwürdiges Gefühl.

»Du bist gelaufen wie der rote Blitz!«, hörte ich den Team-Trainer Peter Sager rufen.

Als ich zur Ruhe kam, merkte ich, dass mein ganzer Körper zitterte. Nicht vor Anstrengung, sondern vor Kälte.

Die Frau von Peter Sager kam zu mir gelaufen und wickelte mich in eine Decke ein. »Der arme Junge«, sagte sie.

Am nächsten Morgen klingelte es früh an unserer Haustür. Peter Sager stand vor uns. Er überreichte mir einen brandneuen weinroten Trainingsanzug. Dazu ein Radtrikot und ein Paar Turnschuhe.

»Die sind wärmer als deine Sachen«, sagte er und strahlte mich an. »Damit frierst du beim nächsten Rennen nicht mehr.«

Ich schaute meine Mutter an. Sie schien direkt zu verstehen, was Peter mir damit sagen wollte. Dann beugte er sich zu mir runter.

»Willst du nicht Rennfahrer im Verein werden?«, fragte er. »Du hast Talent. Ich glaube, aus dir kann einmal richtig was werden …«

Was ich in dieser Zeit gelernt habe:

Wie gerne wäre ich meinem großen Bruder schon früher nachgeeifert. Wie gerne wäre ich auch in einen Sportverein gegangen. Aber ich hatte viel zu große Selbstzweifel. Könnte ich das wirklich? War ich nicht viel zu klein, viel zu schwach, viel zu unbegabt dafür? Nein, das war ich nicht. Aber das fand ich erst in dem Moment heraus, in dem ich es versucht habe. Es heißt immer, dass der erste Schritt der schwierigste ist. Und das stimmt auch. Sich einmal aufzuraffen, um etwas Neues auszuprobieren, was auch scheitern könnte, fühlt sich für viele Menschen unendlich schwer an. Dabei kann man nicht gewinnen, wenn man nicht einfach mal den ersten Schritt wagt. Wer sich nicht traut, seine Komfortzone zu verlassen, der wird einfach nur erleben, dass gar nichts passiert. Aber wer etwas in seinem Leben erreichen oder verändern will, der muss einfach den ersten Schritt machen. Und wenn es dann doch nicht so funktioniert, wie wir uns das vorgestellt haben? Dann versuchen wir es einfach noch einmal!

Ich habe verstanden, dass es nur einen Weg gibt, in meinem Leben wirklich etwas zu ändern – und zwar, indem ich es ändere. Indem ich den ersten Schritt gehe.

Der erste große Wettkampf und eine neue Freundschaft

Ich schaute aus dem Fenster. Es regnete. Nicht die besten Bedingungen, dachte ich, zog die Bettdecke weg und sprang aus dem Bett. Ich versuchte, möglichst leise zu sein. Meine beiden Brüder schliefen noch. Langsam tapste ich in die Küche, wo Mama schon das Frühstück zubereitete.

»Du bist schon wach?«, fragte sie und schaute überrascht auf die Uhr. Ich nickte. Sie lächelte und fuhr mir mit den Händen durch die Haare. »Hast du überhaupt geschlafen?«

Ich zuckte mit den Schultern. »Ein bisschen.«

»Na, komm«, sagte Mama und gab mir einen Kuss auf die Stirn. »Frühstücke jetzt erst einmal. Du brauchst Kraft für später.«

Die brauchte ich wirklich. Es war ein halbes Jahr vergangen, seit ich angefangen hatte, im Team von Peter zu trainieren. Und heute war es nun also soweit. Heute war mein erstes richtiges Rennen. Es wurde endlich ernst. Während wir am Tisch saßen, sprachen wir kein Wort miteinander. Ich nahm wahr, wie Mama mich ganz genau beobachtete. Aber ich wollte nicht reden. Ich war hochkonzentriert. Ich musste mich innerlich vorbereiten.

Nach dem Essen zog ich mich um und setzte mich zu Mama in den Trabbi. Es ging nach Schmarl, einen Vorort von Rostock. Ich schaute aus dem Fenster. Ein paar schwere, alte Dampfer lagen hier vor Anker. Ein großes Schild verwies auf ein Schifffahrtsmuseum. Ich lehnte mich in meinem Sitz zurück und atmete tief durch. Ich hatte gemischte Gefühle. Auf der einen Seite konnte ich es kaum erwarten, mich endlich mit anderen Kindern zu messen. Ich liebte Wettbewerbe. Auf der anderen Seite hatte ich auch ein bisschen die Sorge, was passieren würde, wenn ich verlieren würde. Wenn ich nicht ablieferte. Wären dann alle von mir enttäuscht? Ich erinnerte mich wieder daran, wie Vater mir das Fahrradfahren beibrachte. Wie er jubelte, als ich es hinbekam. Und ich erinnerte mich an die Enttäuschung in seinem Gesicht, als mein Fahrversuch in den Mülleimern endete.

»Wir sind da, Jani«, riss mich Mama aus meinen Gedanken. Wir parkten vor dem Stephan-Jantzen-Ring. Hier veranstaltete mein Verein heute ein Rundrennen. Es war schon einiges los. Zahlreiche Gäste hatten auf der Tribüne Platz genommen und auf der Strecke liefen die anderen Kinder herum, gegen die ich heute antreten würde. Sie machten sich bereits warm.

Es dauerte nicht lange und ich entdeckte in dem ganzen Gewusel auch Peter. »Jan, komm her«, winkte er mich zu sich.

Peter war gerade schwer beschäftigt. Nicht nur, dass er sich hier um die Kinder kümmerte und Startnummern verteilte, er wies auch die Polizei ein und begrüßte die Gäste. Trotzdem ließ er alles stehen und liegen, als er mich sah. Dann brachte er mich zu meinem Fahrrad. Zu meinem wunderschönen blauen Diamant-Rad.

»Ich habe die ganze Nacht noch daran geschraubt«, sagte er und lächelte. »Aber jetzt dürfte alles passen – steig auf. Probier es einmal.«

Ich setzte mich auf das Rad und kam problemlos in die Riemen an den Pedalen. »Passt«, sagte ich.

Peter hatte extra längere Tretkurbeln montiert und die Riemen angepasst, in die ich meine Füße stecken musste. Obwohl ich bereits das kleinste Rad im Verein besaß und der Sattel extra tiefgestellt wurde, hatte ich immer wieder Probleme, mit meinen Füßen die Pedale zu erreichen. Ich war einfach zu klein.

»Danke, Peter«, sagte ich.

»Zieh dich jetzt um, mein Junge. Es geht gleich los.«

Dass mein Trainer höchstpersönlich noch an meinem Fahrrad herumschraubte, war alles andere als selbstverständlich. Aber so war Peter. Er lebte für den Radsport. Und er lebte für den Verein.

Ich zog mir mein viel zu großes Trikot an und beobachtete das Teilnehmerfeld. Ich war hier mit Abstand der Kleinste. Aber ich wusste, dass das nichts zu bedeuten hatte. Gerade dass ich so schmal war, brachte mir auf dem Rad sogar einige Vorteile ein.

»Auf diesen Jungen da«, sagte Peter, als er noch einmal durch die Reihen ging, »auf den musst du aufpassen.«

Er zeigte auf einen schlanken Typen mit kurzen braunen Haaren in einem Fiko-Trikot. Fiko war ein Fischfangbetrieb von der Ostseewerft. Ein ziemlich kleiner Verein.

»Wer ist das?«, fragte ich.

»André heißt der und er ist verdammt schnell. Er hat die meisten Rennen in deiner Altersklasse gewonnen.«

Ich nahm mir vor, den Jungen im Auge zu behalten. Dann betrachtete ich die Strecke. Der Kurs war flach. Das Rennen ging über 8,4 Kilometer. Das waren genau sieben Runden. Noch immer regnete es. Und der Wind war frisch. Das würde hart werden. Aber ich hatte mir schon eine Strategie überlegt. Ich wollte mich einfach die gesamte Zeit an der Spitze halten. Direkt das Tempo vorgeben.

Wir stellten uns an die Startlinie und warteten auf das Signal. Ich spürte, wie mein Herz immer schneller schlug. Das Adrenalin schoss mir durch den Körper. Endlich ging es los. Dann war es soweit.

»Los!«, hörte ich eine Stimme.

Ich drückte mein Gewicht nach vorne und trat in die Pedale. Von einem Moment auf den nächsten blendete ich alles um mich herum aus. Ich nahm gar nichts mehr wahr. Nur noch die Strecke und die anderen Fahrer. Der Wind, der Regen, das jubelnde Publikum – alles weg. Ich befand mich in einem Tunnel.

Meine Strategie ging auf. In den ersten Runden war ich konsequent in der vordersten Gruppe. Wir schafften es schnell, uns von dem Rest des Pelotons abzusetzen. Alles lief genauso, wie ich es geplant hatte. Dann erreichte ich die vorletzte Runde. Jetzt wollte ich mich absetzen. Ich beugte mich nach vorne und trat mit voller Kraft in die Pedale. Ich spürte, wie mein Rad noch einmal beschleunigte. Wie ich die anderen Fahrer einfach hinter mir ließ. Ich war nun an der Spitze. Und ich hatte noch jede Menge Energie.

Doch dann spürte ich, dass einer der anderen Fahrer wieder aufholte. Ich erkannte ihn sofort. Das war André. Peter hatte recht. Dieser Typ war wirklich verdammt schnell.

Ich spürte, wie er mir am Hinterrad hing. Ich steckte noch mehr Kraft in meinen Tritt, gab alles, spürte wie ich langsam an meine Grenze kam. Ich hatte wieder ein wenig Vorsprung rausgeholt. Doch der hielt nicht lange. Nach ein paar Sekunden klebte dieser Junge wieder an mir. Ich bekam ihn nicht abgeschüttelt. Er schaffte es aber auch nicht, mich zu überholen. Aber vielleicht sparte er sich das noch auf, dachte ich. Vor uns lag jetzt die letzte Runde. Wagte er noch einmal eine Attacke?

Ich wurde unruhig. Ich entschied mich, aufs Ganze zu gehen. Noch einmal gab ich meine letzten Kraftreserven frei und trat wie ein Verrückter in die Pedale. Ich spürte, wie mein Herz pumpte. Meine Beine schmerzten. Ich biss die Zähne aufeinander. Ich musste diesen Kerl unbedingt loswerden.

Es gelang mir.

Er fiel zurück. Das Rennen war beinahe vorbei. Das Ziel lag direkt vor mir. Ich spürte, dass ich keine Reserven mehr hatte. Wenn er jetzt noch einmal angreifen würde, wäre ich geliefert. Ich drehte mich um und schaute über die Schulter. Tatsächlich kam er wieder näher. Aber auch er war scheinbar am Limit angelangt. Er setzte nicht mehr zu einem Sprint an. Ich überquerte die Ziellinie als Erster. Das war's! Ich hatte es geschafft. Mein erstes Rennen – mein erster Sieg!

Peter kam zu mir gelaufen und jubelte. »Das hast du großartig gemacht!«, rief er.

Nach und nach öffnete sich mein Tunnelblick wieder. Ich schaute auf die Tribüne und sah Mama. Sie sprang auf, winkte mir zu. Ich hörte die Menschen jubeln. Spürte wieder den Regen auf meiner Haut. Und merkte plötzlich, wie ich zitterte. Ich hatte während des Rennens sogar die Kälte ausgeblendet. Wieder war es die Frau von Peter Sager, die mir mit einer großen Decke zur Rettung kam.

»Der Junge erfriert uns ja«, motzte sie. »Der besteht doch nur aus Haut und Knochen, da muss man vorsichtig sein.«

Noch während ich versuchte, meinen allerersten Sieg zu realisieren, kam André zu mir. Er war einen Kopf größer als ich. Wirkte wie ein Junge von der Küste. Eher ruhig und zurückhaltend. Nicht aufdringlich. Ein klassischer Fischkopp, wie man im Norden sagte. Er baute sich vor mir auf und nickte.

»Du warst verdammt gut«, sagte er.

»Danke. Du aber auch.«

»Habe noch keinen gesehen, der schneller fährt. Ich bin André Korff.«

»Ich bin Jan Ullrich.«

»Du kannst mich auch Korffi nennen. Das machen fast alle.« Ein paar Wochen später schaffte es Peter, André zu überzeugen, in unseren Verein zu wechseln. Spätestens da wurden wir zu den allerbesten Freunden.

Durch den Sport hatte sich plötzlich etwas in meinem Leben verändert. Nachdem ich mich in meiner Kindheit oft verloren gefühlt hatte, war es jetzt so, als hätte ich endlich meinen Platz im Leben gefunden. Wenn ich mich abends ins Bett legte, freute ich mich schon auf das Training am nächsten Tag, und wenn ich morgens aufwachte, dann konnte ich es kaum erwarten, aufzustehen, die Schule hinter mich zu bringen und endlich wieder Fahrrad zu fahren. Der Sport gab mir eine Erfüllung. Und das lag auch an meinem Trainer. An Peter Sager. Peter gab mir das Gefühl, dass meine Leistungen etwas Besonderes waren. Dass ich etwas Besonderes war. Ich hatte das Gefühl, dass ich zum ersten Mal so richtig gesehen und wahrgenommen wurde. Die Schatten, die noch über meiner Kindheit lagen, schienen langsam zu verschwinden.

Was ich in dieser Zeit gelernt habe:

Für mich war mein Beitritt in den Sportverein nicht bloß irgendein Hobby. Nein, der Sportverein eröffnete mir ganz neue Möglichkeiten. Er erweiterte mein bisher so begrenztes und beschränktes

Leben. Das lag zum einen daran, dass wir auf dem Land wohnten. Durch das Rennrad, was ich gestellt bekam, hatte ich die Chance, nun ganz andere Strecken zurückzulegen. Aber es war mehr als das. Dank meiner Erfolge konnte ich an Rennen in der ganzen Republik teilnehmen. Das waren Orte, die ich sonst niemals zu Gesicht bekommen hätte. Und: Ich fand Freunde. Freunde, die mit mir durch den Sport verbunden waren. Ich verstand ganz instinktiv, dass die Leistung, die ich erbrachte, sich auszahlte. Und das motivierte mich, dass ich noch besser werden wollte. Ich entwickelte einen Kampfgeist. Mir ging es nicht darum, dass ich um jeden Preis siegen wollte. Aber ich erkannte, dass ich mich selbst herausfordern konnte und dadurch Vorteile erlangte, die mein Leben besser machten. Ich glaube, dass jeder Mensch diese Erfahrung macht. Wir Menschen sind soziale Wesen. Wir sind aber auch Wesen, die sich gerne messen. Manchmal passiert das spielerisch. Manchmal passiert das sportlich. Und manchmal, da messen wir uns in unserem Alltag. Kampfgeist ist eine positive Eigenschaft. Solange er gesund bleibt. Kampfgeist kann helfen, dich selbst zu verwirklichen. Kampfgeist kann dich aber auch dazu verleiten, andere zu übervorteilen. Sich messen zu wollen, ist in Ordnung, solange man im Blick behält, dass dieser Wettkampf dazu dient, an sich selber zu wachsen.

Ich habe immer die Herausforderungen angenommen, von denen ich glaubte, dass sie mir helfen, besser zu werden. Mir ging es dabei nie darum, dass ich meine Überlegenheit gegenüber anderen Menschen demonstrieren wollte. Ein gesunder Kampfgeist hat mir vielmehr geholfen, an mir selbst zu wachsen. Darum habe ich meinen Fokus immer nur auf mich selbst gerichtet.

Ein Sportverbot und ein verwelkendes Kind

Ich schlug auf den Wecker, presste mir mein Kissen über den Kopf und drehte mich noch einmal um. Es war noch viel zu früh am Morgen. Und ich war müde. Wirklich müde. Ich hatte ein ziemlich langes Wochenende hinter mir. Seit meinem ersten Rennen waren ein paar Jahre vergangen und die Wettkämpfe wurden mittlerweile für mich zu einer Art Routine. Dieses Wochenende waren wir in Leipzig gewesen und ich war erst Sonntagabend spät nach Hause gekommen. Also vor ein paar Stunden. Ich war 12 Jahre alt und mein ganzer Körper war erschöpft. Und tat weh.

»Jan?«, hörte ich die Stimme meiner Mutter. »Jani, du musst aufstehen.« Ich presste mir das Kissen noch ein wenig stärker auf die Ohren und tat so, als würde ich sie nicht hören. Vielleicht ließ sie mich ja schlafen, wenn ... Fehlanzeige. Mama schaltete das Licht im Zimmer ein. »Komm schon, Jan, steh auf. Du musst in die Schule.«

»Ich bin krank«, versuchte ich es.

»Du bist nicht krank. Du bist nur müde. Aber wenn du am Wochenende durch die ganze Republik fährst, um deinen Sport zu machen, hast du am Montag auch in der Schule zu sein, klar?«

Klar. Wer war ich, dass ich Mama widersprechen durfte? Ich zog die Bettdecke weg und quälte mich aus dem Bett. Und dann war auch noch Montag, dachte ich, während ich mir die Zähne putzte und mein müdes Gesicht im Spiegel betrachtete. Montag. Das war der schlimmste Tag. Die ersten zwei Stunden hatte ich Russisch. Ausgerechnet Russisch. Ich hatte nichts gegen das Fach. Aber unsere Lehrerin war ziemlich speziell. Frau Eisenstein. Frau Eisenstein wurde ihrem Namen gerecht. Sie war eine kleine mollige Frau mit einem prägnanten Damenbart. Und: Sie konnte mich nicht leiden. Sie konnte mit mir und meiner Sportleidenschaft wirklich überhaupt nichts anfangen. Wahrscheinlich, weil sie ganz grundsätzlich nicht so viel mit Sport anfangen konnte. Das ließ sie mich spüren. Nein, sie ließ wirklich keine Gelegenheit aus, um mich zu quälen.

»Guten Morgen, Jan«, begrüßte sie mich, als ich als Letzter das Klassenzimmer betrat. »Du siehst müde aus.« »Guten Morgen, Frau Eisenstein«, sagte ich und richtete mich ein wenig auf, als ich Platz nahm. »Entschuldigen Sie, ich hatte gestern ein Rennen und ...«

»Was interessiert mich dein Rennen? Mich interessiert es, ob du deine Vokabeln kannst.«

Na klar. Die Vokabeln. Da war ja noch was.

»Dann schauen wir mal, wie gut du gelernt hast«, sagte sie und ich meinte ein kleines, fieses Lächeln unter ihrem Damenbart zu erkennen.

»Самолет?« Sie schaute mich fordernd an. Puh. »Fahrrad?«, versuchte ich es. Sie schüttelte den Kopf.

»Самолет?«, wiederholte sie. Die Stimme etwas lauter. Ich versuchte, mich krampfhaft zu erinnern, was das Wort bedeutete. Aber ich kam nicht drauf.

»Flugzeug«, flüsterte mir ein Mitschüler zu.

»Flugzeug?«, fragte ich.

Frau Eisenstein schüttelte den Kopf. »Und dann auch noch schummeln«, murmelte sie und machte sich eine Notiz für schlechtes Verhalten. Ich wusste nicht genau, was mit diesen Notizen passierte. Aber es war mir eigentlich auch egal. Frau Eisenstein sollte mich einfach nur in Ruhe lassen. Besonders Montags. Bei den anderen Lehrern gelang das ja auch. Meine Sportlehrerin war zum Beispiel ein Riesenfan von mir und freute sich immer, wenn ich ihr erzählte, dass ich irgendwelche Wettkämpfe gewonnen hatte. Da sie auch meine Deutschlehrerin war, ließ sie mir dafür durchgehen, wenn meine Hausaufgaben vielleicht nicht ganz so ordentlich gemacht waren, wie man es hätte erwarten können.

Als ich zwei Tage später nach meinem Training nach Hause kam, saß meine Mutter bereits am Küchentisch. »Hallo Mama«, begrüßte ich sie und gab ihr einen Kuss auf die Wange.

Neben ihr saß Stefan und biss sich auf die Lippe. Das war kein gutes Zeichen. Irgendetwas lag in der Luft. Nur was? Die Spannung im Raum war beinahe greifbar. Dann hob Mutter einen Brief hoch. Er war von meiner Schule.

»Was ist das?«, fragte ich.

»Eine Beschwerde«, entgegnete sie kühl. In meinem Kopf fing es an zu arbeiten. Scheinbar hatten die Notizen meiner Russischlehrerin doch eine Auswirkung, wenn sie sich nur lange genug angesammelt hatten. »Was ist denn mit dir los, Jan?«

Ich schüttelte den Kopf. »Nichts, Mama, wirklich.«

»Wenn du das mit der Schule nicht hinbekommst, dann ist dein Fahrrad-Training gestrichen«, sagte sie streng. Ich schaute sie ungläubig an. Ich musste die Worte verarbeiten.

Das Training gestrichen? Das Training war mittlerweile so sehr zu meinem Lebensinhalt geworden, dass ich mir nicht einmal mehr vorstellen konnte, wie es ohne aussehen sollte. Aber Mama meinte es ernst. Nachdem ich sie ein paar Sekunden weiterhin ungläubig anschaute und nicht wusste, was ich sagen sollte, wurde sie etwas milder, strich mir mit der Hand über mein Gesicht und sagte: »Ach, Jani, ich meine es doch nur gut. Die Schule ist wichtig. Ich will, dass etwas Gutes aus dir wird.«

Ich hatte in meinem gesamten Leben nicht auch nur eine Minute lang das Gefühl, dass meine Mutter nicht das wirklich absolut Beste für mich wollte. Aber mir mein Training nehmen? Das fühlte sich an wie ein Schlag in die Magengrube. Mir war der Appetit vergangen. Ich zog mich in mein Zimmer zurück, legte mich auf mein Bett und starrte die Decke an. Ein Leben ohne Fahrrad – ich versuchte mir vorzustellen, wie so etwas möglich sein sollte.

Seit ich mit sieben Jahren dem Sportverein beigetreten war und von Peter Sager trainiert wurde, hatte sich nicht nur mein Leben verändert. Auch ich selbst war nicht mehr der Junge, der ich vorher gewesen war. Früher hätte ich mich am liebsten vor der Welt versteckt. Nun hatte ich Selbstbewusstsein entwickelt. Ich hatte das Gefühl, dass ich etwas wert war.

Aber Mama machte ernst.

Als meine Noten auch nach ihrer Ermahnung nicht besser wurden und Frau Eisenstein einen weiteren Brief an Mama schickte, wusste sie sich nicht mehr anders zu helfen. Ich durfte eine Woche nicht zum Training. Doch der gewünschte Erfolg setzte nicht ein. Im Gegenteil. In der Schule war ich nun noch viel unkonzentrierter als vorher. Ich bekam überhaupt nichts mehr auf die Reihe. Mir fehlte einfach der Ausgleich. Ich hatte schlechte Laune. Ich war unkonzentriert und auch ein wenig bockig. Das machte alles nur noch schlimmer. Und Mama blieb hart. Da ich mich nicht besserte, wurde mein Training komplett gestrichen.

Das war für mich die Hölle. Ich hielt es kaum aus. Eines Tages war es so schlimm, dass ich mich sogar aus dem Haus schlich, um mich heimlich mit meinem besten Freund Korffi zu treffen. Wir verabredeten uns bei der Radrennbahn und fuhren ein kleines Rennen. Ich gab alles, was ich konnte. Es hatte mir gefehlt, mich zu verausgaben. Also trat ich mit einer Brutalität in die Pedale, wie ich es noch nie vorher getan hatte. Aber es brachte nichts. Korffi hing mir die ganze Zeit dicht auf den Fersen. So dicht wie seit unserem ersten Rennen nicht mehr. Ich war eigentlich auf einem Level, auf dem ich ihn an einem guten Tag hätte abhängen können. Doch das gelang mir nicht mehr. Einmal fuhren wir sogar Nase an Nase. Ich verlagerte mein ganzes Gewicht nach vorne und trat und trat und trat. Schließlich schaffte ich es zwar vor ihm ins Ziel. Aber so knapp war es wirklich noch nie gewesen.

»Du lässt nach«, sagte er und zog sich seine Sturzkappe vom Kopf.

Ich keuchte. Brauchte erst mal ein paar Sekunden, um wieder richtig atmen zu können. »Ja, bin wohl aus der Übung«, sagte ich betrübt. Eigentlich sollte mir das Rennen eine Freude machen. Aber das Gegenteil war der Fall. Es frustrierte mich. Nicht, dass ich es Korffi nicht gegönnt hätte. Aber es machte mir einfach bewusst, wie sehr ich nachließ. Ich spürte, dass ich ohne mein regelmäßiges Training irgendwann meinen Vorsprung verlieren würde.

»Ich muss jetzt auch wieder nach Hause«, sagte ich und verabschiedete mich von meinem Freund.

»Warte, Jan«, sagte er. »Kannst du nicht noch einmal mit deiner Mama reden?«

»Ich habe es schon versucht«, sagte ich traurig. »Sie bleibt da hart.«

»Okay, aber dann können wir uns ja vielleicht heimlich treffen, um ein wenig zu trainieren.« Er ließ eine kurze Pause. »Einfach, damit du in Form bleibst. Nur bis du wieder in den Verein zurückkommst.«

Ich umarmte Korffi. Ich war verdammt froh, einen Freund wie ihn zu haben.

Als ich wieder zu Hause ankam, sprang ich unter die Dusche, legte mich in mein Bett und versank in tiefschwarzen Gedanken. Als ich mit meiner Mutter beim Abendessen saß, sagte ich kein Wort. Ich wollte, dass sie spürte, wie frustriert ich bin. Sie nahm es hin. Als ich aufgegessen hatte, brachte ich das Geschirr zur Spüle und verabschiedete mich wieder auf mein Zimmer. Dann klingelte es an der Tür. Merkwürdig. Um diese Zeit? Wer könnte das sein? Ich ging zu meiner Zimmertür und lauschte. Eine Männerstimme. Ich versuchte, sie zu erkennen. Moment …, war das …? Ich war überrascht. Peter Sager? Was wollte er hier?

»Hör mal, Marianne«, sagte er zu meiner Mutter. »Ich weiß, dass du es wirklich nur gut meinst. Dass es dir wichtig ist, dass Jan seine Schule nicht vernachlässigt. Aber den Jan, den darfst du nicht zu Hause lassen«, sagte er. »Das tut dem Jungen nicht gut. Der braucht seinen Sport.«

Mein Herz pochte wie verrückt. War da gerade wirklich mein Trainer zu mir nach Hause gekommen, um meine Mutter davon zu überzeugen, mich weiter trainieren zu lassen? Hatte Korffi ihm vielleicht erzählt, wie schlecht es mir ging? Ich war das nicht gewohnt, dass sich jemand so sehr für mich einsetzte. Die beiden diskutierten hin und her. Meine Mutter widersetzte sich noch einmal und erklärte Peter, dass eine gute schulische Bildung für sie oberste Priorität habe. Aber an dem Ton ihrer Stimme erkannte ich, dass sie verstand, dass Peter recht hatte. Mir den Sport zu entziehen, war das absolut falsche Druckmittel.

»Wir machen aus dem Jani auch keinen besseren Schüler, wenn wir ihn verwelken lassen …«, sagte er. Das schien sie einzusehen. Sie verabschiedete sich von Peter und kam ein paar Minuten später zu mir ins Zimmer. Ich verkroch mich unter meiner Bettdecke und tat so, als ob ich von dem Besuch gar nichts mitbekommen hätte. Dann setzte sie sich zu mir aufs Bett.

»Wir müssen reden«, sagte sie mit milder Stimme. »Wenn du wieder trainieren darfst, versprichst du mir, dir in der Schule mehr Mühe zu geben?«

Ich nickte. »Dann darfst du morgen wieder zum Sportclub.«

»Wirklich, Mama?«

»Wirklich, mein Schatz.«

Seit diesem Tag stand mein Training nie wieder infrage. Ich weiß nicht, wem ich dankbarer war, Peter oder meiner Mutter. Aber ich spürte an diesem Abend, dass Peter sich wirklich um mich sorgte. Dass er auf mich aufpasste. Er war so viel mehr als nur mein Trainer.

Was ich in dieser Zeit gelernt habe:

Ich glaube, dass man den Kampfgeist seiner Mitmenschen und ganz besonders den Kampfgeist seiner Kinder fördern kann. Das tut man, indem man sie das machen lässt, was sie wirklich gerne machen wollen. Indem man sie darin unterstützt. Ich habe noch nie etwas davon gehalten, wenn Eltern ihren Kindern ein Hobby aufdrängen. Na klar, ich kann schon verstehen, dass man sein Kind frühstmöglich fördern möchte. Dass man will, dass das eigene Kind gut in der Schule ist, ein Instrument lernt und möglichst viele Sprachen spricht. Weil es im späteren Leben davon profitiert. Aber man sollte Kindern nichts aufdrängen, was nicht von ihnen selber kommt. Jeder Mensch hat ganz individuelle Veranlagungen. Und die sollten gefördert werden. Nicht nur in der Kindheit. Ich habe Freunde, die ihr Leben lang eine Leidenschaft mit sich herumtragen, der sie nie so wirklich nachgegangen sind. Ich versuche, sie immer zu ermutigen, sich Zeit dafür freizuräumen. Nur wer lernt, seiner Leidenschaft Raum zu geben, der wird seine Talente auch ausbilden können. Und nur wer seine Talente ausbildet, wird wirklich ein glücklicher Mensch werden.

Meine Leidenschaft hat mich erfolgreich gemacht. Heute versuche ich, Menschen zu helfen, ihrer Leidenschaft zu folgen. Nur so können Menschen sich selbst verwirklichen – und wirklich glücklich werden.

Grenzen, die keine Grenzen sind

»Okay«, klatschte Peter in die Hände. »Ich weiß, ihr seid verdammt müde. Aber ich habe hier noch eine letzte Herausforderung für euch.«

Ich stützte meine Hände auf meinen Oberschenkeln ab und atmete schwer durch. Ich war völlig außer Atem. Das Training heute hatte mich komplett an meine Grenze gebracht. Seit drei Stunden scheuchte uns unser Trainer durch die Halle. Von Übung zu Übung. Und es stand für heute *nur* Leichtathletik auf dem Programm. So erschöpft war ich schon lange nicht mehr. Dennoch war ich gespannt, was Peter sich zum großen Finale ausgedacht hatte.

»Holt eure Fahrräder«, rief er, um uns dann zu briefen. »Ich möchte einen Stehversuch machen«, sagte er und schaute uns an. »Wer es länger als fünf Minuten durchhält, auf seinem Rad zu stehen, bekommt von mir eine Tafel Schokolade.«

Das war eine Ansage. Eine Tafel Schokolade gab es nicht alle Tage. Peter hatte zwar ein ziemlich ausgeklügeltes Belohnungssystem für besondere Leistungen etabliert, aber meistens war nur ein einzelnes Stück Schokolade zu holen. Nie eine ganze Tafel.

Die anderen Kinder fingen sofort an, sich auszuprobieren. Fünf Minuten auf dem Fahrrad zu stehen war alles andere als einfach. Man braucht eine perfekte Körperbeherrschung. Jeder einzelne Muskel muss die gesamte Zeit über komplett angespannt sein. Ich betrachtete die ersten Kinder, die schon nach wenigen Sekunden einknickten. Ich atmete einmal tief durch und brachte mich in Position. Ich stand jetzt auf meinem Rad. Zunächst noch ein kleines bisschen wackelig, aber es dauerte nicht sehr lange, bis ich meine Balance gefunden hatte. Ich hielt die Figur. Und blieb stehen. Eine Minute. Drei Minuten. Fünf Minuten. Ich hatte es geschafft. Aber ich dachte ja gar nicht daran, jetzt abzusteigen.

Peter legte den Kopf schräg. »Okay, Jan, das sind zehn Minuten. Du hast es uns allen gezeigt. Du kannst absteigen.«

»Noch ein bisschen«, sagte ich.

Peter schüttelte den Kopf. Er verließ den Trainingsraum. Als er wieder zurückkam war eine Stunde vergangen. Und ich stand noch immer. Der gesamte Trainingskurs hatte mich umringt und feuerte mich an. Ich hatte als Zielparole ausgegeben, dass ich 1 Stunde, 13 Minuten und 13 Sekunden schaffen wollte. Einfach so. Weil die 13 meine Lieblingszahl war. Als die Zeit abgelaufen war, sprang ich von meinem Fahrrad.

»Das war gut, Jan«, sagte Peter. »Aber du kriegst trotzdem nur einen Schokoladenblock.«

Ich nickte. Das war okay für mich. Auf meinem Zimmer hatten sich bereits mehr als genug Reserven angesammelt.

»Macht euch fertig, dann kommt runter in den Gemeinschaftsraum. Das Essen ist in zwanzig Minuten fertig.«

Peter klatschte in die Hände und die Kinder verteilten sich. Wir waren in Wismar. Einem Trainingscamp. Peter wollte uns hier auf die anstehenden Sichtungen vorbereiten. Bei den Sichtungen wurden von Hunderten Kindern die besten zwölf Sportler eines Jahrgangs gesucht. Wer ausgewählt wurde, durfte auf die Elite-Sportschule in Berlin, in der die DDR den Nachwuchs ausbildete. Ein besonderes Privileg. Und für viele später ein Sprungbrett in die Nationalmannschaft. Mein großer Bruder Stefan war dort vor zwei Jahren angenommen worden. Jetzt wollte ich ihm nacheifern. Das war mein größtes Ziel. Die Sichtungen erstreckten sich auf die gesamte Republik. Das Lager hier in Wismar war alles andere als schön. Es gab hier außer einer Turnhalle, einem großen Schlafraum und der Küche im Prinzip gar nichts. Die idealen Voraussetzungen für ein schweres Training.

»Jan«, sagte Peter, als ich gerade die Turnhalle verlassen wollte. »Bleibst du noch einmal kurz hier?«

»Was ist los?«, fragte ich ihn.

»Der Medizincheck …, es gibt Probleme.«

Probleme? Ich hatte keine Ahnung, was er meinte. Wir hatten am Morgen einen ausführlichen Check-up gemacht, damit die Ärzte uns bescheinigen konnten, dass wir für die Auswahlprüfungen bereit waren. Das war reine Routine.

»Sie haben festgestellt, dass es Probleme mit deinem Herzen gibt«, sagte Peter.

Ich wurde blass. »Was ist denn mit meinem Herzen?«, fragte ich. Die Nachricht traf mich völlig unvorbereitet. Ich war doch topfit. Und so fühlte ich mich auch.

»Dein Herz hat bei den Untersuchungen komische Geräusche gemacht«, sagte er.

»Das ist bestimmt ein Fehler«, sagte ich.

»Ich hoffe es. Ich habe gleich nach dem Essen noch einen Termin für dich gemacht. Bei einem alten Bekannten vor mir. Ich möchte, dass er sich das noch einmal anschaut.«

Ich nickte und verließ geknickt die Sporthalle. Am Abend fuhr ich dann gemeinsam mit Peter zu Dr. Gerd Dührkop. Dührkop war selber Sportler gewesen, bevor er Arzt wurde. Er hielt als Hochspringer sogar einen DDR-Rekord. Er galt aber auch als einer der renommiertesten Ärzte der DDR, der auch zahlreiche Olympioniken betreute. Während ich auf einer Liege saß und er mich mit seinem Stethoskop abhörte, gingen mir unzählige Gedanken durch den Kopf. Was, wenn ich wirklich ein Herzproblem hätte? Dann dürfte ich nicht auf die Sportschule. Dann könnte ich kein Sportler werden ..., es fiel mir schwer, diesen Gedanken zu Ende zu denken. Was sollte ich denn sonst machen? Was wäre meine Alternative? Es schien, als würde in meinem Kopf ein Kartenhaus zusammenfallen.

Dührkop nahm das Stethoskop ab und zog eine Augenbraue hoch.

»Es scheint alles in Ordnung zu sein«, beruhigte er uns. »Jan hat einen extrem tiefen Ruhepuls. Das ist sehr, sehr selten. Bei einem solchen Puls kann es schon einmal vorkommen, dass es unregelmäßige Herzschläge gibt. Das ist aber nicht weiter schlimm.«

Ich musste zwar noch eine weitere Untersuchung in einem Krankenhaus machen, aber das war reine Routine. Es sah so aus, als würde meinem Plan, an den Wettkämpfen für die Auswahl für die Sportschule teilzunehmen, nichts mehr im Weg stehen. Es sollte sich als große Ironie erweisen, dass es gerade mein herausragender Ruhepuls war, der mir im Leistungssport später die besten Voraussetzungen für meinen Erfolg ermöglichte. Doch jetzt wäre ich fast an ihm gescheitert.

Ein halbes Jahr später saß ich neben meinem besten Freund Korffi auf der Rückbank von Peters Barkas B 1000 und wir fuhren nach Berlin. Im Auto herrschte Stille. Niemand sagte ein Wort. Die Stimmung war angespannt. Das Auto rumpelte über die Straßen in Richtung Hauptstadt. Wir hatten es geschafft. Wir waren bis in die Endauswahl gekommen. Jetzt stand noch der letzte Wettkampf an. Es waren nur noch rund 30 Kinder übrig, die bis hierhin gekommen waren. Aber nur zwölf wurden an der Sportschule angenommen.

»Ich bin sehr stolz auf euch, Jungs«, sagte Peter. »Alleine, dass ihr es so weit gebracht habt, ist fantastisch.«

Ja, wir hatten es weit gebracht. Aber Korffi und ich dachten gar nicht daran, uns darauf auszuruhen. Im Gegenteil. Die bisherigen Auswahlrunden hatten wir mit Leichtigkeit hinter uns gebracht. Da stand das Fahrradfahren im Vordergrund. Doch der nächste Teil würde besonders schwierig werden, denn jetzt ging es nur noch um reine Leichtathletik.

Wir wollten uns beweisen. Ich schaute aus dem Fenster und sah, wie das Land an mir vorbeizog. Je näher wir Richtung Berlin kamen, desto mehr veränderte sich auch die Landschaft. Die vielen großen Äcker wurden immer dichter besiedelt. Aus den kleinen Dörfern, an denen wir vorbeifuhren, wurde eine große Stadt.

Und dann kamen wir an. Berlin.

»Schau mal«, rief Korffi und zog mich an meinem Pullover.

»Da draußen …«

Ich drehte mich um und schaute aus dem anderen Fenster. Da war sie. Die Berliner Mauer. Bei meinem ersten Besuch hatte ich sie nicht gesehen. Sie war viel größer, als ich sie mir vorgestellt hatte. Und sie zog sich mitten durch die Stadt. Das war alles so unwirklich. Da stand einfach eine große Mauer, die die Stadt in zwei Hälften teilte.

Ich traute mich kaum zu atmen. So etwas hatte ich noch nie gesehen. Wir fuhren noch ein wenig durch die Stadt, bis Peter schließlich vor einem großen Gebäudekomplex parkte.

»Wir sind da«, verkündete er und stellte den Motor ab. Wir sprangen aus dem Wagen und schwangen uns unsere Sporttaschen über die Schultern.

»Sportvereinigung Dynamo« stand auf einem der Schilder. Wir betraten das Gebäude. Es war eines von vielen Sportinternaten, die es in der Hauptstadt gab. Das war unsere Unterkunft. Hier würden wir die nächsten drei Tage verbringen. Wir wurden von einem Mann in einem grauen T-Shirt und einer Jogginghose begrüßt. Peter schien ihn zu kennen. Die beiden unterhielten sich kurz, dann wies der Mann uns ein Zimmer zu.

»Okay, Jungs«, rief uns Peter noch hinterher. »Versucht, ein wenig Schlaf zu finden. Morgen wird ein großer Tag.«

Das Zimmer war sehr klein. Es gab nur zwei Stockbetten und einen Schrank. Neben uns waren noch zwei weitere Jungs untergebracht. Sie kamen aus Jena und Halle. Wir nickten uns zu und bemusterten uns. Auch wenn alles freundlich blieb, so war doch zu spüren, dass die Jungs Konkurrenten waren. Unsere Gespräche ähnelten mehr einem vorsichtigen Abtasten. Zumindest kam es mir so vor. Ich teilte mir mit Korffi ein Stockbett. Ich stieg oben auf, verschränkte die Arme hinter meinem Kopf und dachte an das, was auf mich zukommen würde. Die Bilder vermischten sich mit den Bildern der Stadt, mit den vielen Menschen, den großen Straßen, ich dachte an meinen großen Bruder Stefan. Vielleicht hat er vor zwei Jahren genau in diesem Bett gelegen, bevor er ausgewählt wurde. Vielleicht war er genau hier untergebracht? Ich schloss die Augen und schlief ein.

Als ich am nächsten Morgen wieder aufwachte, fühlte ich mich benommen. Ich wurde nicht richtig wach.

»Komm schon, Jani«, schüttelte mich Korffi, »was ist denn los mit dir?«

Ich raffte mich auf. Schwerfällig ging ich in den Baderaum und machte mich fertig. Irgendwie war ich nicht richtig fit. Ich stellte mich vor den Spiegel und ließ das Wasser eiskalt laufen. Ich sah nicht gut aus. Irgendwie blass. Ich schüttelte den Kopf und versuchte, mich selbst zu motivieren. Komm schon, Jan, heute zählt es, heute geht es um alles. Jetzt bloß nicht durchhängen. Ich wusch mir das Gesicht mit dem eiskalten Wasser, atmete zweimal tief durch und nahm mir vor, jetzt einfach alles zu geben, was möglich war. Ich fühlte mich bereit.

Wir trafen uns im Eingangsbereich des Internats mit den anderen Kindern, die am Wettbewerb teilnahmen. Die Spannung in diesem Raum war greifbar. Man musterte sich gegenseitig, schaute, wer einem gefährlich werden konnte. Gleichzeitig spürte man auch, dass keiner hier es erwarten konnte, dass es endlich losgeht. Gespannte Aufbruchstimmung. Korffi und ich steckten die Köpfe zusammen.

»Wir schaffen das, Korffi«, sagte ich. »Wir beide.«

Er nickte. Ich glaube, er war nicht ganz so überzeugt wie ich, dass wir wirklich beide als Gewinner aus der Auswahl hervorgehen würden. Aber er tat zumindest so. Mir zuliebe. Korffi war schon von sich überzeugt. Aber er war auch jemand, der viele Dinge durchdachte.

Er hatte in den letzten Wochen ein paarmal versucht, das Thema anzusprechen. Was wäre denn, fragte er, wenn es nur einer von uns beiden schaffte? Er wusste, dass die Chancen, dass zwei Schüler aus einem Sportverein bei nur zwölf Plätzen genommen werden, so gut wie nicht vorhanden waren. Dafür war die Auswahl einfach zu spitz. Aber nur weil die Chancen gering waren, hieß das ja nicht, dass es unmöglich wäre. Und ich klammerte mich an diese winzige Chance. Um ehrlich zu sein, wollte ich mir einfach nicht vorstellen, wie es wäre, wenn nur einer genommen würde. Ich wollte mir nicht vorstellen, was es bedeuten würde, wenn ich keine Zeit mehr mit Korffi verbringen würde. Er war mein bester Freund. Und es fehlte mir einfach an Fantasie, mir vorzustellen, wie mein Leben ohne ihn aussehen würde. Irgendwann war mein Vater einfach weg gewesen. Danach war Stefan weg gewesen, Korffi wollte ich nicht auch noch verlieren. Das hätte ich nicht ertragen.

Während ich meinen Gedanken nachhing, betrat ein Mann den Raum und klatschte einmal in die Hände. Von einem Moment auf den nächsten waren alle still. Der Mann war groß und breit gebaut, er hatte einen Mecki-Schnitt und ein blaukariertes Hemd, das in seiner Hose steckte.

»Das ist Peter Becker«, flüsterte einer der Jungs, der hinter mir stand.

Peter Becker. Jeder hier hatte schon von ihm gehört. Becker war Radsporttrainer an der Sporthochschule. Und er war berüchtigt. Er galt als einer der besten Trainer, den man sich nur vorstellen konnte. Aber auch als einer der härtesten. Es gab zahlreiche Geschichten über ihn, die unter jungen Radsportlern kursierten. Eine war schlimmer als die andere. Der Kern von allen war: Peter Becker war ein verdammt harter Knochen.

»Wir werden jetzt gemeinsam zum Sportplatz fahren, dort habt ihr zwei harte Tage vor euch«, sagte er. »Ihr seid die besten

Sportler eures Jahrgangs. Herzlichen Glückwunsch. Wir interessieren uns aber nur für die Besten der Besten. Wir werden zwölf von euch aussuchen. Also, gebt euch Mühe.«

Das war keine Ansprache. Das war eine Ansage. Und sie wirkte. Hochmotiviert stiegen wir in den Bus, der vor dem Internat stand, und fuhren zu einer der Sportanlagen.

»Habt ihr gehört«, fragte einer der Jungs, der mit uns ganz hinten in der letzten Reihe saß, »dass Peter Becker mit seinem Auto einmal eine Fahrradstaffel von Schülern abgedrängt hat?«

»Quatsch«, hielt ihm jemand entgegen. »Warum sollte er so etwas tun?«

»Sie sind ihm zu langsam gefahren ...«

Schweigen. Das klang nach einer ziemlichen Räuberpistole. Aber irgendwie kannte jeder von uns ähnliche Geschichten über diesen Mann. Man konnte also nicht so ganz ausschließen, dass ein Funken Wahrheit in diesen Storys steckte. Ich betrachtete diesen mythischen Trainer, der ganz vorne im Bus saß und angestrengt auf die Straße blickte. Es brauchte diese Geschichten noch nicht einmal. Peter Becker hatte auch so definitiv eine Aura, die einem enormen Respekt einflößte.

Bald erreichten wir den Sportplatz. Und dann ging es los. Wir wurden in verschiedene Gruppen eingeteilt und mussten den gesamten Tag über mehrere Leichtathletik-Übungen absolvieren. Es ging los mit Weitsprung aus dem Stand. Ich machte mich warm. Fing an, mich ein wenig zu dehnen. Lief kurze Sprints. Versuchte, mich komplett auf die Übung zu fokussieren. Ich ging im Kopf alles durch. Wie ich in Position ging. Wie ich meine Füße vom Boden abdrücken und abspringen würde.

»Und los!«, hörte ich die Stimme eines Trainers und der erste Junge ging an den Startpunkt, beugte sich leicht vor, ging in die Knie und – sprang. Und sprang. Und sprang. Jemand kam angelaufen und maß die Distanz nach. Er rief die Zahl laut aus. Das war in Ordnung. Aber auch zu schlagen. Ich beobachtete, wie sich der nächste Junge bereit machte. Er ging in Startposition, wartete auf das Signal, sprang los und ... wow! Das waren gute Sprünge. Ich schaute zur Tribüne. Dort sah ich Peter Sager neben Peter Becker sitzen. Die beiden unterhielten sich, aber Becker starrte angestrengt über den Platz. Ich hatte das Gefühl, dass ihm hier nichts entging.

»Ullrich«, hörte ich eine Stimme rufen. Das war mein Zeichen. Ich riss mich aus meinen Gedanken und betrat die Startposition. Ich schaute auf die Bahn vor mir.

»Auf die Plätze ...«, hörte ich den Trainer neben mir. Ich fokussierte jetzt die Bahn vor mir, ging in Position, hielt meinen gesamten Körper in Spannung. »Fertig ...« Ich presste meine Füße in den Boden, bereit, sie gleich explosiv abzudrücken.

»... und los!«

Und dann sprang ich. Ganz automatisch. Es war, als hätte ich gar keine Kontrolle mehr über meinen Körper. Er war auf Autopilot gestellt. Ich spürte den weichen Kunststoff unter meinen Sohlen, ich drückte mich ab und sprang. Ich versuchte, mein Körpergewicht nach vorne zu verlagern. Jetzt bloß nicht nach hinten fallen. Es gelang mir. Dann noch ein Sprung. Und noch einer. Mir gelang es, den Schwung gut mitzunehmen.

Der Assistent lief mit dem Maßband los und setzte es an der Hacke meines Schuhs an. Ich schloss die Augen und hielt die Luft an. »Neuer Bestwert!«, rief er.

Ich atmete aus.

»Super, Jan«, hörte ich von der Tribüne. Ich schaute zu Peter rüber und winkte ihm. Das war ein guter Start, dachte ich. Dieses Niveau müsste ich jetzt nur noch halten. Dann könnte es wirklich klappen. Ich beobachtete die anderen Jungs, die nach mir sprangen. Sie waren gut. Aber sie schafften es nicht, meinen Sprung zu toppen. Plötzlich spürte ich, dass mir schwindelig wurde. Mein Kreislauf schien nicht in Ordnung zu sein. Was war nur los mit mir? Ich nahm einen großen Schluck Wasser aus meiner Trinkflasche und setzte mich auf den Boden. Vielleicht nur die Aufregung, redete ich mir gut zu. Dann ging es schon zur nächsten Disziplin. Klimmzüge. Wieder wurde Name nach Name aufgerufen. Ich beobachtete genau, wie die anderen abschnitten.

»Das hast du super gemacht, Jan«, sagte Peter Sager und strahlte mich an, als ich mein Tagespensum erledigt hatte.

Ich lächelte. Ja, das war nicht schlecht, dachte ich. Er breitete die Arme aus, um mich zu umarmen, und genau in dem Moment setzte wieder dieser merkwürdige Schwindel ein. Doch dieses Mal noch viel heftiger als vorher. Ich spürte regelrecht, wie meine Beine weich wurden und nachgaben. Alles drehte sich und … ich sackte ein. Im letzten Moment konnte Peter mich noch halten. »Was ist denn los?«, fragte er und machte ein besorgtes Gesicht. Ich wollte ihm antworten, aber aus meinem Mund kamen keine Worte mehr. Es war, als erlitte mein Körper einen Schwächeanfall. Nichts ging mehr. Peter legte seine Hand auf meine Stirn.

»Jan, verdammt, du glühst ja. Komm, ich bringe dich zurück in die Unterkunft.«

Da ich für heute sowieso mit dem Programm durch war, widersprach ich ihm nicht. Vielleicht war ich auch zu schwach dafür. Ein Nebel legte sich vor mein Bewusstsein. Als ich wieder klar wurde, lag ich bereits in meinem Stockbett. Die anderen Jungs waren noch nicht zurück. Aber Peter saß an meiner Seite. Ich versuchte, mich zu erinnern, wie wir hier hergekommen waren. Aber ich hatte keine Erinnerungen mehr.

»Was ist mit mir?«

»Du hast hohes Fieber …«, sagte Peter und legte mir einen Waschlappen auf die Stirn.

»Ich muss morgen wieder fit sein«, sagte ich. »Morgen ist der Lauf.«

Tatsächlich stand für den zweiten Testtag noch ein Ausdauerlauf über 3000 Meter auf dem Programm. Die entscheidende Disziplin. Und dazu noch eine, in der ich mich beweisen würde. Ausdauer konnte ich.

»Jan, du wirst nicht laufen«, sagte Peter mit ruhiger Stimme.

Ich konnte nicht glauben, was ich da hörte. Ich richtete mich im Bett auf. »Trainer«, sagte ich beinahe verzweifelt. »Ich muss laufen!«

»Selbst wenn ich dir das erlauben würde«, sagte er sehr deutlich, »würdest du mir auf der Rennbahn umkippen. In deinem Zustand wirst du das nicht packen.«

Ich hörte seine Worte. Aber ich begriff sie nicht. Natürlich würde ich das packen! Irgendwie würde ich schon ins Ziel kommen. Wie um es ihm zu beweisen, schlug ich die Decke weg und sprang aus dem Bett. Ein Riesenfehler. Kaum stand ich auf den Beinen, schon verlor ich das Gleichgewicht.

Peter packte mich am Ellbogen und legte mich wieder ins Bett zurück. »Jan, du kannst nicht laufen. Das werde ich auch nicht zulassen. Es tut mir leid.«

Vielleicht lag es am Fieber. Aber seine Worte erreichten mich nur langsam. Es dauerte ein paar Sekunden, bis mir die Bedeutung dessen, was er da sagte, in mein Bewusstsein drang. »Aber ... dann schaffe ich es nicht«, sagte ich.

Ein Gefühl von ungeheurer Traurigkeit und Enttäuschung stieg in mir auf. Ich war so weit gekommen. Und ich hatte heute so gut abgeliefert. Und jetzt war alles umsonst? Dabei war es doch mein größter Traum, meinem Bruder nachzueifern. Ich hatte das Gefühl, als würde sich meine Kehle zuschnüren.

»Warte ab«, sagte Peter. »Du hattest heute beachtliche Ergebnisse. Vielleicht reicht es so.«

»Niemals«, entgegnete ich ihm. »Das ist doch unmöglich.«

»Ich habe heute lange mit Peter Becker gesprochen«, versuchte mein Trainer, mir Hoffnung zu machen. »Du hast nicht nur großartige Leistungen vollbracht, du hast auch noch ein anderes Ass im Ärmel. Dein biologisches Alter.«

Ich schaute ihn fragend an. Mein biologisches Alter? Davon hatte ich noch nie etwas gehört.

»Du bist 14 Jahre alt«, sagte Peter. »Aber du bist biologisch gesehen noch auf dem Level eines Elfjährigen.«

»Na toll ...« Als wäre ich nicht schon niedergeschlagen genug, musste mir mein Trainer jetzt auch noch eröffnen, dass ich ein Spätzünder war. Vielen Dank.

»Nein, das ist ein gutes Zeichen. Das bedeutet, dass du eigentlich noch sehr viel mehr Potenzial hast, was du in den nächsten Monaten ausschöpfen kannst. Obwohl du das biologische Alter eines Elfjährigen hast, hältst du hier mit den Älteren mit. Das wird auf jeden Fall berücksichtigt werden.«

Ich zuckte mit den Schultern.

Dann hörte ich, wie die anderen Jungs zurückkamen.

Korffi setzte sich direkt an mein Bett. »Was ist los?«, fragte er und schaute mich besorgt an. »Bist du krank geworden?«

»Ich fürchte schon.«

Ich erzählte ihm alles. Dann fragte ich, wie es für ihn gelaufen sei.

»Ganz gut«, sagte Korffi.

Aber er wirkte nicht mehr so wirklich glücklich, nachdem ich ihm erzählt hatte, dass ich morgen nicht mehr mitlaufen dürfe.

Und so blieb ich tatsächlich während des letzten Athletiktests am nächsten Morgen im Bett zurück. Ich fühlte mich schrecklich. Nicht wegen meines Fiebers. Das ging schon wieder zurück, bildete ich mir ein. Vielmehr, weil ich in meinem Kopf schon meinen großen Traum von der Sportschule beerdigte. Wie würde ich das Mama erklären? Und Stefan? Ob sie wohl sehr enttäuscht waren? Und dann ließ ich zum ersten Mal den Gedanken zu, den ich die ganze Zeit zuvor verdrängt hatte. Was, wenn sie Korffi nähmen – dann blieb ich alleine zurück. Ich zog mir die Bettdecke über meinen Kopf und versuchte zu schlafen.

Als wir eine Woche später wieder zu Hause waren, befand sich unsere Stimmung auf einem absoluten Tiefpunkt.

»Es sieht schlecht aus«, sagte Korffi und schaute mich betrübt an.

Nicht nur meine Qualifikation für die Sportschule stand auf der Kippe. Auch bei Korffi gab es Probleme.

»Die haben herausgefunden, dass ich eine Tante habe, die im Westen wohnt«, sagte er.

»Ja, und?«

Korffi atmete schwer aus.

»Das kann für die ein Grund sein, mich abzulehnen. Westverwandtschaft ist ein Ausschlusskriterium.«

Er erklärte mir, dass die Regierung wohl Angst habe, dass man bei einem Rennen im Westen möglicherweise die Gelegenheit ergreifen könnte, einfach dort zu bleiben. Nicht mehr zurückzukommen. Es war das erste Mal, dass die Politik einen echten Einfluss auf unser Leben zu nehmen schien.

Schlecht gelaunt saßen wir auf der Tribüne und schauten auf unsere Fahrräder, die vor uns standen. Vielleicht hatten wir uns zu früh gefreut. Es wäre ja auch zu schön gewesen. Dass wir beide es schaffen würden, gemeinsam ausgewählt zu werden. Peter hatte uns zwar immer motiviert, uns aber auch deutlich gesagt, dass die Wahrscheinlichkeit gering wäre, dass es zwei Kinder aus einem Team schaffen würden. Immerhin war die Auswahl auf zwölf Sportler begrenzt. Aber dass es möglicherweise keiner von uns schaffen sollte, das war dann schon enttäuschend.

»Peter musste jedenfalls einen Bericht schreiben und sich erklären, warum er mich trotz der Verwandtschaft im Westen für geeignet hält.«

»Vertrau Peter«, sagte ich und lächelte Korffi zu. »Er kann sehr überzeugend sein.«

Korffi nickte mechanisch. Dann stiegen wir auf unsere Räder und fuhren eine Runde. Am Abend machten wir noch einen Abstecher zu unserem Trainingsgelände, wo Peter schon ganz nervös auf uns wartete.

»Da seid ihr ja endlich«, rief er. »Jungs, kommt mal gleich in mein Büro, ich muss mit euch reden.«

Korffi und ich schauten uns an. »Meinst du …«

»… bestimmt«, ergänzte ich.

Wir dachten beide dasselbe. Peter musste die Ergebnisse vorliegen haben. Wir ließen unsere Fahrräder stehen und liefen zu ihm ins Büro. Peter saß an seinem Schreibtisch und schaute uns aufgeregt an.

»Ich habe gerade einen Anruf bekommen. Aus Berlin«, sagte er. Er ließ eine kurze Pause, die sich wie eine Ewigkeit anfühlte. Plötzlich tobten Tausende von Gedanken durch meinen Kopf. Wie würde es für uns weitergehen, wenn wir nicht genommen würden? Aber noch viel schlimmer: Was wäre, wenn nur einer von uns es geschafft hätte? Ich war so aufgeregt, dass ich nervös vor und zurück wippte. Auch Korffi zitterte am ganzen Körper.

»Ja, und? Sag schon, Peter ...«

»André, ich musste wirklich die Hand für dich ins Feuer legen. Wegen deiner Tante. Aber ich konnte sie überzeugen, dass du und deine Familie staatstreu sind. Du wurdest genommen. Ich gratuliere dir.«

Korffi klatschte in die Hände. Man sah, wie eine riesige Last von ihm abfiel.

»Und Jan ..., du konntest ja nicht am letzten Rennen teilnehmen«, erinnerte mich Peter. »Aber trotzdem hast du es geschafft, die meisten Punkte von allen zu bekommen. Du bist auch genommen.«

Ich sprang von meinem Stuhl auf und fing an zu jubeln. Ich konnte es gar nicht glauben! Wir hatten es geschafft. Wir hatten es beide geschafft! Das war unglaublich! Korffi und ich umarmten uns. Und auch Peter schien glücklich zu sein. Er hatte zwei Jungs aus seinem Team in einem Jahrgang in Berlin untergebracht. Das war eine Leistung, die sich kein anderer Trainer auf die Fahnen schreiben konnte.

Ich konnte es kaum erwarten, meiner Mutter die guten Nachrichten zu überbringen. Ich setzte mich auf mein Rad und fuhr so schnell ich konnte nach Hause.

»Mama«, rief ich und stürmte in die Küche. »Ich habe es geschafft! Ich wurde in Berlin genommen!«

Mama ließ alles stehen und liegen und schloss mich in die Arme.

»Ich habe es doch immer gewusst!«, rief sie. »Mein kleiner Jani, ich bin so wahnsinnig stolz auf dich.«

Zur Feier des Tages machte sie zum Abendessen Kartoffelpuffer für mich. Eines meiner Lieblingsgerichte.

»Du trittst in die Fußstapfen deines Vaters«, sagte sie plötzlich.

»Wie meinst du das?«, fragte ich sie.

»Na, dein Vater war auch auf der Sportschule. Wusstest du das denn nicht?«

Ich schüttelte den Kopf. Nein, davon hatte ich noch nie etwas gehört. Aber was bedeutete das schon? Ich wusste ja so gut wie gar nichts über meinen Vater. Er war mir immer ein Rätsel geblieben.

»Er war in den 1960er-Jahren Eisschnellläufer bei Dynamo Berlin gewesen«, erzählte sie mir.

Eisschnelllauf. Dabei wird dieselbe Muskulatur beansprucht wie beim Radfahren.

»In seiner Jugend hat er sogar einige DDR-Rekorde aufgestellt. Er galt einmal als ganz großes Talent.«

»Was ist aus seiner Sportkarriere geworden?«, fragte ich meine Mutter.

»Er ist von der Sportschule geflogen.« Sie ließ eine kurze Pause. »Disziplinarverfahren. Er hat viel geschwänzt und sich noch öfter geprügelt. Dein Vater ist … ein sehr eigener Charakter«, sagte sie.

Ich nahm mir an diesem Tag vor, dass ich meinen eigenen Weg gehen würde.

Was ich in dieser Zeit gelernt habe:

Menschen haben Träume. Als Kinder nehmen wir das als etwas ganz Selbstverständliches wahr und eifern ihnen nach. Als Erwachsene hingegen sind wir oftmals viel abgeklärter. Das liegt daran, dass wir einen höheren Erfahrungsschatz haben und unsere Träume mit unseren bisherigen Erfahrungen in Relation setzen können. Zwangsläufig rechnen wir uns dann in unserem Kopf Wahrscheinlichkeiten aus. Wie wahrscheinlich ist es, dass wir diesen Traum auch wirklich realisieren können? Doch genau dieser vermeintlich rationale Ansatz ist ein fürchterlicher Fehler. Träume zu haben ist nie rational. Wie hoch die statistische Wahrscheinlichkeit ist, sich einen Traum erfüllen zu können, ist egal. Denn je unwahrscheinlicher sie uns erscheint, desto weniger werden wir versuchen, den Traum zu verwirklichen. Wir werden aufgeben, bevor wir es überhaupt erst versucht haben. Und das ist das Schlimmste, was wir tun können. Denn selbst wenn wir einem Traum nachstreben, den wir am Ende nicht erreichen, der Weg, den wir zurücklegen, bereichert unser Leben bereits so sehr, dass wir am Ende dennoch weitergekommen sind, als wenn wir es nicht einmal versucht hätten. Hätten Korffi und ich uns damals von Statistiken beirren lassen, wir hätten gar nicht erst versucht, den Eignungstest für die Sportschule zu bestehen.

Wenn ich einen Traum habe, dann verfolge ich ihn! Egal, wie unwahrscheinlich er zu erreichen scheint. Egal, was meine bisherige Erfahrung mir sagt. Selbst wenn er sich am Ende nicht erfüllen sollte, wird der Weg, den ich gegangen bin, mich weitergebracht haben, als ich gekommen wäre, wenn ich es nie versucht hätte.

Grenzen überwinden in Berlin

Hier waren wir also. Sportschule Berlin. Korffi und ich schauten uns an. Wir standen in Hohenschönhausen, einem Randbezirk von Berlin. Direkt vor einem riesigen Hochhaus. Unser neues Quartier. Ich hätte mir nie vorstellen können, jemals in einem Hochhaus zu wohnen. Das war eine ganz neue Erfahrung für mich. So wie alles hier. Ich war gerade einmal 14 Jahre alt und meine kleine Welt wurde nun sehr viel größer.

»Na kommt, Jungs«, sagte Korffis Mutter, die uns nach Berlin gebracht hatte und uns die Koffer reichte. »Ihr seid groß genug, um in eine fremde Stadt zu ziehen, dann könnt ihr auch eure Koffer hochtragen.«

Korffi, seine Eltern und ich betraten das Gebäude. Hier waren sämtliche Sportschüler aus allen Jahrgängen verteilt. Es war nicht die Unterkunft, in der ich meinen großen Bruder Stefan vor einem Jahr besucht hatte. Aber der war mittlerweile auch gar nicht mehr in Berlin. Ich hatte ihn genau verpasst. Vor wenigen Wochen war er zu Empor Rostock gewechselt, einem Sportclub für Leichtathleten. Schlechtes Timing und ein echter Dämpfer für mich. Ich hatte gehofft, hier ein wenig Zeit mit ihm verbringen zu können. Wie selten war es denn, dass gleich zwei Brüder es schafften, an der renommierten Berliner Sportschule angenommen zu werden? Das hier war schließlich nicht einfach nur ein Sportinternat. Das hier galt als Kaderschmiede. Wer es hier schaffte, dem war ein Weg in die Nationalmannschaft der DDR vorgezeichnet. Wie gerne hätte ich die Zeit hier mit Stefan vollbracht. Aber die vielen neuen Eindrücke überwältigten mich so sehr, dass ich gar keine Gelegenheit mehr hatte, groß darüber nachzudenken. Korffi und ich fuhren mit dem Aufzug hoch in den siebten Stock. Hier waren die Radsportler untergebracht. Wir teilten uns den Stock mit den Ringern und den Judokas. Das waren ziemlich kräftige Jungs. Das genaue Gegenteil von uns abgemagerten und dünnen Radfahrern. Korffi und ich hatten ein Dreier-Zimmer mit einem weiteren Schüler zugeteilt bekommen. Schiddi. Schiddi war der einzige Sprinter unseres Jahrgangs. Die anderen waren Langstreckenfahrer. Er bekam ein anderes Training als wir, darum bekamen wir ihn meistens nur abends auf dem Zimmer zu Gesicht.

Es war merkwürdig, hier all die Jungs wiederzutreffen, gegen die wir vor ein paar Monaten noch angetreten waren. Damals sahen wir uns alle als Konkurrenten. Jetzt waren wir ein Team. Das sorgte dafür, dass alle sehr viel Respekt voreinander hatten.

Ich schaute mich in unserem Zimmer um. Der Raum war ziemlich karg eingerichtet. Aber wir hatten alles, was wir brauchten. Ein Doppelstockbett. Ein Einzelbett. Einen kleinen Tisch. Und Schränke, in denen wir unsere Sachen verstauen konnten. Und dann gab es noch einen Balkon. Ich öffnete die Tür. Der Balkon umlief einmal das gesamte Gebäude und konnte von allen Zimmern aus betreten werden. Hier standen immer irgendwelche Grüppchen, die sich unterhielten. Ich lehnte mich an das Geländer und schaute über die zahlreichen Plattenbauten vor mir. Wahnsinn, dachte ich. Ich war jetzt wirklich in Berlin. Noch während ich realisierte, dass das hier mein neues Leben war, kamen zwei schwere Jungs auf mich zu. Das waren garantiert Ringer. Sie waren älter als ich und deutlich größer. Ich nickte ihnen zu. Sie nickten zurück. Einer schaute mich ziemlich lange an.

»Du kommst mir bekannt vor«, sagte er.

Ich wusste absolut nicht, was er meinte. Ich hatte diesen Jungen noch nie gesehen. »Ich bin ganz neu hier«, sagte ich verlegen. Wollte er etwa Ärger machen? »Du bist Jan, oder?«

Ich musterte den Typen und bereitete mich darauf vor, dass er mich gleich zu Boden ringen würde. Schüchtern nickte ich.

»Gut«, sagte er, gab mir die Hand und stellte sich vor. »Habe ich mir gedacht. Ich bin der Niklas. Ich bin ein guter Freund von deinem großen Bruder. Der hat mich gebeten, ein bisschen auf dich aufzupassen hier.«

Wow. Tag eins in Berlin und ich hatte schon einen persönlichen Bodyguard. Besser konnte es nicht laufen.

Typisch Stefan. Mal wieder hatte er seine Fußspuren hinterlassen. Ich ging zurück in mein Zimmer und sah, wie Korffis Mutter unsere Sachen bereits in den Schrank räumte. Dann war die Zeit gekommen, sich zu verabschieden.

»Du wirst das ganz großartig machen, mein Schatz«, sagte sie zu Korffi und gab ihm einen Kuss auf die Stirn. »Und du, Jan, du passt gut auf meinen Sohn auf, klar?«, ergänzte Korffis Vater.

»Klar, Herr Korff.« Als sie das Zimmer verlassen hatten, schauten wir uns an. Es war soweit. Unser neues Leben hatte begonnen.

Und ich lernte schnell, dass man in Berlin ein anderes Tempo vorlegte. Man verlor keine Zeit. Direkt am nächsten Morgen ging das erste Training los. Wir trafen uns auf dem Trainingsgelände in Weißensee, das etwa eine halbe Stunde von der Internatsunterkunft entfernt war. Die anderen Schüler mussten den langen Weg mit Bus und Bahn auf sich nehmen. Wir hatten mehr Glück. Wir durften die Strecke mit dem Rad zurücklegen.

»Damit ihr gut reinkommt«, rief unser Trainer Peter Becker, »starten wir das Training heute mit ein wenig Fußball …«

Wir Jungs schauten uns an. Meinte er das ernst? Mit Fußball? Wir konnten es gar nicht glauben. Es hieß doch immer, Becker sei so ein harter Hund. Der härteste Trainer des Landes. Und jetzt ließ er uns Fußball spielen? Vielleicht, dachte ich, sollte man nicht alle Gerüchte glauben, die so verbreitet wurden.

Ich wärmte mich ein bisschen auf und machte mich bereit. Es sollte nicht lange dauern, bis ich verstand, dass »Fußball spielen« bei Peter Becker nichts mit »Fußball spielen« zu tun hatte, wie wir es bisher kannten. Das hier, das war kein Fußball. Das war eine reine Tortur. Peter Becker hetzte uns komplett über den Platz. Warf immer wieder neue Bälle ins Spielfeld. Ließ uns laufen, laufen, laufen. Dann den Ball einmal quer über das Feld schießen und ihn wieder zurückholen.

»Was ist los?«, brüllte er von der Seitenlinie, wenn er sah, dass einem der Jungs die Puste ausging. »Habe ich gesagt, dass wir Pause machen? Weiterlaufen, weiterlaufen!«, keifte er uns an.

Sowas hatte ich noch nie erlebt. Nach zwei Stunden, die sich wie eine Ewigkeit anfühlten, war ich komplett durchgeschwitzt. Meine Klamotten waren nass. Ich ließ mich auf den Boden fallen, trank aus meiner Wasserflasche und erinnerte mich an die Geschichte, die mir einer der Jungs erzählt hatte, als wir Becker zum ersten Mal bei den Aufnahmeprüfungen sahen. Dass er mal eine Gruppe Radfahrer mit seinem Auto abgedrängt hatte, weil sie ihm zu langsam waren. Was ich vor ein paar Wochen noch für eine Räuberpistole gehalten hatte, lag für mich nun durchaus im Bereich des Vorstellbaren. Fünf der zwölf Jungs auf dem Platz mussten das erste Training unter Tränen abbrechen. Ich spürte schnell, dass hier ein ganz anderer Wind wehte.

Aber nicht nur das Training war hart. Unser gesamter Tagesablauf war strikt durchgetaktet. Morgens standen wir um halb sechs auf. Dann mussten wir uns zurechtmachen und unser Zimmer wischen. Das wurde dann noch vor dem Frühstück kontrolliert. Es war ein bisschen wie beim Militär. Der Rest des Tages variierte. Hier auf der Sportschule verschoben sich die Prioritäten. Die Schule stand jetzt nicht mehr an erster Stelle – sondern der Sport. Unser Stundenplan wurde entsprechend um unseren Trainingsplan herumgebaut.

Das bedeutete, dass wir teilweise vormittags zwei Stunden trainierten, dann in die Schule gingen und am Nachmittag wieder trainierten. Wenn unser Trainer ein Trainingscamp ansetzte, dann kam unser Lehrer einfach mit und unterrichtete uns vor Ort.

Das klang zwar zunächst einmal alles sehr gut und kam mir entgegen – aber es war dann doch fordernder als gedacht. Gerade wenn man ein schweres Training über 100 Kilometer absolviert hatte und danach noch einmal in die Schulklasse musste, schlauchte das wahnsinnig. Abends fielen wir meistens ins Bett und schliefen sofort ein.

Peter Becker machte seinem Ruf alle Ehre. Er war wirklich ein verdammt harter Trainer. Aber einer, der das Beste aus uns herausholte. Nicht jeder kam damit klar, nach den ersten Wochen brachen drei Schüler von uns ab. Der Drill und die Belastung waren ihnen zu viel. Für sie rückten schnell andere Kinder nach.

Und das Training wurde von Woche zu Woche und von Monat zu Monat härter. Wir trainierten stundenlag auf der

Rolle. Die Rolle. Das war ein altes Ergometer, das mit einer Lichtmaschine verbunden war. Indem wir also in die Pedale traten, erzeugten wir Energie. Wir saßen auf den Geräten vor einem riesigen Spiegel. Peter Becker stand hinter uns und gab die Intervalle an.

»Beim nächsten Pfiff: Sprint«.

Wir traten in die Pedale und warteten auf das Signal. Als wir den Pfeiflaut hörten, gaben wir alles, legten unsere gesamte Energie in unseren Tritt.

»Schneller, schneller, schneller«, trieb Becker uns an.

Ich spürte, wie mir der Schweiß über das Gesicht lief. Es dauerte eine gefühlte Ewigkeit, bis der nächste, erlösende Pfiff kam.

»Jetzt drei Gänge hoch«, gab er den Kurs an.

In dieser Zeit lernte ich, dass die Königsdisziplin des Radsports das Durchhalten ist. Sich auf die Zähne beißen und weitermachen. Einfach weitermachen, auch wenn der eigene Körper nicht mehr will. Dein Geist muss deinen Körper überwinden.

Wir fuhren auch bald unsere ersten Rennen. Im Prenzlauer Berg gab es die Winterrennbahn. Eine kurze Holzbahn, auf der wir trainierten. Hier fanden Rennen statt, die an die Westberliner »Sechstage-Rennen« angelehnt waren. Das allererste Rennen verpasste ich allerdings. Ich hatte eine Grippe. Peter schickte mich nach Hause. Ich nahm das dankend an und fuhr nach Rostock, wo ich mich bei Mama wieder etwas auskurierte. Als ich ein paar Tage später wieder zurück in das Internat kam, war es merkwürdig leer. Niemand war in unserem Zimmer. Auch der Aufenthaltsraum war wie ausgestorben. Schließlich lief mir Schiddi im Flur entgegen.

»Wo sind denn alle?«, fragte ich ihn.

»Wahrscheinlich in den Waschräumen. Beim Ausbürsten.«

Beim Ausbürsten? Ich verstand nicht, was er meinte. Ich ging in die Waschräume und tatsächlich, da saßen die anderen. Sie hatten schwere Bürsten in der Hand und schrubbten sich die Wunden auf, die sie auf den Beinen hatten. »Was macht ihr da?«, fragte ich.

Auf der Holzrennbahn hatte es wohl einige Stürze gegeben. Und damit die Splitter sich nicht entzündeten und die Wunden schnell heilten, hatte Peter vorgegeben, dass sie jeden Tag wieder und wieder neu ausgebürstet werden müssten. Ich sah schon an den Gesichtern meiner Mitschüler, wie schmerzhaft das war. Eine Erfahrung, die ich sehr bald selber unzählige Male machen sollte.

Was ich in dieser Zeit gelernt habe:

Vielleicht war die Zeit auf der Sportschule die härteste Zeit meines Lebens. Ich lernte dort, was es heißt, seine eigenen Grenzen zu überwinden. Das ist eine besondere Erfahrung. Denn oftmals ist man sich gar nicht so wirklich bewusst, wo diese Grenzen eigentlich liegen. Man weiß das erst, wenn man sie einmal erreicht hat. Und wenn man sie ausreizt, dann erkennt man, dass es da immer noch eine große Reserve gibt, die man anzapfen kann. Ich glaube, dass eine solche Erfahrung für jeden Menschen lebensverändernd ist. Denn wir erkennen auf diese Weise, dass wir zu so viel mehr in der Lage sind, als wir uns selber zutrauen. Aber wir müssen diese Grenzerfahrung machen, um das zu begreifen. Und das funktioniert meistens nur dann, wenn wir jemanden haben, der uns über diese Grenzen hinaustreibt. Wir können erst unser gesamtes Potenzial ausschöpfen, wenn wir unsere Grenzen kennen. Der Mensch ist zu mehr fähig, als er glaubt. Das sind Erfahrungen, die wir in den unterschiedlichsten Lebenssituationen machen. Wenn jemand aus der Familie krank wird und wir ihn pflegen müssen, wenn wir Leid erfahren, von dem wir glauben, uns nicht mehr erholen zu können, erst in solchen Momenten erkennen wir, zu was wir alles in der Lage sind. Wie anpassungsfähig eigentlich der Mensch ist.

Um sein wahres Potenzial zu erkennen, muss man bereit sein, zu lernen und die eigenen Grenzen auszukundschaften. Um sie schließlich zu überwinden!

II

FAIR PLAY

Prioritäten setzen, Weltmeister werden

Es war Januar 1993 und in Hamburg herrschte das klassische Schietwetter. Grauer Himmel, niedrige Temperaturen und permanenter Regen. Korffi schaltete die Scheibenwischer von seinem Honda Civic an, als wir über die Straßen fuhren. Es war gerade einmal zwei Jahre her, dass ich die Sportschule verlassen hatte, doch es fühlte sich für mich an, als wäre eine Ewigkeit vergangen.

»Südafrika, ja?«

»Na, hier ist es doch auch schön«, sagte ich und grinste.

»Na klar«, sagte er. »Wir machen bestimmt ein paar schöne Rundfahrten durch die hanseatische Pfützenplatte. Was ist schon ein Höhentrainingslager dagegen.«

Ich lachte. Dann parkte er vor dem Hauptbahnhof.

»Du wirst mir fehlen«, sagte ich zu meinem Freund und umarmte ihn.

»Du mir nicht«, entgegnete er. »Das Training wird sehr viel entspannter, wenn du nicht ständig vorlegst.« Er lächelte. »Mach dir eine gute Zeit, Jani. Und zeig den Großen mal, was du draufhast.«

Ich nickte. Ja. Ich würde jetzt mit den Großen trainieren. Die Mauer war gefallen und ich bin gemeinsam mit Korffi von der Sporthochschule in Berlin nach Hamburg gegangen, wo Peter

Becker den Auftrag bekam, für Panasonic ein Bundesliga-Team zu etablieren. Bereits nach einem Jahr fiel ich scheinbar so positiv auf, dass man mich für die deutsche Nationalmannschaft berief.

In der Nationalmannschaft gab es drei Klassen: A-Kader, B-Kader und C-Kader. Da ich von den Junioren kam, wurde ich zunächst als C-Kader eingestuft. Ich musste mich also gewissermaßen noch beweisen. Zum A-Kader wurde nur ernannt, wer es schaffte, bei den Weltmeisterschaften unter die ersten sechs Plätze zu kommen. Aber irgendetwas schien unser Bundestrainer Peter Weibel in mir zu sehen. Ich bekam eine Sonderbehandlung. Und so lud er mich zum Höhentrainingslager nach Südafrika ein. Für drei Wochen. Ich konnte mein Glück gar nicht fassen. Ich brauchte nicht lange zu überlegen. Ich nahm das Angebot sofort an.

Ich griff mir meinen Koffer und setzte mich in den Zug nach Frankfurt. Während der Fahrt dachte ich darüber nach, was sich in kürzester Zeit für Möglichkeiten eröffnet hatten. Nach dem Fall der Mauer waren wir zunächst verunsichert, wie es weitergehen sollte. Immerhin waren wir als Sportler im DDR-System mit einer Art Rundum-Versorgung abgesichert. Unsere gesamte Laufbahn war mehr oder weniger vorgegeben. Im Westen war das anders. Im Westen herrschte auch rein sportlich gesehen der Kapitalismus. Hier musste man sich selbst zurechtfinden. Aber scheinbar war mir das einigermaßen gut gelungen. Der Zug hielt in Frankfurt am Main.

Die Zentrale der Nationalmannschaft befand sich in einem alten Gewerbegebiet. Otto-Fleck Schneise. Ganz schön außerhalb. Aufgeregt betrat ich das große Gebäude, als mir auch schon Peter Weibel entgegenkam, der deutsche Nationaltrainer. Ein stämmiger, kleiner Mann mit rosigem Gesicht. Als er mich sah, stemmte er seine Hände in die Hüften.

»Na, wenn das mal nicht unser Neuzugang ist ... Das waren ziemlich überzeugende Leistungen in den letzten Wochen«, sagte er.

Ich bedankte mich. Weibel und ich hatten uns bereits ein paarmal gesehen, aber es war das erste Mal, dass wir uns gegenüberstanden und miteinander sprachen.

»Komm, ich stelle dich den anderen vor«, sagte er, dann führte er mich in den großen Gemeinschaftsraum.

Als ich den Raum betrat, konnte ich es gar nicht richtig glauben. Da standen sie. Das waren nicht irgendwelche Fahrer. Das waren die Größten der Großen. Ich stand hier zwischen Olympiasiegern und Weltmeistern. Zwischen den Leuten, deren Rennen ich jahrelang im Fernsehen verfolgt hatte. Zwischen meinen Idolen. Michael Rich, Uwe Peschel, Bernd Dittert. Und ich war nun ein Teil von ihnen. Ich war Teil der deutschen Nationalmannschaft. Ich konnte das noch immer nicht richtig realisieren. Es war alles so verdammt schnell gegangen. Aufgeregt stellte ich mich jedem vor. Und wurde von allen freundlich aufgenommen. Einige waren vielleicht ein Stück weit skeptisch. Warum kommt dieser junge Kerl jetzt zu uns, der gestern noch bei den Junioren gefahren ist? Aber es war eher eine offene Neugierde, die mir entgegenschlug. Dann wurde ich ausgerüstet und nach einigen Stunden bestiegen wir bereits das Flugzeug. Spätestens jetzt war meine Aufregung komplett verflogen. Wir machten schon die ersten Witze und tauschten lustige Anekdoten aus.

Weibel war ein sympathischer Kerl und ich hatte das Gefühl, dass seine positive Ausstrahlung auch auf das gesamte Team abfärbte.

Als ich über die Landebahn in Südafrika lief, musste ich erst einmal schwer durchatmen. Der Schweiß lief mir von der Stirn. Das waren noch einmal ganz andere Bedingungen als bei uns zu Hause. Aber das war ja auch der Sinn der Sache. Ich zog mir meine Sonnenbrille auf, dann folgte ich dem Rest des Teams zu dem kleinen Bus, der bereits am Rande des Flughafens auf uns wartete und uns in das Trainingslager brachte. Es lag etwas außerhalb auf einer Anhöhe mitten in den Bergen. Graskop hieß der Ort. Unfassbar, dachte ich, als ich von dem Hügel hinab auf diese gewaltige Schönheit der Natur blickte.

»Zum ersten Mal in Südafrika?«, fragte mich Weibel. Ich nickte. »Ich bin bisher noch nicht sehr viel herumgekommen«, gestand ich.

Er legte mir die Hand auf die Schulter. »Wenn du weiter so machst wie bisher, dann wird sich das ganz schnell ändern, das kann ich dir versprechen.«

Ich war ziemlich überfordert. Hier stand ich nun. In Südafrika. Mit den besten Fahrern des Landes. Und ich durfte mit ihnen trainieren. Was für eine Ehre für einen 19-Jährigen. Ich nahm mir vor, jeden Tag hier zu genießen und dankbar zu sein für die ganzen Chancen, die man mir gab. Dann bezog ich mein Zimmer und fand mich eine halbe Stunde später im Trainingsraum ein.

Das Höhentrainingslager hat einen ganz besonderen Effekt. Ab einer bestimmten Höhe nimmt man viel weniger Sauerstoff auf. Da die Muskeln aber Sauerstoff benötigen, um richtig zu arbeiten, stellt sich der Körper um – und beginnt EPO zu produzieren. Ein Hormon, das dem Körper signalisiert, dass er möglichst viele rote Blutkörperchen bilden soll. Die roten Blutkörperchen versorgen unsere Muskeln mit Sauerstoff und machen uns leistungsfähiger. Der Vorteil ist: Wenn man lange genug im Höhenlager trainiert hat, dann bleiben diese roten Blutkörperchen noch einige Wochen erhalten.

Am ersten Tag fuhren wir eine kleine Strecke, damit wir uns an die neuen Bedingungen gewöhnen konnten. Es war wirklich eine Umstellung. Die Sonne brannte auf unserer Haut. Der Boden war so heiß, dass uns die Reifen geplatzt sind. Es war unglaublich anstrengend. Aber es machte auch wahnsinnig Spaß. Ich ging die Sache ganz entspannt an. Für mich ging es ja um nichts. Ich hatte niemandem etwas zu beweisen.

Nach drei Trainingstagen hatten wir einen Tag Pause. Da unternahmen wir dann etwas im Team. Einmal fuhren wir mit dem Pick-up gemeinsam in den Krüger Nationalpark. Auf dem Rückweg verlor einer unserer Fahrer, Christian Meier, seine Schlappen. Als er barfuß auf den Asphalt trat, schrie er laut auf. Er hatte sich innerhalb weniger Sekunden seine kompletten Fußsohlen verbrannt.

Die drei Wochen im Trainingslager zeigten auf jeden Fall einen Effekt. Als ich wieder in Hamburg landete, fühlte ich mich so fit wie nie zuvor. Und das konnte ich auch in Leistungen ummünzen. Für die Nationalmannschaft gewann ich kurz darauf die Bohemia-Rundfahrt in Tschechien. Und ich gewann eines der schwersten Bundesliga-Rennen überhaupt. Die Strecke lag in der Pfalz in den Weinbergen. Eine sehr bergige Region. Ich fuhr den anderen einfach davon und kam mit großem Vorsprung im Ziel an. Das schien bei Peter Weibel Eindruck zu hinterlassen. Weibel kam selber aus dieser Ecke von Deutschland und hatte das Rennen ganz genau verfolgt. Und so bekam ich spätabends einen Anruf.

»Hallo, Jan, der Peter hier. Sag, was hast du denn morgen vor?«

»Hallo, Peter, nur das übliche Training.«

»Mhm, mhm, und die nächsten Tage? Steht da was an?«

»Eigentlich nicht.«

»Kannst du morgen früh um zehn Uhr in Frankfurt sein?«, fragte er.

Ich schaute auf die Uhr. Heute würde ich keinen Zug mehr bekommen, aber morgen früh könnte es klappen. »Weil, Jan, ich habe mich da spontan entschieden. Ich will, dass du mit uns nach Colorado fliegst.« Colorado. Ein weiteres Trainingslager. Aber dieses Mal war die Entscheidung von Peter wirklich außergewöhnlich. Denn dieses Lager war strikt nur für die Weltmeisterschaftskader vorgesehen. Ich aber war noch immer im C-Kader.

»Ich will dich einfach gerne dabeihaben«, sagte er nur und legte auf.

Das ließ ich mir nicht zweimal sagen. Ich packte nachts meinen Koffer, schlief für ein paar wenige Stunden und nahm am nächsten Morgen den ersten Zug nach Frankfurt.

Ich konnte es gar nicht glauben. Vorsichtig stellte ich meinen Koffer ab und lief einmal durch das Zimmer. Es war ungefähr doppelt so groß wie mein kleines Zwei-Mann-Zimmer in Hamburg. In einer Ecke des Raumes stand ein kleiner Sessel. Es gab einen Schreibtisch, ein großes Bad mit Regendusche. Und ein XXL-Bett. Ich schaute noch einmal auf den Zettel, den man mir an der Rezeption in die Hand gedrückt hatte. Überflog ihn. Das war jetzt wirklich mein eigenes Zimmer? Vorsichtshalber verstaute ich mein Gepäck im Schrank und wartete noch eine kleine Weile, ob nicht doch noch jemand an meine Tür klopfen würde, der sich den Raum mit mir teilen würde. Aber es kam niemand. Es war wirklich wahr. Das Hotelzimmer hier war nur für mich. Völlig irre! Ich ließ mich auf das riesige Bett fallen, sank in die tiefe Matratze ein und schloss für einen kurzen Moment die Augen. Das hier war der größte Luxus, den ich seit vielen Jahren erfahren hatte. Ein Zimmer nur für mich alleine. Das hatte ich noch nie gehabt. Wirklich noch nie. Zu Hause hatte ich mir ein Zimmer mit Stefan und Thomas geteilt, im Internat mit Korffi und im Hamburger Fahrradhaus war die Wohnsituation sogar noch ein Stück weit beengter. Es war nicht so, dass mir das jemals etwas ausgemacht hätte. Aber jetzt bekam ich eben doch auch einmal zu spüren, wie es auch anders ging.

Ich bekam zu spüren, wie groß die Unterschiede doch waren, wenn man im Leistungssport seine Leistungen brachte.

Doch das hatte auch einen Preis. Das Training hier war noch einmal ein gutes Stück härter als sonst. Auch Südafrika schien mir eine Wellness-Reise dagegen gewesen zu sein. Doch ich ließ mich nicht aus der Ruhe bringen. Immerhin war ich in einer komfortablen Situation. Ich musste niemandem etwas beweisen. Ich hatte als C-Kader eigentlich keine Chance auf die Weltmeisterschaft. Ich war mehr ein Zaungast, während die anderen versuchten, sich bei Peter Weibel als Fahrer zu qualifizieren.

Auch wenn ich mich noch immer ziemlich gut mit den Jungs verstand, hatte ich doch das Gefühl, dass die Stimmung dieses Mal anders war.

Während einer Rundfahrt in der ersten Trainingswoche ließ sich einer der Fahrer zu mir zurückfallen.

»Jan, was ist denn los mit dir?«, fragte er mich, während er auf mein Tempo reduzierte. »So kenne ich dich ja gar nicht. Bist wohl nicht in bester Form, was?«

»Mir geht es super«, erwiderte ich.

»Ich will dich ja nicht verunsichern, Junge, aber ich kenne Weibel schon ein bisschen länger als du. Wenn du hier keine Leistung zeigst, dann bist du beim Trainer unten durch. Nur so als Tipp ...«

Dann trat er in die Pedale und setzte sich von mir ab, um wieder an der Spitze mitzufahren. Ich ließ mich nicht verunsichern. Mittlerweile hatte ich ein ziemlich gutes Gefühl dafür bekommen, wie solche Höhentrainingslager funktionieren. Der Trick war es, in den ersten beiden Wochen lange Strecken zu fahren, ohne es zu übertreiben. Und das tat ich. Bis zu zehn Stunden am Tag.

Der Körper stellt sich in dieser besonderen Umgebung am schnellsten um, wenn er an der Schwelle der Reizbarkeit steht. Wenn man diese Schwelle aber überschreitet, dann kann das nach hinten losgehen. Dann bricht die Leistung nämlich komplett ein. Es brachte also nichts, dem Trainer in der ersten Woche zu beweisen, dass man auch Sprints und Angriffe fahren kann, wenn man nach drei Wochen dann überhaupt nicht mehr ins Ziel kam. Ich ließ mich nicht beirren. Und ich ließ mich nicht hinreißen. Ich behielt mein Tempo bei. In der ersten Woche fuhr ich ausschließlich kleine Gänge und kam teilweise eine Dreiviertelstunde später als die anderen am Ziel an. Ich dachte mir, dass ich im Training nichts beweisen müsste. Ich müsste nur abliefern, wenn die Rennen losgingen.

An einem Samstag fuhren wir auf den Pikes Peak, den höchsten Berg Colorados. Dort war eine kleine Cowboy-Stadt aufgebaut. Sie war ganz originalgetreu eingerichtet. Es gab einen Saloon, alte Holzhäuser und Strohballen, die in der Gegend herumlagen. Das fand ich toll. Es war fast so wie in den Western-Filmen, die im Fernsehen liefen. Na ja. Fast. Denn in dem kleinen Städtchen gab es auch zahlreiche Touristenshops, die es im 19. Jahrhundert so wahrscheinlich noch nicht gegeben hatte. Aber auch die hatten es mir angetan.

»Hey, Jungs«, rief ich, »schaut euch das mal an.« Ich nahm ein T-Shirt von einem Kleiderbügel und hielt es in die Höhe.

»Das ist ein T-Shirt, Jan, nichts Außergewöhnliches.«

»Doch, das ist es«, sagte ich und hielt das Shirt direkt in die Sonne. Plötzlich veränderte sich die Farbe des Shirts. »Total irre …«

Die anderen schüttelten den Kopf, aber ich war regelrecht begeistert von diesem Shirt. »Ditt koof ick!«, sagte ich.

Wir bummelten weiter durch die Läden.

»Hey Jan«, rief mir Dirk Baldinger zu. Dirk war Teil der Nationalmannschaft, wir hatten uns schnell angefreundet. Vergangenes Jahr hatte er spektakulär das Straßenrennen der Amateure gewonnen und war wie ich 1995 zu den Profis aufgestiegen.

»Schau mal hier, ganz was Feines …« Er hielt ein paar Rollerskates in die Höhe. »Die würden doch super zu deinem neuen T-Shirt passen«, lachte er.

Mir war schon klar, dass er mich gerade auf den Arm nehmen wollte. Aber ich fand diese Rollerskates wirklich ziemlich schick.

»Ui«, sagte ich. »Ganz in Schwarz.« Ich wollte schon immer mal solche Dinger haben. Warum also nicht? Ich nahm Dirk die

Rollschuhe aus der Hand. »Koof ick«, sagte ich und die gesamte Crew brach in Gelächter aus.

Seit diesem Tag hatte ich bei den Jungs einen neuen Spitznamen, den ich viele Jahre nicht mehr losbekam. Statt Jani oder Ulle war ich hier nur noch der »Koofick«. Ich hatte nicht sonderlich viel Geld, aber alles, was ich verdiente, investierte ich nun einmal gerne in Dinge, die mir Spaß machten. Wenn schon nicht Eiscreme und Schokolade, dann Rollerskates und T-Shirts.

Am Abend ging ich in mein Hotelzimmer zurück, verpackte mit allergrößter Sorgfalt mein neues Shirt und meine Rollerskates und schmiss mich dann auf mein Bett. Ich verschränkte die Arme hinter meinem Kopf und starrte auf den Deckenventilator, der sich langsam drehte. Es ist schon irre, dachte ich. Ich bin jetzt Teil der deutschen Nationalmannschaft, der kleine Junge aus Papendorf, der als Kind nie groß beachtet wurde. Ich darf Deutschland jetzt bei internationalen Rennen vertreten. Es war einfach Wahnsinn. Und weil das alles so schnell passierte, hatte ich überhaupt keine Gelegenheit, das alles zu reflektieren. Es passierte einfach.

Als wir aus Colorado zurückkamen, nahm ich gleich an der Regio-Tour in der Dreiländerregion Deutschland-Frankreich-Schweiz teil. Das war die letzte Vorbereitungstour vor der Weltmeisterschaft in Norwegen. Peter Weibel ließ mich wissen, dass er es nach meinen Leistungen im Training durchaus in Betracht zog, mich auch nach Oslo mitzunehmen. Etwas, das ich eigentlich für völlig unmöglich hielt. Grund genug, noch einmal alles zu geben. Ich wusste, dass ich mich jetzt gut anstellen musste.

Die Regio-Tour war anstrengend. Verdammt anstrengend. Das Gelände war bergig und anspruchsvoll. Aber ich fühlte mich gut gerüstet. Wie schon beim letzten Mal spürte ich die positiven Effekte des Höhentrainings. Und mein Eindruck täuschte mich nicht. Schon von der ersten Etappe an dominierte ich das Rennen. Es fiel mir einfach wahnsinnig leicht. Ich gewann das Zeitfahren und lag in der Gesamtwertung mit ganz vorne. Auch bei den schweren Bergetappen war ich unter den Ersten. Auch wenn ich spürte, dass ich in guter Form war, so war ich doch auch ein Stück weit von mir selbst überrascht, dass es mir nun so leicht fiel, mit um den Sieg zu fahren.

Doch die gute Stimmung hielt nicht lange. Als ich nach einem Rennen abends in mein Hotel kam, wartete dort schon Bernd Dittert auf mich. Bernd war der Co-Trainer des Teams. »Jan«, sagte er. »Deine Mutter hat versucht, dich zu erreichen. Du solltest sie unbedingt anrufen.«

Ich sah schon an seinem Gesichtsausdruck, das irgendwas nicht stimmte. »Bernd«, fragte ich ihn, »was ist los?«

Er legte die Hand auf meine Schulter und sah mich traurig an. »Ruf deine Mutter an.«

Ich ging auf mein Zimmer, griff nach dem Telefon und wählte Mamas Nummer. Es klingelte ungewöhnlich oft, bis ich sie endlich in der Leitung hatte.

»Hallo, Mama«, sagte ich.

»Jani …«, hörte ich ihre Stimme und erkannte sofort, dass etwas nicht in Ordnung war. Sie wirkte ganz aufgelöst. »Es ist etwas Schlimmes passiert.«

Ich traute mich kaum nachzufragen. So hatte ich Mutter noch nie gehört. Immer wieder brach ihre Stimme weg.

»Was ist los, Mama?«, fragte ich.

Sie machte eine lange Pause. Ich hörte sie am anderen Ende der Leitung schluchzen. »Opa ist gestorben.«

Mir wurde schwindelig. Ich hatte von einem Moment auf den nächsten das Gefühl, als würde man mir den Boden unter den Füßen wegziehen. »Was?«, fragte ich. »Das kann doch gar nicht sein ...«

Ich wollte es mir nicht eingestehen. Es war doch gar nicht so lange her, dass ich Opa das letzte Mal gesehen hatte. Und gerade in den letzten Tagen musste ich ständig an ihn denken. Sein großer Traum war es immer gewesen zu sehen, wie ich bei einer Weltmeisterschaft fuhr.

Am anderen Ende der Leitung hörte ich, wie Mama weinte. Und auch mir lief eine Träne über mein Gesicht. »Ich komme bald nach Hause ...«, sagte ich nur mit erstickter Stimme und legte auf.

Ich legte mich auf mein Bett und fing an zu weinen. Ich weinte wie ein kleiner Junge. Ich bekam die ganze Nacht über kein Auge zu. Ich musste nur an Opa denken. Ich hatte zu meinem Opa eine ganz besondere Beziehung. Wenn ich mich als Kind alleine gefühlt habe, dann war er einer der ganz wenigen Menschen, dem ich mich anvertrauen konnte. Er gab mir immer das Gefühl, dass er für mich da war. Und so wurde er auch zu meinem größten Fan, als ich meine Karriere begann. Aber jetzt, ausgerechnet jetzt, wo ich meinen Platz im Leben gefunden hatte, ging er von uns. Es brach mir das Herz.

Als ich am Morgen aufwachte, entschied ich mich, die Tour abzubrechen. Ich konnte nicht fahren. Ich wollte auch nicht fahren. Ich war einfach viel zu traurig. Nach der Tour fuhr das gesamte Team der Nationalmannschaft in die Pfalz. Hier sollten wir noch ein letztes Trainingslager absolvieren, bevor Peter sich endgültig entscheiden würde, wen er in den Kader aufnahm. Ich war gar nicht so richtig bei der Sache. Ich musste ständig nur an Opa denken. Immer wieder hatte ich die Bilder im Kopf, wie er damals seine Blumensträuße für eine Ostmark an die Menschen verkauft hatte. Einfach nur, damit er ihnen eine Freude machte. Opa war eigentlich viel zu gut für diese Welt. Wenn sich jemand einen Platz im Himmel verdient hatte, dachte ich, dann er.

Man spürte, wie die Anspannung mit jedem Tag stieg. Die ersten Konkurrenzkämpfe hatte ich schon im Höhentrainingslager zu spüren bekommen. Jetzt wurde das noch einmal intensiver. Bei jedem Training gaben alle Fahrer ihr Bestes. Sie gönnten sich überhaupt keine Erholung mehr. Peter machte sich ständig Notizen. Wen er wohl für den Kader nominieren würde? Wir hatten überhaupt keine Ahnung. Er ließ sich nicht in die Karten schauen. Und wahrscheinlich wusste er es selbst nicht einmal. Peter war jemand, der sich mit Entscheidungen sehr schwertat.

Am dritten Trainingstag fällte ich dafür eine Entscheidung. Meine Mutter hatte mir mitgeteilt, dass in ein paar Tagen die Beerdigung von Opa anstehen würde, und ich nahm mir vor hinzufahren.

»Bist du verrückt?«, fragte mich der Masseur, dem ich meine Entscheidung erzählte. »Das hier, das ist die Chance deines Lebens. Du kannst eine Weltmeisterschaft fahren. Du bist gut in Form. Du hast eine echte Chance, in den Kader zu kommen. Sei doch nicht dumm und gib das auf.«

Ich schüttelte nur den Kopf. Ich wusste, dass er recht hatte. Ich hatte mein Leben lang auf einen solchen Moment hingearbeitet. Aber ganz ehrlich, es war mir in diesem Moment einfach egal. Ich wollte nicht auf dem Ergometer sitzen. Ich wollte bei meiner Familie sein. Ich wollte meine Brüder sehen. Ich wollte Mama trösten. Und ich wollte mich von Opa anständig verabschieden. Das war ich ihm schuldig. Opa war immer für mich dagewesen, wenn ich ihn gebraucht habe. Jetzt hatte ich ihm verdammt nochmal die letzte Ehre zu erweisen.

»Jan, wirklich, dein Verlust in allen Ehren. Aber du bist Spitzensportler. So ein Verhalten ist unprofessionell.«

Ich zuckte mit den Schultern.

»Kann sein«, sagte ich. »Aber es ist mir egal.«

Dann ging ich zu Peter, um ihm meine Entscheidung mitzuteilen. Ich wusste, dass die Weltmeisterschaft damit für mich gestorben war. Ich hatte erwartet, dass Peter wütend auf mich sein würde. Aber das war er nicht. Er setzte sich mit mir an einen der Tische in der Mensa.

»Ich weiß, dass ich raus bin, wenn ich jetzt gehe, Peter. Aber ich muss das tun. Bitte versteh das …«, sagte ich mit hängendem Kopf.

Ich traute mich kaum, ihm in die Augen zu schauen. Ich war Peter wirklich dankbar für alles, was er für mich in der Vergangenheit getan hatte. Er hatte so viele Ausnahmen für mich gemacht, weil er etwas in mir gesehen hatte. Aber ich musste meine Prioritäten setzen. Ich überlegte noch, ob ich ihm sagen sollte, dass mir die Entscheidung abzubrechen nicht leicht gefallen war. Aber das wäre eine Lüge gewesen. Sie war mir leicht gefallen.

»Jan, es ist alles in Ordnung. Du fährst nach Rostock, bringst deinen Opa unter die Erde und kommst dann zurück. Und dann schauen wir weiter.«

Peter schien Respekt davor zu haben, dass ich bereit war, meine Familie über meine Karriere zu setzen. Ich packte noch am selben Abend meine Koffer und setzte mich in den Zug nach Rostock.

Und obwohl der Anlass traurig war, so war es doch ein schönes Gefühl, meine ganze Familie wiederzusehen. Meine Brüder in den Arm nehmen zu können. Und mit Mama zu reden. Und Oma Ingeborg zu trösten. Ich verlor zwar drei Tage Training, aber ich gewann Zeit mit meiner Familie. Und das war mir mehr wert als alles andere auf dieser Welt.

Die Stimmung war angespannt. Ich war nun wieder in einer komplett anderen Welt. Wir saßen in der Hotel-Lobby und keiner von uns sprach auch nur ein Wort. Ich schaute mich um. Nichts war mehr übrig von der ausgelassenen Stimmung in Südafrika. Auch von dem freundschaftlichen Umgang, den wir in Colorado pflegten, war hier nichts mehr zu spüren. Hier saßen einfach nur noch zehn Männer, die sich gegenseitig beäugten. Ein paar Touristen liefen an uns vorbei und wunderten sich wohl, was wir hier machten. Es muss auch ein komisches Bild abgegeben haben. Ich rieb mir meine Hände. Auch ich war ziemlich nervös, auch wenn ich mir das nicht anmerken lassen wollte. Wir saßen in einem Hotel am Stadtrand von Oslo und gleich würde Peter Weibel verkünden, wer morgen früh an der Weltmeisterschaft teilnehmen würde. Wir wussten, dass von uns zehn Fahrern nur sechs an den Start gehen würden. Und von diesen sechs waren drei oder vier schon gesetzt. Wir wussten, dass Peter ein großes Faible für Vierer-Rennen hatte. Darum bevorzugte er die entsprechenden Fahrer bei der Auswahl. Die Jungs um Uwe Peschel und Michael Rich hießen bei uns nur Peters Vierer-Ochsen. Damit blieben zwei, maximal drei Plätze für uns restliche Fahrer übrig. Ich rechnete mir keine Chancen aus. Nicht nur, dass ich die letzte Tour abgebrochen hatte, ich war auch aus dem Trainingslager ausgestiegen. Warum sollte er sich noch für mich entscheiden?

Peter betrat die Lobby. Er hatte einen kleinen Zettel in der Hand, auf dem er handschriftlich die Namen der Fahrer notiert hatte, für die er sich entschieden hatte.

»So«, sagte er. »Ich mache es kurz und schmerzlos.«

Dass Peter uns erst eine Nacht vor dem eigentlichen Rennen sagte, wer antreten durfte, war keine absichtliche Quälerei. Es war einer Eigenart von Peter geschuldet, sich nicht gut entscheiden zu können. Dann las er langsam die Namen vor. Die Spannung im Raum war zum Greifen.

Peter trug die ersten Namen mit monotoner Stimme vor. Er machte eine kurze Pause. »Jan Ullrich.«

Ich konnte es nicht glauben. Er hatte auch mich ausgewählt! Ich durfte für die deutsche Nationalmannschaft an der WM teilnehmen. Was für eine unglaubliche Ehre. Ich sah, wie mich die Blicke der Teamkollegen trafen. Ausgerechnet Ullrich, schienen sie zu denken, der beim Training nicht einmal die gesamte Zeit durchgezogen hatte. Vielleicht bildete ich mir das aber auch nur ein. Ich versuchte, nach außen hin cool zu bleiben und mir nichts anmerken zu lassen. Aber eigentlich wäre ich am liebsten vor Freude in die Luft gesprungen. Das hier, das war der größte Moment meiner Karriere.

Ich hatte so viele Gedanken im Kopf. Aber ich versuchte, sie wegzudrängen. Peter wollte mit uns noch eine Strategie-Besprechung machen. Er entschied sich dafür, dass es keinen ausgesprochenen Kapitän geben sollte. »Ich will, dass ihr alle die gleichen Chancen habt.« Dann präsentierte er uns eine Liste mit Namen von Fahrern, auf die wir achtgeben sollten. Ich notierte mir die Nummern auf meinem Lenkerband. Ich wollte sie während der Fahrt ständig vor Augen haben.

Die Sonne strahlte. Der Himmel war wolkenfrei. Ein besseres Wetter konnte ich mir nicht wünschen. Ich atmete tief durch. Ich hatte die ganze Nacht nur wenig geschlafen, so aufgeregt war ich. Das hier war das wichtigste Rennen meines Lebens. Ich musste jetzt unbedingt abliefern. Ich schaute ins Publikum. Dann schaute ich auf mein Lenkerband. Versuchte, mir die Nummern noch einmal einzuprägen. Ich wollte nichts dem Zufall überlassen. Nicht heute. Ich schloss die Augen und ging im Kopf noch einmal alles durch. Dann hörte ich das Signal, dass wir uns bereit machen sollten. Wir standen vor dem Osloer Rathaus. Vor uns 184 Kilometer. Zehn Runden. Dann der Startschuss. Das Tempo war vom ersten Moment an extrem hoch. Es bildeten sich mehrere Spitzengruppen. Wir schafften es, dass in jeder dieser Gruppen einer unserer Fahrer vertreten war. Das war gut. Wir konnten mithalten. Doch wir schafften es noch nicht, herauszustechen und uns abzusetzen. Ich fuhr in gemächlichem Tempo im Feld mit. Bei den Steigungen beobachtete ich meine Gegner. Sie hatten erste Probleme. Gingen aus dem Sattel und schalteten die Gänge runter. Ich blieb bei meinem Fahrstil. Ich blieb im Sattel und hielt die hohen Gänge aufrecht. Ich spürte, dass ich das gut durchhalten konnte. Ich fuhr mittlerweile ganz vorne im Feld mit. Wir erreichten die achte Runde. Plötzlich schoss ein Fahrer an mir vorbei. Das war Axel Merckx. Axel war der Sohn des legendären Eddy Merckx, der grandios die Tour de France gewonnen hatte. Axel zog kurz an uns vorbei, aber wir parierten den Angriff und holten schnell wieder auf. Gerade als wir die nächste Steigung in Angriff nahmen, brach erneut ein Fahrer aus. Dieses Mal ein Italiener. Seine Rückennummer kannte ich. Sie stand auf der Liste der Fahrer, die ich im Auge behalten musste. Das war Alessandro Bertolini. Ich setzte zu einem Sprint an, um ihn wieder einzufangen. Neben mir konnten nur noch zwei Letten und ein Tscheche mithalten. Wir setzen uns ab und erarbeiteten uns einen komfortablen Vorsprung. Ich schaute mich um. Die restlichen Fahrer konnten nicht mehr aufholen. Und wir waren in der letzten Runde. Wahnsinn, dachte ich. Wenn jetzt nichts Gravierendes mehr passierte, dann würde ich unter den Top Fünf landen. Und das bei meiner ersten Weltmeisterschaft. Alleine der Gedanke euphorisierte mich. Und dann dachte ich an Opa. Es war immer Opas ganz großer Wunsch gewesen, mich mal bei einem solchen Rennen zu sehen. »Eines Tages wirst du mal die Weltmeisterschaft gewinnen«, hatte er schon zu mir gesagt, als ich noch ein Kind war. Diese Worte hatte ich jetzt wieder im Ohr. Ich atmete einmal tief durch und bereitete mich für meinen letzten Angriff vor. Wir hatten noch rund 500 Meter vor uns. Ich fuhr im Windschatten der beiden Letten. Ich mobilisierte jetzt alle Kräfte, trat so kräftig ich konnte in die Pedale. Ich setzte zum Sprint an und tatsächlich fuhr ich als erster über die Ziellinie. Ich war Weltmeister. Ganz automatisch riss ich meine Hände in die Höhe.

Mein Herz schlug wie verrückt. Ich hatte es geschafft. Ich war Weltmeister. Und ich hatte ja keine Ahnung, dass mein Leben ab diesem Moment nie wieder so werden würde, wie es einmal gewesen war.

Was ich in dieser Zeit gelernt habe:

Wer ein Ziel verfolgt, der muss es nicht bloß vor Augen haben, sondern auch vieles daran setzen, es zu erreichen. Ich sage bewusst *vieles* und nicht *alles*. Denn ich glaube, dass es nicht gut ist, wenn man sein ganzes Leben einem bestimmten Erfolg unterordnet. Das hat einen Grund. Unsere Leben sind komplex. Und wahres Glück hängt nie an bloß einem Faktor. Wer glaubt, dass das Erreichen nur eines Zieles Erfüllung bringen wird, der täuscht sich. Wir sind soziale Wesen. Unser Glück hängt eben nicht bloß an unseren beruflichen, sportlichen, finanziellen oder persönlichen Zielen, sondern an einem gesunden, ausgewogenen Verhältnis von Erfolg in allen Lebensbereichen. Ja, ich wollte unbedingt die Weltmeisterschaft gewinnen. Aber nicht um jeden Preis. Nicht um den Preis, dass ich meine Familie in der Stunde der größten Not vernachlässige. Ich hätte es mir niemals verziehen, wenn ich meinen geliebten Großvater nicht zu Grabe getragen hätte. Wenn mich das einen sportlichen Sieg gekostet hätte, dann wäre das für mich in Ordnung gewesen. Ich habe eine Priorität gesetzt. Und das ist etwas, dass wir immer und immer wieder tun müssen. Reiner Erfolg ist kein Selbstzweck.

Dass ich die Weltmeisterschaft am Ende dennoch gewonnen habe, empfinde ich als einen großen Segen. Aber ich hätte auch damit leben können, wenn es anders gekommen wäre. Ich wäre mit mir im Reinen gewesen.

Ich habe immer einen Fokus auf meine Ziele gesetzt. Aber ich habe niemals einem einzelnen Ziel alles andere untergeordnet. Ein wirklich erfolgreicher Mensch ist niemals bloß in einem Lebensbereich erfolgreich.

Die erste Tour de France und der Tod des Egos

Hier stand ich nun. Ich konnte es noch immer nicht richtig glauben. Seit meiner Kindheit hatte ich von diesem Moment geträumt. Seit meiner Jugend hatte ich mir vorgestellt, wie es wäre, hier anzutreten. Und jetzt war es so weit. Jetzt war ich angekommen. Morgen würde das wichtigste Rennen meines Lebens beginnen. Die Tour de France. Die Tour de France war nicht einfach nur ein Radrennen. Die Tour war das härteste Radrennen der Welt. Sie war mit nichts zu vergleichen. Nur die Besten der Besten durften hier antreten. In drei Wochen wurden rund 4000 Kilometer zurückgelegt. Es war ein beinahe übermenschliches Unterfangen.

Und eigentlich war ich für das Rennen gar nicht vorgesehen gewesen.

Ich hatte meine Profikarriere beim Team Telekom gerade erst begonnen. Eigentlich wollte man mich langsam aufbauen. Mich Jahr für Jahr an die größeren Touren heranführen. Aber dann kam alles anders. Als ich zum Team stieß, war gerade alles im Umbruch. Das Team Telekom hatte in den letzten Jahren schwer zu kämpfen. Die ganz großen Erfolge waren ausgeblieben. 1995 wäre man beinahe noch nicht einmal zur Tour de France zugelassen worden. Erst nach Verhandlungen wurde eine sechsköpfige Mannschaft gemeinsam mit drei Fahrern von einem italienischen Team zugelassen. Jetzt hatte man einen Mann engagiert, der alles verändern sollte. Bjarne Riis. Bjarne war eine echte Erscheinung. Ein stattlicher Däne. 1,82 Meter groß, 70 Kilo schwer. Er trug eine Glatze und hatte stechend blaue Augen. Sein Spitzname: der Adler. Er war letztes Jahr für das italienische Team Gewiss-Ballan bei der Tour de France angetreten und Dritter der Gesamtwertung geworden. Jetzt hatte die Telekom ihn verpflichtet. Verbunden mit der Hoffnung, dass wir endlich ein paar größere Erfolge einfahren könnten.

»Ich glaube, dass Bjarne unserem Team einen ganz neuen Schwung geben wird«, sagte unser Teamleiter Walter Godefroot als er ihn uns das erste Mal in Bonn vorstellte.

Bjarne schaute mit seinen stechend blauen Augen in den Raum und fixierte jeden von uns für ein paar Sekunden. Dann machte er dem gesamten Team eine Ansage, die ich niemals vergessen sollte.

»Ich möchte eine Sache von Anfang an klarstellen«, sagte er. »Ich trete hier nicht an, um irgendwo im Mittelfeld zu landen. Ich trete an, um die nächste Tour de France zu gewinnen.«

Raunen im Zimmer. Einige schüttelten den Kopf. Andere wiederum klatschten. Ich glaube, das Team wusste noch nicht so richtig, was es damit anfangen sollte. Meinte er das ernst? Stellte sich dieser Mann tatsächlich hier hin und verkündete einfach mal so, dass er das härteste Rennen der Welt gewinnen wolle?

Das tat er. Und er zeigte uns bald, wie ernst er es meinte. Bjarne war ein absoluter Perfektionist. Er testete Helme. Ging in den Windkanal. Er achtete auf jedes kleine Detail. Und er erbrachte Leistung. Als wir zusammen trainierten, fuhr er uns allen mit einer Leichtigkeit davon, dass er fast übermenschlich wirkte. So langsam merkten wir, dass er das mit der Tour de France wirklich ernst meinte. Das war nicht einfach Überheblichkeit. Das war sein festes Ziel. Und er wollte sich von nichts und niemandem davon abbringen lassen. Bjarnes Enthusiasmus war ansteckend. Er schaffte es, das gesamte Team zu motivieren. Innerhalb von nur wenigen Tagen herrschte eine ganz andere Stimmung in unserer Gruppe. Plötzlich waren alle heiß darauf, der Welt zu zeigen, was wir konnten.

Und ich, ich hatte meine Aufgabe gefunden: alles zu geben, um Bjarne zu unterstützen. Ich fuhr im Sommer mit ihm die Tour de Suisse. Die zehntägige Rundfahrt durch die Schweiz ist für viele Fahrer so etwas wie eine Generalprobe vor der Tour de France. Eine Art Testlauf, bei dem man schon einmal ausloten kann, wie stark die Konkurrenz wird und wie gut die eigenen Chancen liegen. Einige der Fahrer pokerten hoch und fuhren extra nicht mit bester Leistung, damit sie später in Frankreich überraschen konnten; andere Fahrer wiederum wollten schon einmal zeigen, in was für einer Form sie waren. Mir ging es bei dieser Tour hingegen um etwas ganz anderes. Mir ging es um Bjarne Riis. Ich war in diesem Jahr sowieso nicht für Frankreich vorgesehen, also wollte ich hier unbedingt beweisen, dass ich in der Lage war, unseren Kapitän zu unterstützen. Ich hatte die Aufgabe eines Helfers. Wie auch die anderen aus dem Team, blieben wir ständig bei Bjarne. Wir richteten uns ganz nach unserem Kapitän. Für Bjarne war die Tour de Suisse nur eine weitere Möglichkeit zum Formaufbau. Sie war ein erweitertes Training für ihn. Entsprechend machte er auch keine großen Anstalten, das Rennen zu gewinnen. Seine Anweisungen waren knapp.

»Wasser«, raunte er nur und ich ließ mich zurückfallen, besorgte von unserem Mannschaftswagen eine Flasche Wasser und brachte sie ihm. »Falsch«, sagte er. »Mit Elektrolyten.«

Wieder ließ ich mich zurückfallen und brachte ihm das richtige Getränk. Er quittierte es mit einem Grummeln. Ich war froh, dass ich fit genug war, die Strecke nicht bloß durchzuhalten, sondern für Bjarne auch alle Wünsche erfüllen zu können.

»Jetzt mal eine Attacke«, gab er vor und ich beschleunigte, sodass er mir im Windschatten folgen konnte. Irgendwann stieg er dann sogar aus. Er wollte seine Kräfte lieber für Frankreich schonen.

Für mich bedeutete das, dass ich mich ein wenig freier bewegen konnte. Ich war nun nicht mehr auf meinen Kapitän fixiert und konnte fahren, wie ich wollte. Eine gute Gelegenheit, mich auszutesten. Am nächsten Tag stand eine besonders schwierige Bergetappe an. Ein extrem steiler Pass. Man konnte hier kaum von einer Straße sprechen. Wir kämpften uns eher einen schmalen asphaltierten Pfad hoch. Ich spürte, dass ich die Kletterei recht gut wegsteckte. Ich hatte noch jede Menge Energie und setzte zu einem Sprint an. Niemand folgte mir. Ich fuhr weiter und holte nach und nach auf, sodass ich bald die Spitzengruppe erreichte. Schließlich schaffte ich es, bei der Etappe als Zweiter durch die Ziellinie zu kommen, direkt hinter meinem Teamkollegen Udo Bölts.

Rudy Pevenage, der sportliche Leiter des Team Telekom, konnte nicht glauben, was ich da abgeliefert hatte. Nicht nur, dass ich nicht nur ein guter Teamplayer war. Er sah auch, welches Potenzial ich noch hatte. Ich war zufrieden. Mein ausuferndes Training hatte sich gelohnt. Rudy besprach sich mit Team Telekom-Teamleiter Walter Godefroot. Er wollte mich unbedingt bei der Tour de France dabeihaben. Aber Walter lehnte ab. Er hatte sein Team schon zusammengestellt. Daran wollte er nicht mehr rütteln. Aber Rudy gab nicht nach. »Hast du nicht gesehen, wie Jan fährt? Wir können so ein Talent unmöglich zu Hause lassen.« Die beiden stritten weiter.

Am nächsten Tag bekam ich einen Anruf von Walter. »Jan, ich habe etwas gemacht, was ich noch nie gemacht habe.«

Ich wusste nicht, worauf er hinauswollte.

»Ich habe die Mannschaftsaufstellung für die Tour de France geändert. Wir nehmen dich jetzt doch mit.«

Ich war 22 Jahre alt und durfte meine erste Tour de France fahren.

Die erste Etappe der Tour begann in 's-Hertogenbosch in den Niederlanden. Es war ein wahnsinniges Spektakel. Tausende Zuschauer waren gekommen. Die Straßen waren bunt geschmückt. Überall waren Fernsehkameras aufgebaut. Ich spürte gleich, dass das kein normales Rennen war. Dass hier eine ganz besondere Stimmung herrschte, die sich auch auf uns Fahrer übertragen hatte. Direkt nach dem Start begannen alle nach vorne zu drängen. Jeder wollte die Gelegenheit nutzen, gleich zu Beginn die besten Voraussetzungen zu haben, denn die ersten Etappen der Tour waren sehr wichtig, um nicht bei einem Sturz kostbare Zeit zu verlieren. Ich fühlte mich frisch und gesund. Ich konnte mithalten. Und auch der Rest des Teams war in bester Verfassung. Wir kamen mehr als gut durch das Rennen. Und dann das: Erik Zabel konnte gleich zu Beginn eine der Flachetappen gewinnen. Der schnelle Erfolg beflügelte das ganze Team. Ein Etappensieg. Damit hatten wir nicht gerechnet. Damit hatten wir alle Erwartungen bereits erfüllt, die man in uns gesteckt hatte. Aber Bjarne peitschte uns vor. Ihm war das nicht genug. Er wollte den Gesamtsieg. Und unsere Teamleistung wurde von Rennen zu Rennen besser. Ich hatte während der gesamten Tour eine ganz klare Aufgabe: alles dafür zu geben, dass Bjarne bestmöglich abschneiden würde.

Nach einer Woche erreichten wir die Berge. Die siebte Etappe war unsere erste große Bewährungsprobe. Sie führte von Chambéry zum Wintersportort Les Arcs. Vor uns lagen 200 Kilometer, zwei Alpenpässe und ein brutaler Schlussanstieg. 60 Kilometer lang würde es nur bergauf gehen. Eine Strecke, wie ich sie noch nie in meinem Leben gefahren bin. Wir wussten alle, dass diese Etappe entscheidend war. Hier mischten sich die Karten noch einmal neu. Fahrer, die bis jetzt ein solides Rennen gefahren waren und ganz vorne in der Wertung mitgemischt hatten, fielen hier regelmäßig zurück. Nicht wenige Fahrer scheiterten komplett an dem Berg. Selbst haushohe Favoriten gingen vor ihm in die Knie. Ich hatte einen Riesenrespekt vor dem, was da kommen sollte.

»Versuch, so gut es geht, mitzuhalten«, sagte Bjarne. »Bleib einfach bei mir. Ich verlasse mich auf dich.«

Das klang leichter, als es war. Zunächst fuhren wir durch ein Tal zum Col de la Madeleine. Den ersten wirklich harten Alpenpass. 27 Kilometer lang erstreckte er sich zunächst durch ein bewaldetes Gebiet. Es war recht heiß und die Steigung war schon brutal spürbar. Ich schaute in die Gesichter der anderen Fahrer. Sie waren schmerzverzerrt. Niemand konnte verbergen, wie hart er gerade litt. Auch ich verspürte ungeheure Schmerzen. Meine Oberschenkel brannten. Ich versuchte durchzuhalten und krallte mich in meinen Lenker. Irgendwann gab Heulot auf. Stephane Heulot trug das Gelbe Trikot, das symbolisierte, dass er der führende Fahrer in der Einzelgesamtwertung war. Er war ziemlich stark in das Rennen gestartet. Doch jetzt stieg er unter Tränen von seinem Rad ab. Er krümmte sich, weil er unter heftigen Schmerzen litt. Er war völlig erschöpft. Wir zogen an ihm vorbei. Ich blieb nahe bei Bjarne. Auch ihm sah man an, wie er litt. Gleichzeitig blieb er hochkonzentriert.

Wenn er etwas brauchte, gab er mir ein Zeichen.

Wasser holen.

Windschatten spenden.

Ich machte, was er sagte.

Wir fuhren weit vorne in der Gruppe der Favoriten. Besonders einen Mann behielten wir im Auge. Miguel Indurain. Der Spanier hatte die Tour de France bereits fünf Mal gewonnen. Sein Spitzname war der »Außerirdische«. So wurde er genannt, weil er vermeintlich niemals litt und keine Schmerzen empfand. Nicht einmal bei den steilsten Bergpässen. Doch das musste ein Mythos sein, denn ich erkannte sehr gut, dass auch sein Gesicht von den Anstrengungen gezeichnet war, die er hier durchmachte.

Es ging immer weiter bergauf. Es schien gar nicht mehr zu enden. Je höher wir kamen, desto spärlicher wurde die Vegetation. Irgendwann gab es keine Bäume mehr, sondern nur noch große Steine und Felsen. Es wurde immer kälter. »Anziehen!«, brüllte Bjarne irgendwann und gab mir das Zeichen, dass ich aus dem Versorgungsauto Handschuhe und Mützen holen sollte. Selbst solche vermeintlichen Kleinigkeiten konnten hier über Sieg und Niederlage entscheiden. Wer sich zu früh umzog, lief Gefahr, die warmen Klamotten durchzuschwitzen, wenn man durch die kalten Regionen fuhr. Wer sich zu spät umzog, der drohte, sich eine Erkältung einzufangen. Auf der Tour reicht ein kleiner Fehler, um sich alle Chancen in der Gesamtwertung zu verspielen.

Wir hatten nun die Spitze des Berges erreicht. Jetzt kam die Abfahrt. Neben uns fuhr der Schweizer Alex Zülle. In einer Kurve versteuerte er sich. Und stürzte. Es sah brutal aus.

»Weiterfahren!«, gab Bjarne nur knapp den Befehl vor.

Und ich fuhr weiter.

Vor uns fuhr Indurain. Ich behielt ihn genau im Auge. »Ausziehen«, sagte Bjarne knapp und wir zogen unsere Handschuhe und Mützen aus.

Indurain tat das nicht. Er fuhr mit voller Bekleidung weiter.

Ein Fehler, der ihm sehr bald auf die Füße fallen würde.

Man merkte Indurain an, dass er nervös wurde. Er fuhr alleine. Hatte keinen Helfer mehr bei sich. Und er machte Fehler. Die warme Kleidung, die er nicht ablegte, war nur einer davon. Ein zweiter war, dass er nicht genug trank. Es war wohl genau diese Kombination, die ihm das Genick brach. Beim Schlussanstieg konnte er nicht mehr mithalten und fiel zurück. Man spürte regelrecht, wie ihn die Kraft verließ. Er war dehydriert. Auf den letzten vier Kilometern verlor er gute vier Minuten. Das war eine große Überraschung für uns. Damit hatten wir nicht gerechnet.

Als wir das Ziel erreicht hatten, stieg ich von meinem Fahrrad, lehnte mich kurz an unseren Mannschaftswagen und trank eine halbe Flasche Wasser in einem Zug aus. Bjarne kam zu mir und legte mir die Hand auf die Schulter.

»Das war ein fantastischer Job«, sagte er mir. »Ich bin verdammt froh, dass wir dich mitgenommen haben, Junge.«

Bjarne wusste zu schätzen, was ich für ihn leistete. Das freute mich nicht nur, das motivierte mich auch. Bjarne wollte diese

Tour wirklich gewinnen. Und das ganze Team war bereit, alles zu geben, um ihm dabei zu helfen.

Ich spürte noch die Erschöpfung in meinem Körper, als ich in den Mannschaftswagen stieg, der uns in ein Hotel brachte. Nach einer Woche war ich bereits in einem absoluten Ausnahmezustand. Mein Körper war ein einziger Schmerz. Und mein Kopf fühlte sich taub an. Ich lebte nur noch für das Rennen. Das gesamte Drumherum nahm ich gar nicht richtig wahr. Wir wurden eingesammelt und in Hotels abgesetzt. Dort aßen wir, legten uns unsere Sachen für den nächsten Tag zurecht, telefonierten nach Hause und schliefen dann ein paar Stunden, bevor es am nächsten Morgen weiterging. Man funktionierte nur noch. Spulte die Routinen ab. Aber bewusst nahm zumindest ich rund um das Rennen so gut wie gar nichts mehr wahr.

Es gab allerdings eine Ausnahme.

Die Etappe am Col du Galibier. Nicht nur, dass wir uns vorgenommen hatten, hier so richtig anzugreifen, Bjarne wollte sich das Gelbe Trikot holen. Und außerdem hatte sich meine Freundin angekündigt. Gaby. Sie hatte sich mit ihrer Familie einen Kleinbus gemietet, mit dem sie nach Frankreich gekommen war. Damit sie die besten Plätze hatten, fuhren sie schon am Abend zur abgesperrten Strecke und schliefen einfach im Van, damit sie am Morgen einen Zuschauerplatz direkt an der Straße haben konnten. Allerdings machte das Wetter ihnen einen Strich durch die Rechnung.

Als ich am nächsten Morgen aufwachte, wurde ich gleich informiert. »Es hat die ganze Nacht geschneit«, hieß es. »Der

Pass ist völlig vereist, es ist zu gefährlich für die Fahrer. Die Rennleitung hat beschlossen, dass ihr von der anderen Seite des Berges startet.«

Was für eine Enttäuschung. Nicht nur für mich, sondern auch für die ganzen anderen Fans, die sich bereits einen Platz an der Strecke gesichert hatten. Wir packten unsere Räder in den großen Teamwagen und machten uns auf den Weg zum Start. Während wir in einer großen Kolonne am Fuß des Berges entlang rollten, hielt unser Auto plötzlich an.

»Was ist los?«, fragte ich und schaute aus dem Fenster. Plötzlich sah ich Gaby. Ich konnte es gar nicht glauben. Es war so unwirklich, sie hier zu sehen. Ich kurbelte die Scheibe runter.

»Woher wusstest du …?«, fragte ich unseren Fahrer.

Er zeigte nur auf Eule, meinen Masseur. »Haben heute Morgen telefoniert und versucht, das möglich zu machen«, zwinkerte er mir zu. Ich beugte mich nach vorne und griff ihm in den Nacken.

»Du bist der Allerbeste, Eule«, sagte ich.

Gaby zu sehen, hatte einen komischen Effekt. Ich wurde für einen kurzen Moment aus der Tour-Routine gerissen. Zu wissen, dass sie da war, gab mir einen regelrechten Kick. Und tatsächlich: Wir dominierten die Etappe. Am Abend hatte sich Bjarne endlich das Gelbe Trikot verdient. Er führte nun in der Gesamtwertung.

Von Rennen zu Rennen stieg die Euphorie. Ich spürte, wie jeder Erfolg uns weiter beflügelte. Erik Zabel konnte das Grüne Trikot für den besten Sprinter für sich erringen und plötzlich brachen die Dämme. Wir waren tatsächlich auf dem besten Weg, die Tour de France zu gewinnen. Das Team war solche Erfolge nicht gewohnt. Alle waren wie auf Wolke Sieben.

Doch genau das war gefährlich.

»Wir müssen konzentriert bleiben«, impfte Bjarne uns vor jeder Etappe ein. »Sonst machen wir Fehler.« Wie schnell so etwas gehen konnte, erfuhr ich tatsächlich noch am selben Tag. Ich fuhr auf eine Verpflegungsstation zu, die am Rand der Strecke aufgebaut war. Das war immer eine besonders heikle Situation. Hier musste jeder Griff sitzen. Ich streckte gerade meine Hand aus, um nach einer Flasche zu greifen, da sah ich aus dem Augenwinkel, dass der Fahrer vor mir seine Abfälle über die Schulter warf. Sie trafen mein Fahrrad. Ich war nur für eine Sekunde unkonzentriert, spürte aber gleich, wie ich ausscherte, die Kontrolle verlor und stürzte. Eine Schocksekunde. Sofort pumpte das Adrenalin durch meinen Körper. Wie mechanisch riss ich das Fahrrad wieder hoch, stieg auf und fuhr weiter. Ich nahm noch wahr, dass ich blutete, aber das ignorierte ich. Ich fuhr einfach weiter. Erst nach und nach spürte ich die Schmerzen. Ich hatte an Händen und Beinen Schürfwunden. Und meine Hüfte tat höllisch weh. Von Kilometer zu Kilometer wurde es schlimmer. Ich biss die Zähne zusammen und versuchte den Schmerz zu ignorieren. Ich fuhr weiter. Ich durfte jetzt keine Schwäche zeigen. Das war genau das, was Bjarne meinte. Eine kleine Unachtsamkeit kann alles kaputt machen. Ich nahm mir vor, von diesem Moment an noch konzentrierter zu fahren. Als ich die Ziellinie überquerte, fiel ich beinahe von meinem Rad. Alles tat weh. Ich konnte nicht mehr. Ich setzte mich in den Mannschaftswagen und ließ mich in das Hotel fahren.

»Wir behandeln dich im Hotel«, sagte einer der Ärzte. »Es scheint auf den ersten Blick nichts gebrochen zu sein.« Wie beruhigend.

Als wir im Hotel ankamen, stieg ich zunächst unter die Dusche. Dann bat ich um eine Handbürste, so wie ich es bei Peter Becker gelernt hatte, und schrubbte mir die Wunden aus. Ich bürstete so tief, dass kein Schorf mehr blieb, nur noch offene blutende Wunden. Auf diese Weise blieb kein Schmutz mehr in der Wunde zurück. Es tat so weh, dass mir die Beine wegknickten und ich für einen kurzen Moment beinahe ohnmächtig wurde. Ich atmete ein paarmal durch und bürstete weiter. Ich wusste, dass das der einzige Weg war, um sicherzustellen, dass sich die Verletzungen nicht entzünden würden. Eine Entzündung wäre möglicherweise mein Aus bei der Tour gewesen. Das konnte ich nicht riskieren. Als ich fertig war, sprühte Eule Wasserstoff auf die Wunde, dann ging ich zu unseren Ärzten. Sie schüttelten nur den Kopf.

»Wo hast du so was nur gelernt?«, fragten sie, bevor sie mir eine Salbe auftrugen und einen Verband anlegten.

Dann ging ich in mein Bett. Ich hatte solche höllischen Schmerzen, dass ich die Augen nicht zubekam. Ich lag die gesamte Nacht über wach. Alleine der Gedanke, dass ich in diesem Zustand am nächsten Morgen wieder aufs Fahrrad steigen musste, war ein Albtraum. Erst jetzt begriff ich, was das eigentlich so Herausfordernde an der Tour de France war. Es war nicht nur die harte Konkurrenz. Es waren nicht nur die ewig langen Steilpassagen. Es war die Dauer. Schon nach der ersten Woche schrie mein Körper nach Ruhe. Doch es ging immer weiter und weiter und weiter. Es hörte einfach nicht auf. Wenn man dachte, man hatte die Hölle gerade überstanden, ging es schon weiter. Und die Bergpassagen wurden immer schlimmer und schlimmer.

Ich weiß nicht genau, woran es lag. Aber am nächsten Morgen stieg man dennoch wieder auf das Fahrrad. Und fuhr einfach weiter.

Am nächsten Tag war das Wetter gut. Meine Wunden schmerzten immer noch, aber ich hatte mich mittlerweile daran gewöhnt. Dann schaute ich auf die Strecke vor mir. Es war der vorletzte Tag der Tour de France. Es stand ein langes Zeitfahren auf dem Plan. Beim Zeitfahren starten die Fahrer nicht gemeinsam, sie fahren nur für sich – und gegen die Uhr.

Ich schaute mich um. Die Strecke war von den großen Weinbergen des Bordeaux umrahmt. Eine malerische Landschaft.

Konzentriert wartete ich auf das Startsignal. Dann sprintete ich los. 63,5 Kilometer lagen vor mir. Eine solche Strecke war ich noch nie im Zeitfahren angetreten. Ich gab alles. Ich trat so kräftig ich konnte in die Pedale. Ich dachte an die letzten Tage. Ich war so sehr darauf fixiert, Bjarne zu seinem Toursieg zu verhelfen, dass ich gar nicht richtig wahrgenommen hatte, dass ich in seinem Windschatten längst eine Spitzenposition erlangt hatte.

Ich war mittlerweile Zweiter. Das war für mich kaum greifbar. Zweiter. Bei der Tour de France. Ich versuchte, den Gedanken zu verdrängen. Bloß nicht leichtsinnig werden. Bloß keine Fehler machen. Die Weinberge der Region zogen an mir vorbei. Ich spürte den Wind in meinem Gesicht. Ich fühlte mich fit. Ich war mittlerweile über meinen toten Punkt hinausgekommen. Ich war heute als vorletzter Fahrer angetreten. Hinter mir kam nur noch Bjarne.

Als er das Ziel erreichte, schauten wir uns an. Wir wussten, dass man uns nicht mehr einholen konnte. Wir wussten, dass wir es geschafft hatten. Dass er es geschafft hatte. Er hatte die Tour de France gewonnen.

Es war ein unglaubliches, erhabenes Gefühl. Bei strahlendem Sonnenschein fuhren wir nach Paris ein. Es war die letzte Etappe der Tour. Aber die Würfel waren bereits gefallen. Bjarne Riis hatte seine große Ankündigung wahr gemacht und die Tour de France gewonnen. Und ich, ich war Zweiter geworden. Ich konnte mein Glück nicht fassen. Die letzten Tage und Wochen waren wie in einem Film an mir vorbeigezogen. Es war alles so unwirklich. Aber jetzt, jetzt fiel ein ungeheurer Druck von mir ab. 3790 Kilometer lagen hinter uns. Als wir auf die Champs-Élysées einbogen, erwarteten uns bereits Tausende von Menschen. Sie schwangen dänische Flaggen und jubelten Bjarne zu. Als die dänische Nationalhymne gespielt wurde und die Menschen laut mitsummten, hatte Bjarne Tränen in den Augen. Ich werde diese Momente niemals vergessen. Es fühlte sich so an, als würden wir mit diesen besonderen Erfahrungen für das ganze Leid belohnt werden, das wir auf uns genommen hatten.

Ich war Zweiter geworden. Das war ein unglaublicher Erfolg. Aber für mich war der Sieg von Bjarne der wahre Sieg. Und ich hatte dazu beigetragen.

Was ich in dieser Zeit gelernt habe:

Es gibt Momente im Leben, in denen man sein Ego zurückstellen muss. Es gibt Momente, in denen man einfach akzeptieren muss, dass man selber nicht im Mittelpunkt steht. So wie ich damals für Bjarne zurückgesteckt habe. Ich habe das nicht aus Kalkül gemacht. Sondern aus aufrechten Motiven. Bjarne war mein Teamkapitän. Er war die Nummer eins. Und mein Job war es, ihn glänzen zu lassen. Mir wäre nicht im Traum eingefallen, für ein bisschen mehr Aufmerksamkeit und ein besseres Ergebnis meine Pflicht nicht zu erfüllen.

Es gibt allerdings Menschen, denen das gar nicht so leicht fällt. Das ist kaum verwunderlich. Unsere Gesellschaft impft uns schon früh ein, dass wir eine Ellbogen-Mentalität entwickeln müssen, damit wir es zu etwas bringen. Frei nach dem Motto: Jeder ist sich selbst am Nächsten. Es scheint der Eindruck zu herrschen, dass wir nur dann weiterkommen, wenn wir möglichst rücksichtslos sind. Aber das ist ein Trugschluss. Und ich glaube nicht daran. Im Gegenteil, ich glaube fest daran, dass es belohnt wird, wenn wir einander unterstützen, wenn wir im richtigen Moment zurückstecken und unsere Energie in die gute Sache eines anderen stecken. Weil wir es irgendwann zurückbekommen werden. Das gilt eigentlich in allen Bereichen. Wenn in meinem Job mein Kollege eine gute Idee hat, dann muss ich mich nicht mit seinen Federn schmücken. Ich kann sein besonderes Engagement hervorheben. Das macht doch auch mich selbst größer. Weil man dadurch erkennt, dass ich ein Teamplayer bin. Und nur wer selber im Team seinen Beitrag leistet, dem wird von anderen auch geholfen werden, wenn er einmal Hilfe braucht. Das ist für mich die Essenz von Fair Play.

Fair Play bedeutet, sein Ego auch einmal zurückstellen zu können. Wenn du wirklich vorankommen willst, musst du lernen, auch einmal zurückzustecken.

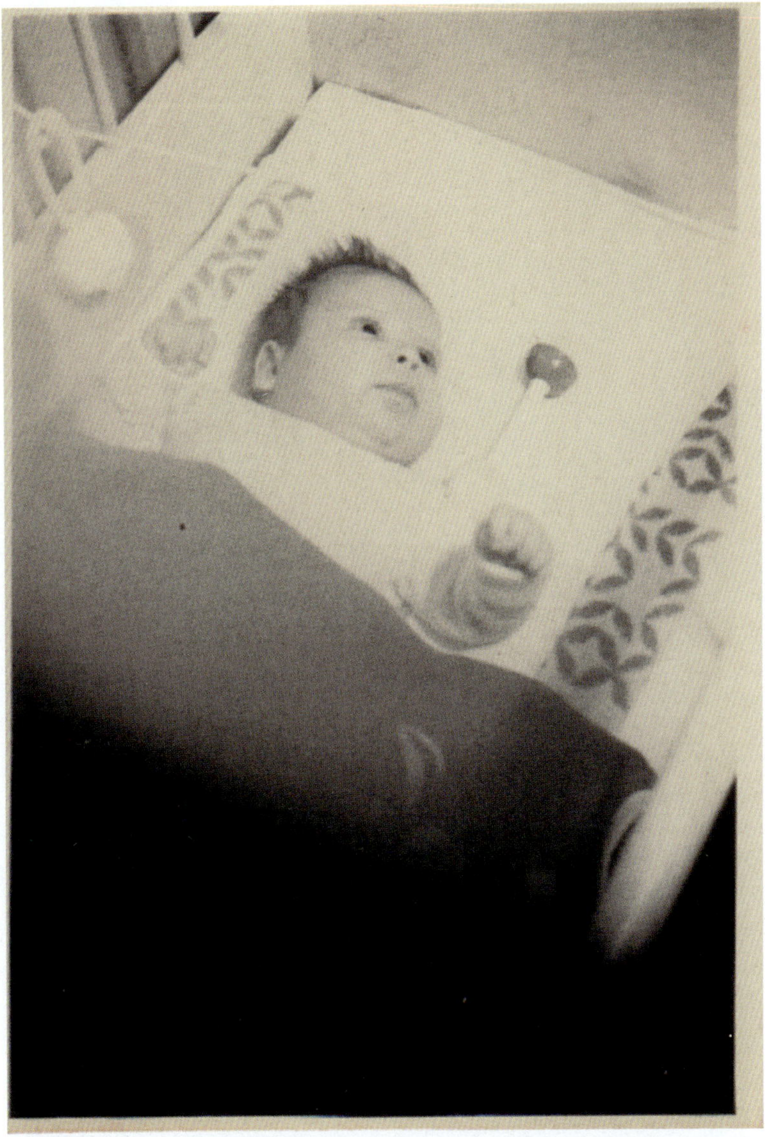

Der Prolog: Am 2. Dezember 1973
erblickte ich in Rostock das Licht der Welt. © privat

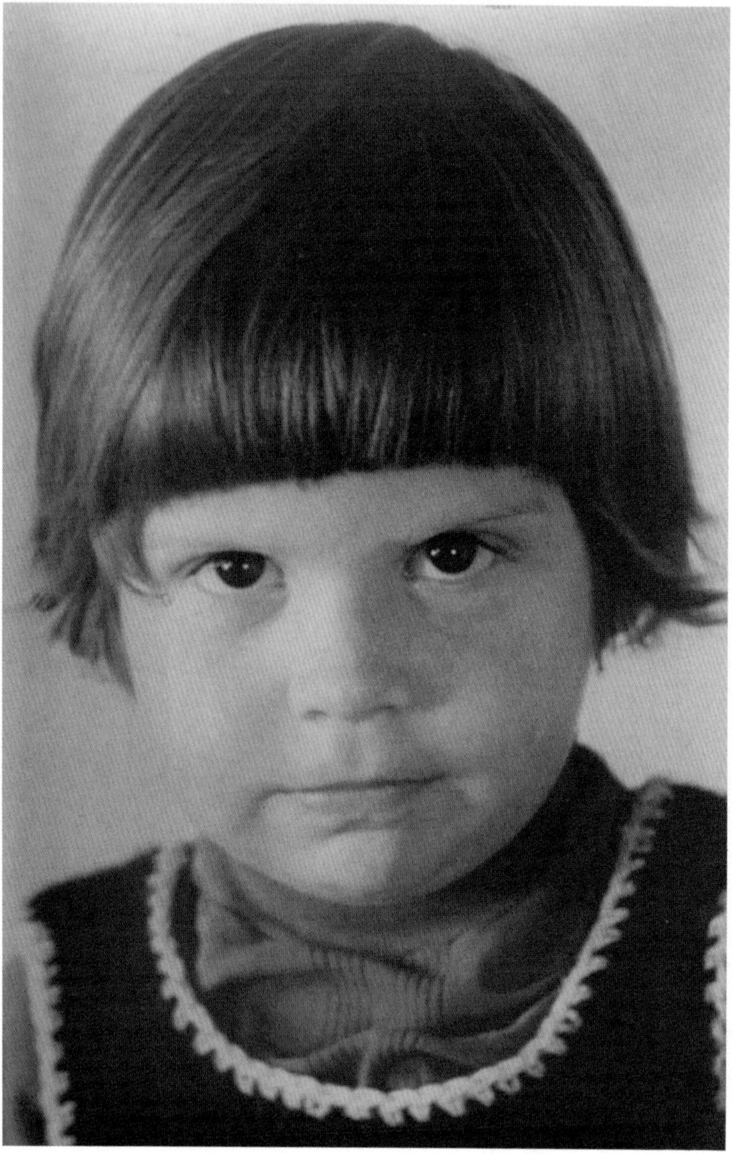

Meine Kindheit verbrachte ich in Papenburg. Wir hatten nicht viel, aber alles, was wir brauchten. Mein Topfschnitt war damals absolut in Mode.
© privat

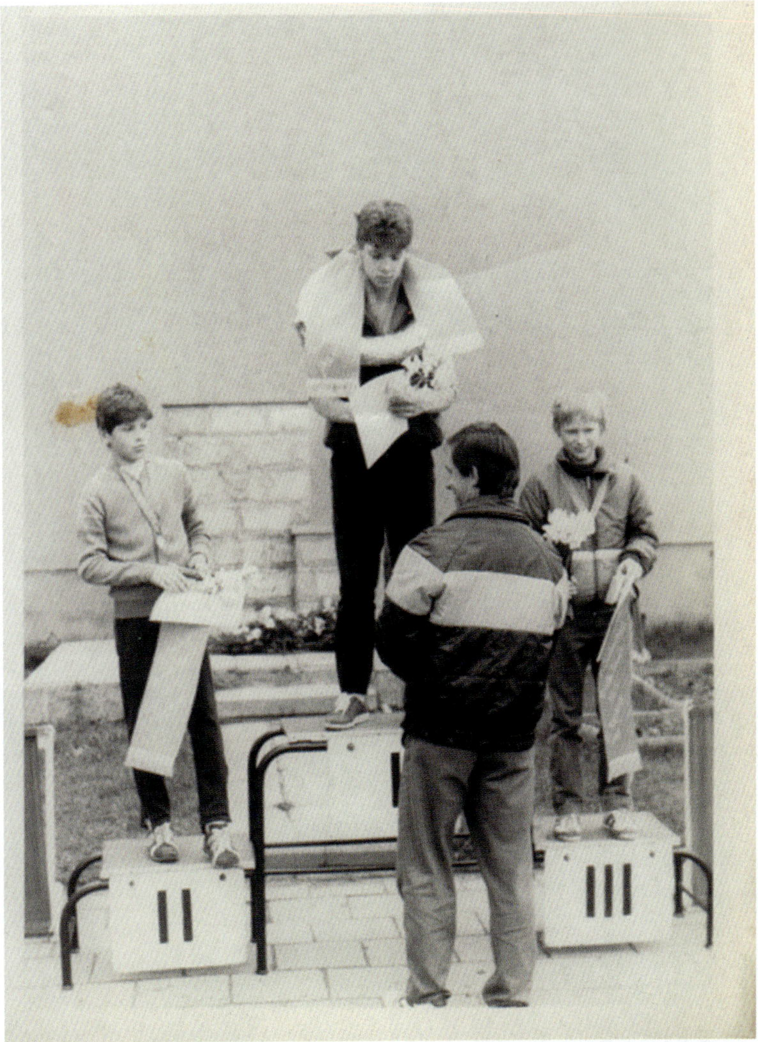

Ungewöhnliche Siegerehrung in Cottbus. Für Rostock bin ich im Zeitfahren angetreten, schaffte es aber nur auf Platz 2. Silvio Lehnert war zwar auch zehn Jahre alt, war mir biologisch aber weit voraus. © privat

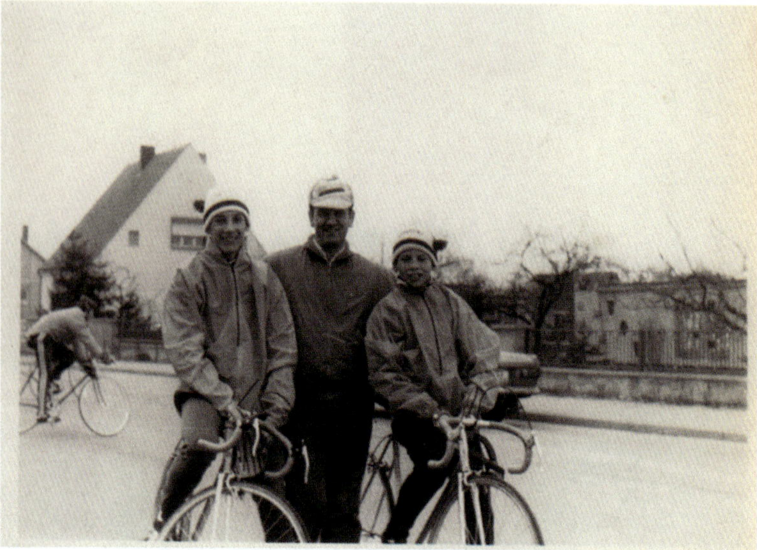

Wenige Menschen standen mir näher: mein bester Freund André »Korffi« Korff und mein Trainer Peter Sager. © privat

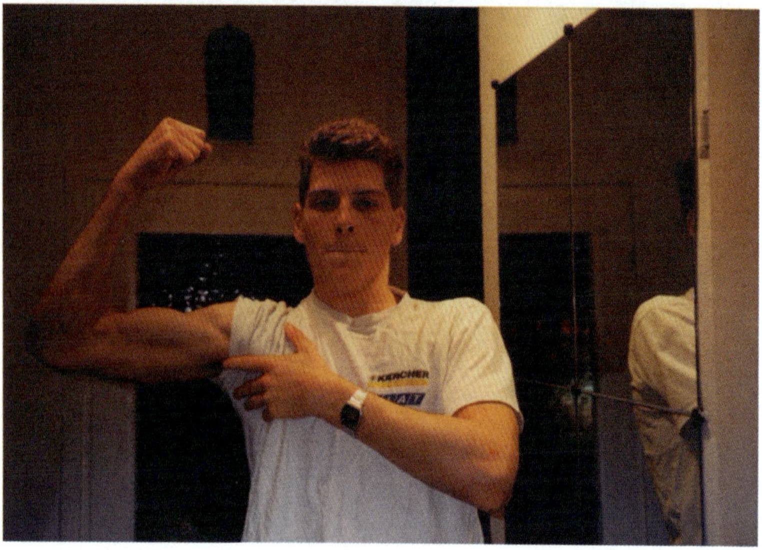

1993 zeigte ich Muskeln. Ich hatte es nach der Wende tatsächlich in die Nationalmannschaft geschafft. © privat

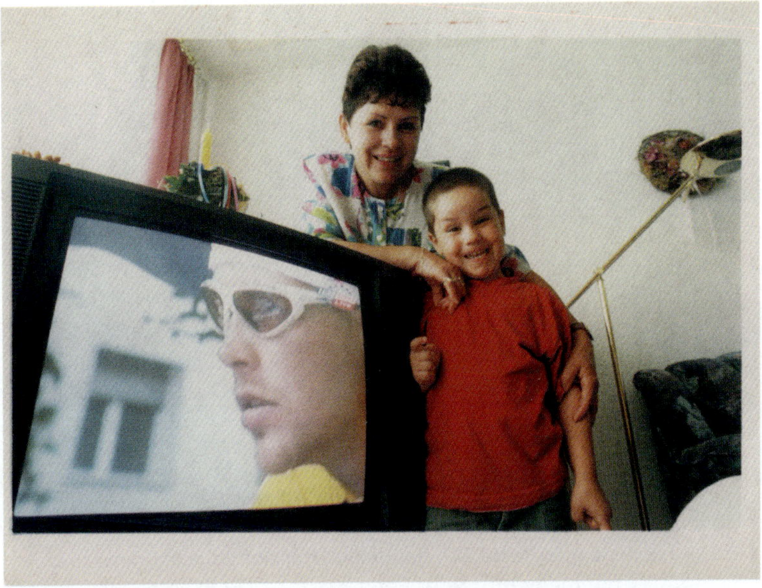

Mein größter Erfolg: 1997 gewann ich als erster und einziger Deutscher der Geschichte die Tour de France. Meine Mutter und mein Halbbruder Felix verfolgten das Rennen im Fernsehen. © privat

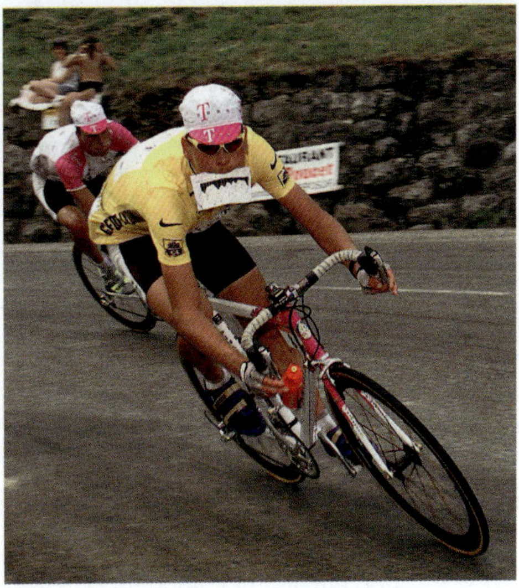

Im gelben Trikot. Ab sofort war ich der Gejagte. © Roth Foto

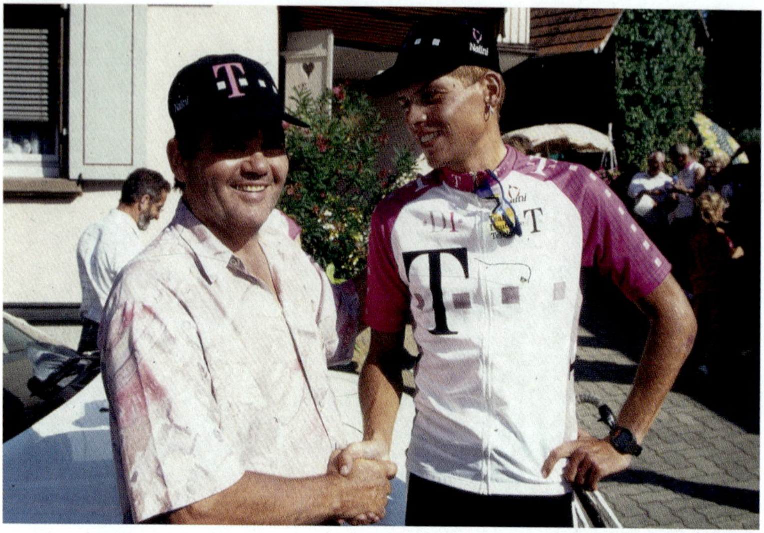

Die härteste und beste Schule, die ich mir nur wünschen konnte: mit meinem Trainer Peter Becker. © Roth Foto

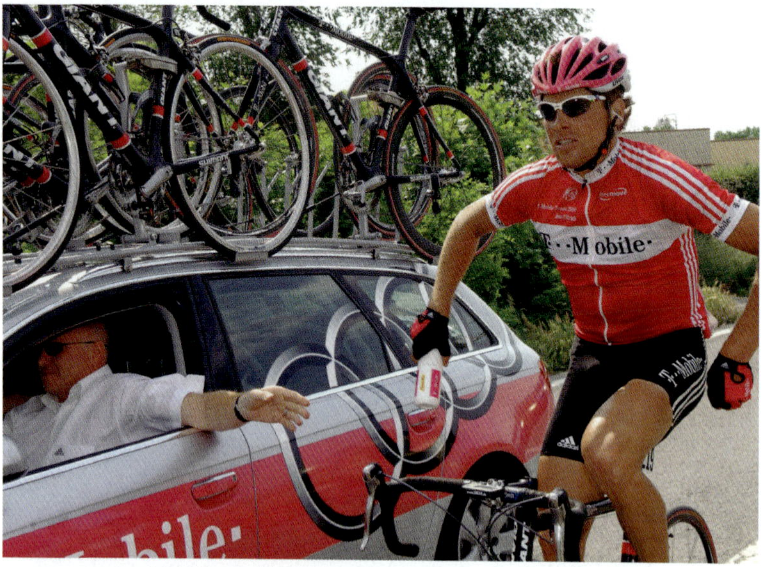

Sportlicher Leiter des Team Telekom, mein persönlicher Betreuer – und ein echter Freund: Rudy Pevenage. © Roth Foto

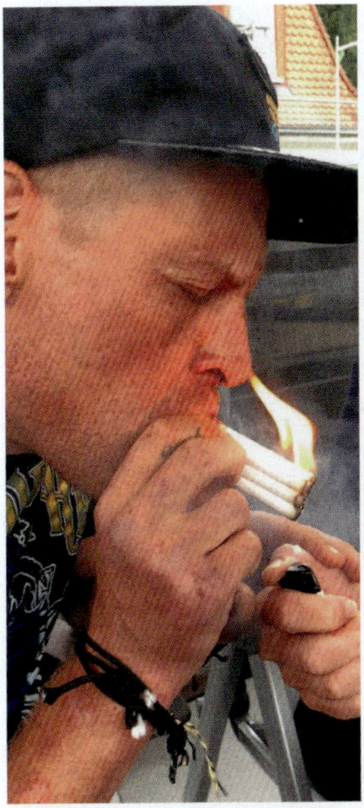

Meine dunkelste Zeit. Auf meiner Finca in Mallorca stürzte ich ab. Ich rauchte, nahm Kokain und trank Whiskey bis kurz vorm Exitus. © privat

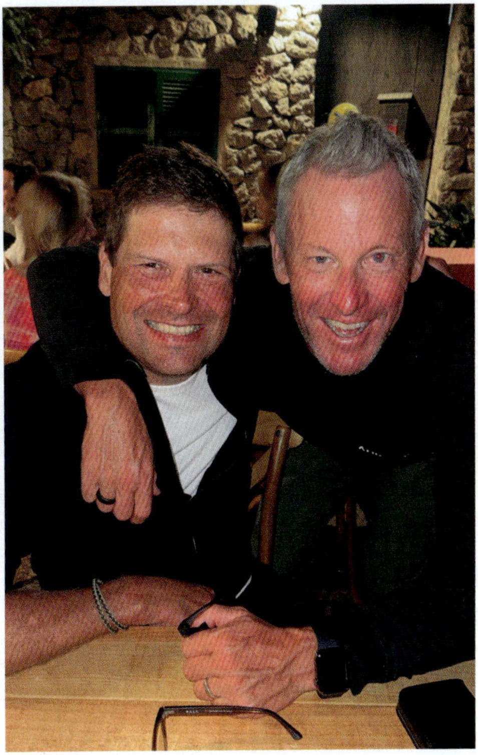

Früher mein allergrößter Konkurrent, heute einer meiner besten Freunde: Lance Armstrong und ich, 2023. © privat

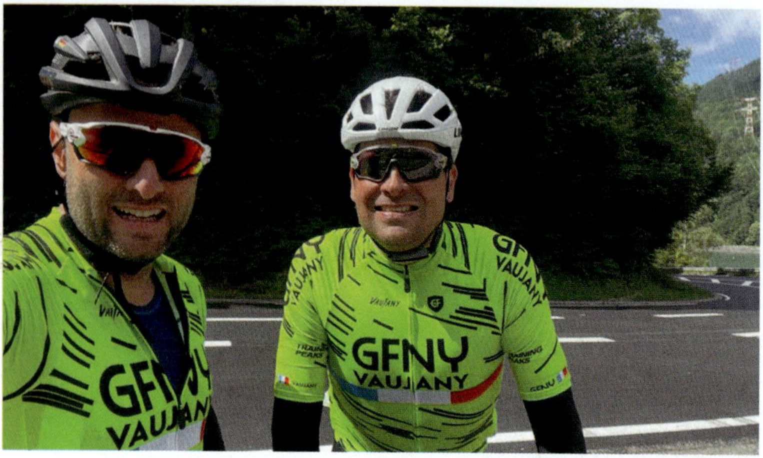

Er half mir, meinen Weg zurück ins Leben zu finden:
mein Freund Mike Baldinger. © privat

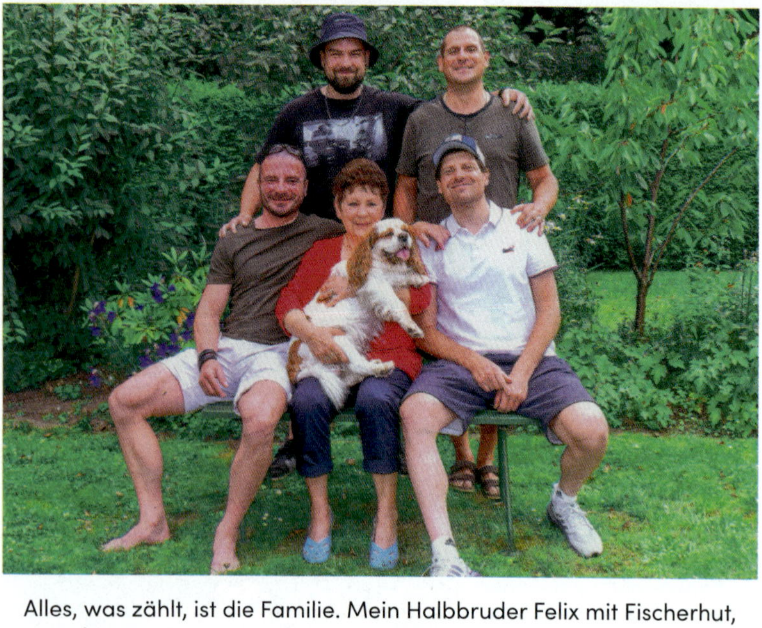

Alles, was zählt, ist die Familie. Mein Halbbruder Felix mit Fischerhut, hinter mir mein großer Bruder Stefan, neben mir Thomas, Mama und ihr Hund Sunny, der mittlerweile im Hundehimmel lebt. © privat

Der große Triumph

Etwas war anders. Etwas hatte sich verändert. Das ließ sich nicht von der Hand weisen. Es war nicht nur das große Medieninteresse an meiner Person, seit ich im vergangenen Jahr bei meiner ersten Tour de France gleich Zweiter geworden war. Es war die Erwartungshaltung, die man jetzt an mich stellte. Plötzlich galt ich überall als der große Favorit. Während ich in meinem ersten Jahr noch der Underdog gewesen war, lastete die Hoffnung mittlerweile schwer auf meinen Schultern. Ich wusste, dass ich abliefern musste. Ich wollte niemanden enttäuschen. Das gesamte Jahr stand für mich also im Zeichen der Tour de France. Monatelang bereitete ich mich auf dieses Rennen vor. Ich ordnete ihm alles unter. Ich wusste, dass ich bereits einen guten Einstand gefeiert hatte. Doch dieses Mal hatten mich auch noch die anderen Fahrer im Visier. Unter diesen Bedingungen war es umso schwerer, meine Leistung zu halten. Das harte Training, das ich absolvierte, war auch nötig, denn die Tour de France 1997 war nicht einfach nur eine weitere Tour de France. Sie war wahnwitzig schwer. In diesem Jahr hatten sich die Organisatoren ein paar ganz besondere Gemeinheiten ausgedacht. Eine Etappe führte über 242 Kilometer mitten durch die Pyrenäen – das waren sieben qualvolle Stunden, die einen an das Limit des Menschenmöglichen brachten. Und als wäre das nicht schon schlimm genug, bescherte uns der Wettergott auch noch einen scheußlichen Rahmen für die Quälerei. Es war kalt. Es war nass. Und es war nebelig. Und immer wieder kam es zu orkanartigen Windböen auf der Strecke. Und dennoch: Der Start verlief ganz so, wie wir uns das wünschten. Wieder fuhren Bjarne und ich entspannt im vorderen Feld mit. Doch erst auf der neunten Etappe sollte etwas passieren, was alles veränderte.

Als wir am 14. Juli 1997 aus dem Hotel traten, spürten wir gleich, dass diese Etappe keine Etappe wie jede andere würde. Heute war ein besonderer Tag. Sämtliche Straßen waren mit der Trikolore geschmückt. Egal, wo wir waren, alles leuchtete in den französischen Nationalfarben: Blau-Weiß-Rot. Und auch als wir mit unserem Mannschaftswagen den Startpunkt erreichten, spürten wir, dass eine ganz eigene Atomsphäre vorherrschte. Heute war der französische Nationalfeiertag. Und die Franzosen nahmen das sehr ernst. Wir konnten uns also darauf einstellen, dass wir im Peloton sehr scharfe Konkurrenz von den französischen Fahrern bekommen würden. Man erwartete regelrecht von ihnen, dass sie das Rennen gewinnen würden. Alles andere wäre für sie eine Schande gewesen.

Aber bei allem Respekt für den französischen Nationalstolz: Wir dachten ja gar nicht daran, hier und jetzt klein beizugeben.

Ich fühlte mich in guter Form, als das Rennen begann. Wie wir es vermutet hatten, bauten die Franzosen schnell einen ungeheuren Druck auf. Besonders ehrgeizig war Richard Virenque. Virenque war ein exzellenter Kletterer und die Etappe war wie für ihn gemacht. Es gab gleich vier anspruchsvolle Anstiege. Darunter auch der Tourmalet. Einer der meistberüchtigten Pyrenäen-Pässe der gesamten Tour de France. Virenque bestieg die Berge mit einer spielerischen Leichtigkeit, aber ich war so fit, dass es mir nicht schwerfiel, ihm auf den Fersen zu bleiben. Ich konnte locker mithalten. Immer wieder versuchte er, mir davon zu sprinten. Aber es gelang ihm nicht. Der Zweikampf mit Virenque wurde besonders leidenschaftlich wahrgenommen. Kein Wunder, Virenque war der absolute Liebling der Franzosen. Sie liebten seinen aggressiven und offensiven Fahrstil, mit dem er regelmäßig für Spektakel bei den Fahrten sorgte. Schließlich erreichten wir den letzten Pass des Tages.

Als ich mich umdrehte, sah ich, dass Bjarne Probleme hatte hinterherzukommen. Ihm ging die Puste aus. Ich war mir unsicher, was ich jetzt machen sollte. Ich fühlte mich kräftig genug, ganz vorne mitzuhalten. Ich könnte Virenque nicht nur einholen, dachte ich, ich könnte mich in einem Angriff kurz vor der Ziellinie vielleicht sogar noch gegen ihn durchsetzen. Auf der anderen Seite war Bjarne noch immer unser Kapitän. Und ich konnte mich nicht einfach so über ihn hinwegsetzen. Wir waren ein Team. Und ich war Bjarnes Helfer. Ich rang ein paar Sekunden mit mir. Dann traf ich eine Entscheidung. Ich beteiligte mich nicht an der Führung in der Hoffnung, dass Bjarne wieder aufschließen würde. Aber das gelang ihm nicht. Als wir am Ziel angekommen waren, war Bjarne merkwürdig zurückhaltend. Er wirkte noch nachdenklicher als sonst.

Ich kam auf ihn zu. »Ist alles in Ordnung?«, fragte ich ihn.

»Ja«, sagte er abwesend. Es schien mir, als würde er irgendwas mit sich selbst ausmachen. Was das war, sollte ich erst am nächsten Tag erfahren.

Ich atmete tief durch. Noch immer hatte ich das Gefühl, in absoluter Bestform zu sein, aber vor dieser Etappe hatte ich wirklich Respekt. Wir fuhren gerade den mit Abstand schwierigsten Abschnitt der gesamten Tour. Uns trennten 252,5 Kilometer und fünf steile Berge von der Ziellinie. Schon der Gedanke, diese Strecke fahren zu müssen, sorgte seit Tagen für Anspannung bei mir. Das Team Telekom fuhr noch immer im vorderen Feld mit und alle Welt wartete darauf, dass wir endlich auf Angriffsmodus schalteten. Wir waren gut genug dafür. Wir hatten uns bisher nur noch nicht richtig nach vorne gewagt. Heute war die perfekte Gelegenheit dazu. Eine solche Etappe setzte ja nicht bloß uns, sondern auch den anderen Fahrern zu. Wenn wir es schaffen sollten, uns hier abzusetzen, dann würden wir einen guten Vorsprung aufbauen können.

Aber Bjarne machte noch keine Anstalten zu attackieren. Da wir uns passiv verhielten, versuchten die anderen Fahrer, an uns vorbeizuziehen. Wir zogen mit. Wir schafften es, das Feld zusammenzuhalten. Schließlich erreichten wir den letzten Anstieg. In unserem Feld waren noch etwa dreißig Fahrer. Am Fuß des Berges setzte ich mich neben Bjarne.

»Wie gehen wir vor?«, fragte ich ihn.

»Wenn wir das hier noch gewinnen wollen, dann müssen wir jetzt angreifen.« Ich teilte seine Einschätzung. Das hier, das war die beste Gelegenheit. »Aber wie?«, fragte ich ihn. »Soll ich Tempo machen und du greifst an?«

Bjarne antwortete nicht direkt. Wir fuhren ein paar Meter schweigend nebeneinander. »Nein«, sagte er dann schließlich. »Du greifst an.«

Ich verstand nicht, was er meinte. Bjarne war der Kapitän. Er musste vorausfahren. Ich konnte ja nicht einfach ohne ihn fahren.

»Das ist deine Gelegenheit«, sagte Bjarne kühl und überlegt. »Nutz sie!«

»Bist du dir sicher?«, fragte ich noch einmal nach.

»Seit gestern schon, Jan.«

Erst langsam realisierte ich, was dieses Gespräch gerade bedeutete. Bjarne übergab mir die Führung. Er hatte wohl gemerkt, dass ich die besseren Chancen hatte, dieses Rennen zu gewinnen, als er. Also überließ er mir die Bahn. Das hätte er nicht tun müssen. Er war unser Kapitän. Und er wusste genau, dass ich loyal war und ihn stützte, wo ich konnte. Schließlich war das mein Job. Ich war Bjarnes Edelhelfer. Er war der große Star. Ich nur der Nachwuchsfahrer.

»Jan«, setzte er noch einmal nach, als er merkte, dass ich zögerte. »Greif endlich an.« Als auch unser Teamleiter Walter Godefroot mich vom Mannschaftswagen aus ermutigte, atmete ich noch einmal tief durch. Dann trat ich in die Pedale. Es ging hoch nach Andorra. Der erste Part des Berges war steil. Ich wollte mit hohem Tempo fahren, um zu sehen, ob Bjarne mithalten konnte. An einer besonders steilen Passage schaute ich mich um und sah, dass ich gute zehn Meter Vorsprung hatte. Ich nahm allen Mut zusammen und probierte mein Glück in einer Flucht. Ich entschied mich, alles zu geben, was in mir steckte. Und es gelang mir, einen Vorsprung rauszufahren. Ich hatte alle abgehängt. Pantani und Virenque kamen nicht hinterher. Ich fuhr nun an der Spitze. Allerdings machte ich mir nichts vor. Ich wusste, dass ich noch zwölf Kilometer vor mir hatte. Und ich war diese Strecke noch nie gefahren. Ich kannte sie also nur theoretisch. Es konnte noch alles Mögliche passieren.

Der Anstieg war hart. Er war verdammt hart. Ich litt bei jedem einzelnen Tritt. Mein ganzer Körper rebellierte. Ich kämpfte jeden Meter an der Schmerzgrenze. Aber ich ließ mich nicht beirren. Ich biss mir auf die Zähne und machte weiter. Ich wollte meinen Vorsprung nicht verspielen. Bei jedem Tritt wurde ich paranoider. Ich drehte mich immer wieder um. Wo blieben die anderen? Ich rechnete damit, dass Pantani in jedem Moment mit einer irren Geschwindigkeit an mir vorbeizöge.

Aber es passierte nicht. Niemand kam. Ich fuhr weiter. Langsam holte unser Teamwagen zu mir auf.

»Schau nach vorne, Jan«, rief Walter Godefroot mir zu. »Immer nur nach vorne. Du hast einen guten Abstand.«

Der Anstieg schien kein Ende zu nehmen. Ich hatte das Gefühl, dass mein Körper kurz davor war zusammenzubrechen. Kann ich das wirklich schaffen? Die Stimmen in meinem Kopf wurden immer lauter. Die wilde Gebirgslandschaft kam mir vor, als wäre sie einem Albtraum entsprungen. Ich erinnerte mich an Geschichten von anderen Fahrern. Es gab die Geschichten von Fahrern, die sich vor Schmerzen so stark auf die Zähne bissen, dass sie nach der Tour beinahe ihr gesamtes Gebiss überbrücken lassen mussten. Ich fuhr weiter. Der Schweiß lief mir von der Stirn. Mein Herz raste. Ich hatte das Gefühl, dass ich kaum vorankam. Mein Rad schien regelrecht in dem grobkörnigen Asphalt zu versickern. So als würde ich durch Treibsand fahren. Es kostete mich eine unglaubliche Kraft, es voranzutreiben. Aber es ging weiter. Stück für Stück.

Und dann endlich sah ich ihn. Ein über der Straße gespannter roter Lappen. Er zeigte mir an, dass nur noch ein Kilometer vor mir lag. Ich weiß nicht, welche Energiereserven mein Körper plötzlich freisetzte, aber die Perspektive, dass die Schmerzen gleich ein Ende haben würden, machte etwas mit mir. Ich fühlte mich befreit. Ich mobilisierte meine letzten Kräfte, gab noch einmal alles und trat in die Pedale. Vor mir sah ich die Ziellinie. Ich riss die Arme in die Höhe und überquerte sie.

Ich war durch.

Keinen einzigen Meter hätte ich mehr fahren können. Ich setzte mich auf den Boden und trank eine Wasserflasche aus. Ich hatte es geschafft. Ich hatte die Etappe gewonnen. Mehr noch. Mein Vorsprung war so groß, dass ich plötzlich im Gesamtklassement in Führung lag. Ich hatte das Gelbe Trikot erobert. Als erster Deutscher seit 19 Jahren.

Was für ein Triumph.

Von diesem Moment an veränderte sich alles. Mit dem Gelben Trikot zu fahren, war eine ganz besondere Herausforderung. Ich erinnerte mich an mein zweites Jahr bei den Amateuren zurück. Wieder war ich der Gejagte. Zusätzlich lastete noch die Verantwortung auf meinen Schultern, unser Team anzuleiten. Erst jetzt wurde es mir bewusst, was für eine Leistung es von Bjarne im vergangenen Jahr gewesen war, das Team so zu motivieren, wie er es getan hatte. Er hatte es geschafft, alleine durch seine Präsenz und seinen Siegeswillen alle mitzuziehen. Ich kannte mich gut genug, um zu wissen, dass ich so etwas nicht konnte. Mir fehlte die Breitbeinigkeit, mich vor mein Team zu stellen und einzufordern, dass sie für mich fahren sollten.

Dennoch passierte etwas Ungewöhnliches. Sie taten es trotzdem. Einfach, weil sie an mich glaubten. Und vielleicht auch, weil sie mich mochten. Und ganz bestimmt auch, weil Bjarne mich unterstützte. Er gab seine Erfahrung an mich weiter. Ich lernte jeden Tag von ihm. Ich musste keine großen Motivationsreden halten. Mein Erfolg reichte, die anderen mitzuziehen.

Und ich konnte ihn beibehalten. Auf der zwölften Etappe in Saint-Étienne stand ein Zeitfahren an. Die Strecke war zu Beginn für wenige Kilometer recht flach, dann begann der Anstieg auf den Col de la Croix de Chaubouret, um dann bergabwärts ins Ziel zu führen. Auf 55 Kilometer war sie bemessen. Ich überlegte, die Strecke mit zwei verschiedenen Rädern zu fahren. Eine ungewöhnliche Entscheidung, denn normalerweise wurden für diese Strecken immer nur Zeitfahrmaschinen verwendet. Das waren Rennräder, die aerodynamisch so perfektioniert waren, dass man mit ihnen noch einmal deutlich Geschwindigkeit rausholen konnte. Ich griff dennoch zunächst auf ein leichtes Rad zurück, das ich gerne in den Bergen verwendete. Ich hatte das Gefühl, dass ich beim Aufstieg besser damit zurechtkäme.

Auf der Anhöhe war ich hochkonzentriert und behielt die Nerven. Ich trat in die Pedale und erklomm den Col de la Croix de Chaubouret. Unser Begleitfahrzeug fuhr hinter mir her. Als ich oben angekommen war, sprang ich von meinem Rad ab. Der Teamwagen hielt an, unsere Mechaniker sprangen heraus, knallten die Tür zu und zogen meine Zeitfahrmaschine vom Dach des Wagens. »Schnell, schnell, schnell«, feuerten sie sich gegenseitig an.

Wir alle wussten, dass es hier um Sekunden ging. Ich sprang auf das Rad und fuhr weiter. Ich war erleichtert, dass ich noch immer die Bestzeit hatte. Plötzlich erblickte ich einige Motorräder und Autos vor mir. Verdammt, dachte ich, das war der Begleittross von Virenque. Er war genau drei Minuten vor mir gestartet. Und ich war kurz davor, ihn einzuholen. Der Fahrtwind blies mir ins Gesicht. Drei Minuten zu Virenque gut zu machen, das hätte ich nicht für möglich gehalten. Das motivierte mich noch einmal extra. Ich verlagerte mein Gewicht nach vorne und trat weiter in die Pedale. Ich kam dem Virenque-Tross immer näher. Ich spürte, wie mein Puls beschleunigte. Ich gab bis zur Ziellinie alles. Ich wechselte jetzt komplett in den Angriffsmodus. Ich legte einen Sprint hin und schloss immer näher und näher zu Virenque auf.

Er drehte sich um und beschleunigte ebenfalls, als er mich sah. Er kämpfte wie verrückt. Ich hing ihm an seinem Hinterreifen. Aber ich wollte es unbedingt wissen. Ich mobilisierte alle Kräfte, die ich hatte, trat in die Pedale und rauschte schließlich an ihm vorbei. Der Jubel im Ziel war ohrenbetäubend.

Die Ergebnisse sprachen für sich. Virenque wurde Zweiter. Mit drei Minuten und vier Sekunden Rückstand. Es waren Momente wie diese, die eine solche Euphorie auslösten, dass beinahe alles möglich schien.

Am Abend erreichten wir das Hotel. Ein kleines rustikales Haus. Wie gewohnt war schon alles vorbereitet. Im Aufzug hing neben jedem Stockwerk ein Zettel mit den Namen der Fahrer, die dort untergebracht waren. Als der Aufzug in der dritten Etage anhielt, stieg ich aus und folgte den Pfeilen, die auf dem Boden auslagen. Man mag sich das kaum vorstellen, aber die Teams machten es uns so einfach wie nur irgendwie möglich. Nicht ohne Grund. Schon nach der ersten Woche der Tour stößt man nicht bloß an seine körperlichen, sondern auch an seine geistigen Grenzen. Man ist nach einem Rennen einfach so ausgelaugt, dass man nicht mehr klar denken kann. Man schaltet auf Autopilot. Die einfachsten Dinge fallen einem plötzlich ungeheuer schwer.

Ich stellte meinen Koffer in die Ecke, holte die Klamotten für den nächsten Tag heraus und legte sie mir zurecht. Bei einer Tour muss alles wahnsinnig schnell gehen. Darum bereitet man alles so gut vor, wie es nur irgendwie geht. Es gab Tage, da habe ich sogar die Zahnpasta schon am Abend auf die Zahnbürste geschmiert, damit ich mir am nächsten Morgen ein paar wertvolle Sekunden sparen konnte.

Doch in der letzten Phase der Tour schien plötzlich alles wieder auf der Kippe zu stehen. Ich kam abends in mein Hotelzimmer und ließ mich gleich auf mein Bett fallen. Ich spürte, dass es mir ganz und gar nicht gut ging. Ich hatte versucht, das bei den Rennen der letzten Tage einfach auszublenden. Täglich verteidigten wir das gelbe Trikot. Doch ich merkte, dass ich angeschlagen war. Bei der letzten Flachetappe konnte ich das noch überspielen, aber jetzt, als ich ein paar Minuten Ruhe hatte, war es mir erst recht nicht mehr möglich, zu übersehen, wie miserabel es mir ging. Ich begann zu husten. Und ich konnte gar nicht mehr aufhören. Ich bekam einen regelrechten Anfall. Meine Lunge brannte.

Ich klopfte mir auf die Brust. Dann packte mich der nächste Anfall.

Das war nicht nur eine einfache Erkältung. Ich hatte mir eine richtige Bronchitis eingefangen. Ich fing an zu schwitzen. Nein, nein, nein, dachte ich. Das darf doch nicht wahr sein. Ich konnte das jetzt überhaupt nicht gebrauchen. Was sollte ich nur tun?

Ich griff zum Telefon und rief unseren sportlichen Leiter Rudy Pevenage an. Er schickte mir sofort einen Arzt ins Zimmer. Der

Arzt tat, was er konnte, verpasste mir eine Vitamin-Kur. Aber so richtig fit wurde ich trotzdem nicht.

»Um ehrlich zu sein, gibt es nur eine Behandlung, die jetzt noch so richtig helfen könnte«, sagte der Arzt und zog eine Augenbraue hoch.

»Egal was – ich mache es«, sagte ich in meiner Verzweiflung. Ich wollte einfach nur fit sein. Ich wollte einfach nur die Tour weiterfahren.

»Normalerweise würde ich sagen: drei Tage Bettruhe. Aber na ja, das wird wohl nicht gehen. Versuch wenigstens gut zu schlafen.«

Ich vergrub mein Gesicht in meinen Händen. Völlig ausgeschlossen. Ich würde weiterfahren. Selbst mit hohem Fieber hätte man mich nicht mehr von meinem Rad bekommen.

»Ich versuche da mal was«, sagte Rudy, der neben mir stand. »Ich bin gleich wieder da.« Er verließ mein Zimmer. Ich blieb in meinem Bett zurück und hustete mir die Lunge aus dem Leib.

Nach einer halben Stunde kam er wieder zurück.

»Und?«, fragte ich.

»Ich habe ein wenig herumtelefoniert«, sagte er. »Wir haben eine Allianz geschlossen ...«

»Eine Allianz?«

»Eine Zweckallianz für einen Tag. Ich habe mit Banesto gesprochen.« Banesto war ein spanisches Team, das ebenfalls gut mithalten konnte. Banesto hatte ein großes Interesse daran, dass ihr Kapitän Abraham Olano auf den dritten Platz kam. Wir wiederum wollten unser Gelbes Trikot retten. Also versprachen wir uns, dass wir versuchen würden, gegenseitig das Feld zusammenzuhalten. Zumindest für einen Tag. Ich brauchte jede Unterstützung, die ich kriegen konnte. Denn auch mit Bjarne konnte ich nicht rechnen. Er lag in seinem Hotelzimmer und litt unter schweren Magenproblemen.

»Und jetzt versuch, zumindest etwas zu schlafen«, sagte Rudy. Ich schaute auf die Uhr. Es war bereits halb eins.

Als ich am nächsten Morgen auf dem Rad saß, ging es mir miserabel. Ich hatte kaum geschlafen, musste ständig husten und spürte, wie schwach ich doch war. Und auch die Strecke, die vor uns lag, war alles andere als gemütlich. Zwar lagen die ganz großen Bergpassagen glücklicherweise hinter mir. Aber die Etappe über die Vogesen hielt dennoch einige Tücken bereit. Die mittelschweren Etappen sind wahnsinnig schwierig zu kontrollieren. Hier trauten sich mehr Fahrer, einmal auszureißen, was es für mich wahnsinnig schwer machen würde. Meine Befürchtungen wurden wahr. Es wurde viel attackiert. Ich stieß an meine Grenzen. Ich war zu schwach, um aufzuholen. Immer wieder versuchte ich einen Sprint. Aber ich musste abbrechen. Meine Lungen machten das einfach nicht mit. Ich musste reißen lassen und konnte der Spitzengruppe nicht mehr folgen.

Neben mir fuhren Bjarne, Udo Bölts und Jens Heppner. Sie sprachen mir gut zu. »Komm schon, Jan, wir können das schaffen. Wir holen sie ein. Gib uns nur ein Signal und wir geben das Tempo vor.«

Ich zögerte. Ich wusste wirklich nicht, ob mein Körper in der Lage war, noch ein solches Aufholmanöver zu starten. Für mich schien es eine absolut realistische Option zu sein, dass ich einfach umkippte. Ich war einfach komplett am Ende meiner Kräfte. Aber ich wusste auch, dass der menschliche Körper zu Dingen fähig war, die man ihm nicht zutraute. Also gut, dachte ich. Wagen wir es. Bjarne, Udo und Heppe gaben das Tempo vor, ich folgte ihnen im Windschatten. Jeder Tritt in die Pedale war wie

Folter. Aber ich versuchte, alles auszublenden. Ich schaute nur auf die Strecke vor mich. Ich war wie in einem Tunnel.

»Gleich haben wir sie«, hörte ich Heppe rufen.

Ich schaute auf. Tatsächlich. Wir hatten es geschafft. Wir hatten wieder zu Virenque aufgeschlossen. Mir fiel ein Stein vom Herzen.

Wir erreichten den Grand Ballon, den höchsten Gipfel der Vogesen. Ich war so benebelt, dass ich überhaupt nicht mitbekam, was um mich herum passierte. Ich hatte nur die Strecke im Blick. Sonst gar nichts. Ich bekam nicht einmal mit, dass meine beiden Brüder Stefan und Thomas an der Absperrung standen und mich laut anfeuerten.

Schließlich lag die letzte große Anhöhe vor uns. Wir befanden uns in einem Feld mit rund 25 Fahrern. Virenque fuhr ganz vorne mit. Der Pass gab mir den Rest. Immer wieder wurde mir schwarz vor Augen. Ich dachte, ich würde jeden Moment umkippen. Manchmal biss ich mir auf die Lippe, nur um nicht ohnmächtig zu werden.

Bjarne und Heppe waren mittlerweile wieder zurückgefallen. Nur Udo Bölts fuhr von meinen Teamkollegen noch neben mir. Immer wieder bat ich ihn, etwas langsamer zu fahren. Ich hatte einfach keine Energie mehr.

»Verdammt, Jan, jetzt lass nicht nach«, brüllte er mich an.

»Komm schon, komm schon, komm schon«, motivierte er mich.

»Wir sind fast im Ziel.«

Ich nahm kaum etwas von dem wahr, was er da sagte, ich hörte seine Stimme nur noch seltsam verzerrt, vor meinen Augen verschwamm alles, ich sah die Straße vor mir und blendete alles andere aus. Meine Lunge pfiff. Ich war in einem fiebrig-dämmrigen Zustand. Ich hatte das Gefühl, als würde ich jedes Organ einzeln spüren.

»Ich kann nicht mehr ...« nuschelte ich vor mich hin, trat aber dennoch weiter in die Pedale.

Udo ließ nicht nach. Er fuhr direkt neben mir und brüllte mich immer weiter an. »Jan! Du musst dich quälen. Na los! Komm schon! Quäl dich!«, rief er, »Quäl dich, du Sau!« Auch wenn seine Worte sich mit meinen fiebrigen Fantasien vermengten, zeigten sie Wirkung. Ich kam ins Ziel. Und ich behielt mein Gelbes Trikot. Als ich die Zielgerade überquerte hatte, fiel ich regelrecht vom Rad. Meine Teamkollegen fingen mich auf. Sie schleppten mich noch zur Siegerehrung, trugen mich dann in den Wagen und fuhren mich direkt zum Hotel, wo ich bis zum nächsten Morgen einfach durchschlief.

Nur einmal wachte ich auf und jammerte. »Ich bin so tot«, stöhnte ich.

Mein Zimmergenosse Heppe ließ sich davon nicht beeindrucken. »Stell dich nicht so an«, sagte er. »Wir sind alle müde.« Typisch Heppe. Sein trockener Humor ließ keinen Platz für Mitleid.

Ich zog mir mein Kissen über den Kopf und schlief weiter.

Doch die Quälerei hatte sich gelohnt. Man konnte mich nicht mehr einholen. Bei der vorletzten Etappe, dem Zeitfahren in Disneyland, gab ich noch einmal alles. Ich wurde Zweiter. Mit einem Vorsprung von neun Minuten und neun Sekunden in der Gesamtwertung war mein Schicksal besiegelt. Ich hatte es geschafft, mein Gelbes Trikot zu verteidigen. Ich hatte die Tour de France gewonnen.

Es war ein Gefühl, das sich nicht mit Worten beschreiben lässt. Es war absolutes Glück. Eine ungeheure Erleichterung. Wie schon im letzten Jahr bog ich auf die Champs-Élysées ein und war überwältigt von dieser ungeheuren Masse an Menschen, die sich hier eingefunden hatte. Während im letzten Jahr zahlreiche dänisches Flaggen wehten, prägte nun Schwarz-Rot-Gold das Bild. Waren all diese Leute wirklich nur für mich gekommen? Ich hatte Tränen in den Augen, als ich hörte, wie die Menschen meinen Namen riefen. Es fühlte sich so unwirklich an. Wie ein Traum. Hunderttausende von Menschen hatten sich hier versammelt. Es war eine einzige große Party. Meine Gefühle überwältigten mich. Da war der Stolz, dass ich die Tour nicht bloß überstanden, sondern auch noch gewonnen hatte. Da war die Erleichterung, dass die Strapazen nun endlich ein Ende finden würden. Und irgendwo ganz tief in meinem Hinterkopf, da war mir auch die historische Dimension dieses Erfolges bewusst. Ich war tatsächlich der erste deutsche Radsportler, der die Tour de France gewonnen hatte.

Was ich in dieser Zeit gelernt habe:

Der Sieg der Tour de France war wahrscheinlich die größte sportliche Leistung meines Lebens. Aber sie war nicht alleine meine Leistung. Es war die Leistung meines gesamten Teams. Ohne meine Mitstreiter hätte ich die Tour nicht gewinnen können. Hätte Bjarne seine eigenen Ambitionen nicht zurückgesteckt und mich zum Kapitän gemacht, dann hätte ich es nicht geschafft, mir den Toursieg zu holen. Hätte Udo mich nicht über die Ziellinie gepeitscht, dann hätte ich es auch nicht geschafft. Und von den vielen Helfern auf und neben der Strecke ganz zu schweigen. Alle Siege, die wir im Leben erreichen, sind am Ende des Tages Teamleistungen. Ganz alleine aus sich heraus kann der Mensch keine außerordentlichen Leistungen erbringen. Wir sind auf andere angewiesen. Und wir sind darauf angewiesen, dass sie uns im richtigen Moment unterstützen. Dass sie Fair Play spielen und bereit sind, auch für einen anderen Menschen einmal ihr eigenes Ego zurückzustellen.

Fair Play ist ein Geben und Nehmen. Wenn du dich in deinem Leben sportlich und fair gegenüber anderen verhältst, kannst du auch damit rechnen, dass sich andere Menschen dir gegenüber sportlich und fair verhalten. Ich war nie ein großer Redner, ich war nie ein großer Motivator, so wie Bjarne. Dennoch hat mich das Team als neuen Kapitän akzeptiert und bedingungslos unterstützt. Ich glaube, das haben sie getan, weil sie wussten, dass ich ebenfalls alle anderen immer bedingungslos unterstützt habe. Das ist der Inbegriff des Fair Play.

Nur wer fair spielt, kann auch ein faires Spiel erwarten. Wer hilft, dem wird auch geholfen. Das ist zumindest meine Erfahrung, denn mein Verhalten wurde immer honoriert. Mal früher. Mal später.

Vom Glück verlassen

Es war der 27. Juli 1998. Ich legte meinen Kopf in den Nacken und bestaunte das gewaltige Bergmassiv, das sich vor mir aufbaute. Hier waren wir nun also: am Fuß des Galibier. Der Galibier ist nicht einfach nur ein Berg. Er ist ein Mythos, der sehr eng mit der Geschichte der Tour de France verknüpft ist. An diesem Ort haben sich so viele Dramen abgespielt, dass sie ganze Bücher füllen könnten, besonders wenn man sich in Erinnerung rief, was hier so alles passiert war. Der Gründer der Tour, Henri Desgrange, sorgte höchstpersönlich dafür, dass die Fahrer diesen Teufelsberg erklimmen mussten, wo die Temperaturen unter null sanken und der Sauerstoff knapp wurde. Er war fasziniert von dem Berg, neben dem alle anderen Gebirge als »kleine Hügel« verblassen würden, wie er damals schrieb. Der Tour-Sieger 1911, Gustave Garrigou, hat Desgrange als »Bandit!« beschimpft, weil der Berg ihn mehr interessierte als die Fahrer, die ihn nur unter den größten Strapazen bewältigen konnten. Im Laufe der Jahre haben die Fahrer dem Berg viele Namen gegeben. »Monument der Tour« und »Gigant« waren die freundlichsten, »Monster-Berg« der wohl zutreffendste.

1932 etwa fuhr der spätere Etappensieger André Leducq ohne Handschuhe über den Alpenriesen. Die Wetterbedingungen waren schlecht. Ein Schneesturm tobte und Leducq verlor einen

Finger. 1935 sorgte das »Monster« Galibier auch für den ersten Toten bei der Tour: Der Spanier Francisco Cepeda kam bei der Abfahrt vom Galibier von der Straße ab, stürzt in eine Schlucht und starb wenig später in einem Krankenhaus.

All das hatten wir im Hinterkopf, als ich neben Bjarne und Udo den Galibier erklomm. Ich hatte bislang eine wirklich gute Tour hinter mir. Aber an diesem Tag war ich nicht so richtig auf der Höhe. Schon kurz nachdem wir losgefahren waren, bekam ich wahnsinnigen Hunger. Ich nahm einen Powerriegel und trank einen Elektrolyse-Drink. In der Regel kam ich damit durch. Aber dieses Mal nicht. Ich hatte noch immer Hunger. Das war ungewöhnlich. Ich bat Udo, mir noch etwas zu essen zu bringen. Als ich auf dem Berg angekommen war, hatte ich schon meine gesamte Tagesration verbraucht. Ich machte mir darüber keine großen Gedanken. Ich fühlte mich trotzdem gut.

Etwa zehn Kilometer unter der Passhöhe bekamen wir ein wenig Gegenwind. Luc Leblanc griff an. Der französische Weltmeister von 1994 fuhr an mir vorbei. Kaum hatte ich das realisiert, folgten auch schon Fernando Escartín und Michael Boogerd. Die drei legten einen starken Sprint hin. Das kann ich nicht hinnehmen, dachte ich. Wenn ich nicht direkt nachzog, bestand die Gefahr, dass die drei einen ordentlichen Abstand aufbauen konnten. Besonders in den Bergen war es gefährlich, einen Rückstand einzufahren – man holte ihn schwer wieder auf. Ich trat in die Pedale und folgte den beiden, so schnell ich nur konnte. Es fiel mir nicht schwer. Selbst bei den steilsten Anstiegen blieb ich locker im Sattel sitzen, während die anderen sich im Stehen die Anhöhe hochkämpften. Ich fühlte mich selbstsicher. Zwar verlor ich bei der Verfolgung meine beiden

Helfer, die nicht mehr mithalten konnten, aber ich hatte das Gefühl, dass ich das Rennen auch alleine gut zu Ende bringen würde. Es dauerte ein paar Minuten, dann hatte ich wieder aufgeschlossen. Aber ich hatte mich zu früh gefreut. Denn plötzlich schoss Pantani an mir vorbei. Der Teufelskerl, dachte ich mir. Er hatte sich die ganze Zeit zurückgehalten und mir zugesehen, wie ich mich bei der Verfolgung von Escartín und Boogerd schön verausgabt hatte, nur um jetzt an mir vorbeizurauschen. Pantani war mir immer ein Rätsel gewesen. Er war ein kleiner, schüchterner Italiener mit dunklen Augen. Es gab Tage, da avancierte er zum besten Kletterer des Planeten. Und dann gab es wiederum Tage, da tauchte er im Peloton unter und man nahm ihn gar nicht richtig wahr. Jemand sagte mal, dass Pantani eine Mischung aus Künstler und Killer wäre. Das traf es ganz gut. Denn genau in diesem Moment hatte er seine Killerinstinkte mal wieder unter Beweis gestellt.

Ich dachte kurz nach, dann entschied ich mich, nicht direkt mitzugehen. Pantani lag in der Gesamtwertung noch immer drei Minuten hinter mir. Ich dachte, ich schließe einfach später wieder zu ihm auf. Dennoch war mir bewusst, dass Pantani der einzige Fahrer war, der mir bei dieser Tour noch wirklich gefährlich werden konnte. Ich spürte schon wieder diesen Hunger, aber ich verdrängte ihn. Ich hatte gerade andere Probleme. Die Kälte hatte mir schon unangenehm zugesetzt. Jetzt begann es auch noch zu regnen. Aber das war kein normaler, sondern ein fieser Eisregen. Ich war innerhalb von wenigen Minuten komplett durchnässt. Pantani hielt an und zog sich seine Jacke über. Ich wollte die verlorene Zeit aufholen und verzichtete. Ich lag zwei Minuten und fünfzig Sekunden hinter ihm. Ich raste die Abfahrt hinunter. Mir war so kalt, dass mein ganzer Körper zitterte. Der Lenker schlenkerte hin und her. Bloß nicht die Kontrolle verlieren, sprach ich mir gut zu. Ich musste unbedingt aufholen. Doch als ich endlich die Ebene erreichte, merkte ich, dass ich einen Platten hatte. Fluchend sprang ich vom Fahrrad und wartete, bis das Teamfahrzeug da war. Ich verlor weiter kostbare Zeit. Mein Körper zitterte. Ich war wie ein Getriebener. Ich musste weiter. Weiter. Weiter. Weiter. Schließlich schaffte ich es, noch ein wenig aufzuholen. Doch dann kam der letzte große Anstieg der Etappe. Ich trat in die Pedale und kam nicht mehr vorwärts. Ich schaltete die Gänge hoch, aber das half auch nichts. Was war nur los? Ich wurde immer langsamer. Immer mehr Fahrer zogen an mir vorbei. Es fühlte sich an, als hätte mich meine Kraft komplett verlassen. Ich hatte einen Hungerast. Mein Körper hatte kein bisschen Energie mehr. Meine Zuckervorräte waren komplett aufgebraucht. Nichts ging mehr. Mein Gehirn spielte mir Streiche. Vor meinen Augen verschwamm alles. Es war wie in einem bösen Traum. Ich war einfach am Ende.

Ich konnte mein Fahrrad nur noch in Zeitlupe voranbewegen. Ich verlor an diesem Tag neun Minuten. Neun Minuten, die mich den Sieg kosteten.

Ich hatte das Gefühl, das Glück hatte mich verlassen. Und es wurde noch schlimmer. Zwar war ich bei der Tour de France in der Gesamtwertung noch immer Zweiter geworden, aber in den Medien stand ich als der ganz große Verlierer da. Ich hatte es nicht geschafft, die übermenschlichen Erwartungen, die man in mich gesetzt hatte, zu erfüllen. Das ärgerte mich besonders, weil ich so kurz davor gewesen war, es zu schaffen. Eigentlich wusste ich, dass ich trotz allem eine Leistung erbracht hatte, auf die ich stolz sein konnte. Immerhin war ich erneut Zweiter geworden. Bei dem härtesten Rennen der Welt. Aber so richtig freuen konnte ich mich darüber nicht. Ich hatte vielmehr das Gefühl, dass sich die dunklen Wolken, die ich noch aus meiner Kindheit kannte, wieder über mein Leben legten.

Wieder begann ein sehr ungesunder Winter. Wieder versuchte ich mich im Frühjahr mit einem extra harten Training in Form zu zwingen. Noch krampfhafter als zuvor. Doch dieses Mal ging es schief.

Zur Vorbereitung nahm ich an der Deutschlandrundfahrt teil.

Und stürzte.

Als ich die Augen wieder öffnete, lag ich im Krankenhaus.

Neben mir saß Gaby und hielt meine Hand.

»Ach, Jan«, sagte sie, »was machst du denn nur für Sachen?«

Ich spürte, wie meine Knie schmerzten, wenn ich sie auch nur ein klein wenig anzog. Ich schaute zu dem Arzt, der neben mir stand. »Das war ein ordentlicher Sturz«, sagte er. »Der wird Sie noch einige Zeit schachmatt setzen.«

Ich schüttelte den Kopf. Was sollte das bedeuten? Einige Zeit? Ich hatte keine Zeit. Es war bereits Frühling. Im Sommer musste ich die Tour fahren.

»Das halte ich für ausgeschlossen«, sagte der Arzt.

»Nein, nein«, sagte ich. »Das kriege ich schon hin.«

Ich versuchte, aus dem Bett aufzustehen. Gaby wollte mich zurückhalten, aber ich hatte wirklich nicht vor, noch länger dort zu bleiben. Doch als ich mich aufrichtete, spürte ich nicht nur meine Knie, sondern auch meinen Kopf. Mir wurde schwindelig. Alles um mich herum begann sich zu drehen. Ich versuchte, Gabys Gesicht zu fixieren, aber es entglitt mir immer wieder. Ich strauchelte.

»Herr Ullrich, ganz vorsichtig«, sagte der Arzt, packte mich fest am Arm und half mir wieder ins Bett. »Ich sagte Ihnen doch: Das war ein ordentlicher Sturz. Sie haben sich eine schwere Gehirnerschütterung eingefangen. Bleiben Sie bitte erst mal liegen.«

Ich merkte, dass es keinen Sinn hatte, zu widersprechen, und legte mich wieder auf mein Krankenlager. »Je besser Sie sich ausruhen, desto schneller kommen Sie wieder nach Hause. Aber ich bitte Sie …, gönnen Sie Ihrem Körper eine Pause.«

Ich versuchte mir ein Lächeln abzuringen.

Nach ein paar Tagen ließ sich der Arzt darauf ein, dass ich wieder nach Hause durfte. Dort hielt ich es keine Stunde in meinem Bett aus. Dann sprang ich auf und ging in die Garage.

»Was hast du vor?«, fragte mich Gaby, als sie sah, wie ich schon wieder versuchte, aus dem Bett zu fliehen.

»Schatz, bitte. Du musst das verstehen. Ich muss trainieren.

Ich muss in Form kommen.«

Sie schüttelte den Kopf. »Jan«, sagte sie hart. »Ich habe immer Verständnis für dich gehabt. Das weißt du. Ich habe dich bei allem unterstützt. Aber ich flehe dich an: Gönn dir noch ein paar Tage Ruhe.« Ich setzte mich auf mein Fahrrad. Aber es gelang mir nicht aufzusteigen. Es war, als würde mein Nervenkostüm einfach runterfahren.

Das machte mich wahnsinnig. Ich dachte an meine Sponsoren. Sie waren immer wahnsinnig verständnisvoll gewesen, wenn es um meine schlechte Form im Winter ging. Sie vertrauten mir. Denn am Ende des Tages bezahlten sie mir viel Geld dafür, dass ich im Sommer schnell fahren sollte. Und jetzt bekam ich es nicht hin, im Sommer überhaupt zu fahren. Ich lag im Bett und machte mir fürchterliche Sorgen. Völlig umsonst. Beinahe jeden Tag rief entweder Rudy oder Wolfgang bei mir an, um mich zu beruhigen.

»Du bist ein Mensch«, sagten sie mir, »keine Maschine. Du hast dich verletzt. Das passiert. Alle, wirklich alle haben Verständnis.« Nach einiger Zeit versuchte ich dennoch, wieder ein Rennen zu fahren. Ich nahm an der Tour de Suisse teil. Aber es funktionierte nicht. Ich brach schon nach der ersten Etappe ab.

Wie schon Gaby redeten jetzt auch meine Berater auf mich ein, dass ich mir unbedingt genügend Zeit lassen sollte, mich wieder zu regenerieren. Aber auch wenn das logisch klang – in meinem Kopf türmten sich zahlreiche irrationale Ängste. Wenn ich nach einem verlorenen Winter jetzt auch noch einen verlorenen Sommer haben würde – vielleicht würde ich dann gar nicht mehr in Form kommen?

Irgendwann reichte es Gaby. »Weißt du was?«, sagte sie. »Wir fahren jetzt weg.«

Ich lag trübsinnig im Bett und schaute sie an. »Weg?«

»Ja, weg!«

»Und wohin?«

»Nach Österreich«, sagte sie. Ich war mir sicher, dass sie das gerade in diesem Moment spontan entschieden hatte.

»Und was machen wir in Österreich?«

»Wir spielen Golf.«

Ich musste lachen. »Also gut«, ließ ich mich auf das Spiel ein. »Dann fahren wir jetzt nach Österreich und spielen Golf.«

Wir stiegen in unser Auto und setzten die Idee einfach in die Tat um. Da ich nicht trainieren konnte, reisten wir ein wenig durch die Welt. Wir besuchten auch Bjarne in seinem Haus in der Toskana. Auch er war in diesem Jahr gestürzt und hatte sich verletzt, sodass er ebenfalls nicht an der Tour teilnehmen konnte. Wir fühlten uns in unseren Schicksalsschlägen verbunden.

»Weißt du, Jan«, sagte er. »Ich überlege, ganz zurückzutreten.«

»Wie meinst du das?«

»Na ja, was anderes zu tun. Meine beste Zeit liegt hinter mir, aber ich glaube, als Teammanager würde ich mich noch gut machen.« Ich hielt das für eine grandiose Idee. Bjarne war nicht nur ein hervorragender Motivator, er war auch ziemlich innovativ. Tatsächlich machte er seine Pläne im nächsten Jahr wahr und gründete ein eigenes Team.

So langsam ging es mir wieder besser, aber ich fand nicht mehr ordentlich ins Training. Ich hatte keine Motivation mehr. Einer unserer Teamärzte machte den Vorschlag, dass ich mal in die Schweiz fahren sollte. Da gebe es einen Hypnotiseur, der mir vielleicht helfen konnte. Ich zuckte mit den Schultern, setzte mich ins Auto und saß am nächsten Morgen bei dem älteren Herrn auf der Couch und schaute auf ein Pendel, das er zwischen seinen Fingern von links nach rechts gleiten ließ.

»Du bist motiviert. Du willst wieder auf ein Fahrrad steigen«, sagte der Mann mit schweizerdeutschem Akzent.

Das war merkwürdig. Aber es funktionierte. Ich bekam wieder Lust zu trainieren. Und ich kam schnell zurück in Form. Natürlich. Ich hatte ja das gesamte Training vor meinem Sturz noch in mir drinnen. Das war ja nicht umsonst gewesen. Es ließ sich abrufen. Ich hatte noch immer 27.000 Jahreskilometer in den Beinen. Ich musste nur meinen Kopf wieder frei bekommen. Und das war mir jetzt gelungen. Und zwar so gut, dass ich mich entschloss, zum Ende der Saison zumindest die Vuelta – eine der größten Rundfahrten der Welt – noch einmal mitzufahren. Bei den Spaniern hatte ich zu Beginn meiner Profikarriere eine ziemliche Niederlage einstecken müssen. Dieses Mal war es anders. Dieses Mal gewann ich das Rennen. Und wurde kurz darauf auch noch Zeitfahrweltmeister in Italien.

Was ich in dieser Zeit gelernt habe:

Zugegeben: Ich weiß nicht, ob es wirklich am Hypnotiseur lag, dass ich meine Motivation wiedergefunden habe. Heute glaube ich, dass es einfach gut war, einmal einen Schritt zurückzugehen, um künftig dann zwei große Schritte nach vorne machen zu können. Die Fähigkeit sich von Rückschlägen zu erholen, begründet sich auch darin, dass man einmal ganz zwangsläufig eine Pause verordnet bekommt. Dass man Abstand gewinnt. Durchatmen kann. Seinen Fokus neu ausrichtet. Das kann helfen, um gestärkt zurückzukommen. Das kann auch dabei helfen, neue Energie zu finden. Niemand mag es, aus einem laufenden Prozess herausgenommen zu werden. Es läuft ja alles. Aber erst wenn wir gezwungen werden, einmal eine andere Perspektive einzunehmen, sehen wir Dinge, die wir sonst vielleicht übersehen hätten. Ich glaube, ich hatte nach meinem Hungerast und der anschließenden Saison, in der ich mich verletzt habe, sehr viel mehr über mich selbst gelernt als je zuvor. Ich habe gelernt, besser auf die Warnsignale meines Körpers zu hören. Sie besser einschätzen zu können. Das sollte mir noch von enormen Vorteil sein. Und außerdem: Ich bin ja nicht wieder bei null gestartet. Eine Auszeit zu nehmen, heißt nicht, dass alles, was man bisher geleistet hatte, verloren geht. Im Gegenteil. Die Vorbereitungen, die man zuvor getroffen hat, sind nicht umsonst. Man kann auf ihnen aufbauen.

Ich hatte viele Rückschläge in meinem Leben – im Sport und im Privaten –, aber ich bin immer wiedergekommen, weil ich irgendwann meinen Ansatz gewechselt habe. Mir hat nie der Mut gefehlt, auch mal etwas anderes auszuprobieren.

III

RESILIENZ

Der Wartende

Ich fühlte mich bereit. Ich fühlte mich so bereit, wie schon lange nicht mehr. Ich hatte nichts zu verlieren, aber alles zu gewinnen. Vielleicht lag es daran, dass niemand mehr mit mir rechnete. Dass ich zum ersten Mal bei einer Tour de France nicht mehr als Favorit an den Start ging. Ich war jetzt nicht mehr der Gejagte. Das nahm viel Druck von meinen Schultern.

Es hatte sich etwas verändert in meinem Leben.

Nach einigen Wirrungen und Verwerfungen kam es zu der Trennung vom Team Telekom. In der Saison 2003 stand ich zum ersten Mal in dem mintgrünen Trikot von Bianchi an der Startlinie. Ich war in dieser Saison bereits ein paar Rennen gefahren, bei denen ich überzeugen konnte, dennoch hatte mich bei der Tour de France niemand mehr als ernsthaften Kandidaten für den Sieg auf dem Zettel. Gerade das war es, was mich so befreite.

Die letzten Jahre waren vor allem von einem ganz großen Konkurrenzkampf geprägt. Dem Kampf zwischen Lance Armstrong und mir. Lance Armstrong. Alle nannten ihn nur den »Cowboy«. Und das traf es ziemlich gut. Lance kam aus Texas und so trat er auch auf: breitbeinig und selbstbewusst. Dabei hatte er eine unglaubliche Lebensgeschichte, die mich wirklich tief berührte. Lance hatte eine aussichtsreiche Karriere im Radsport vor sich gehabt. Dann war er an Krebs erkrankt.

Die Bilder von ihm, wie er abgemagert nach einer Chemotherapie in seinem Krankenbett saß, gingen um die Welt. Niemand hätte zu diesem Zeitpunkt gedacht, dass er nicht bloß den Krebs besiegen, sondern eines der wahnwitzigsten Comebacks der Radsportgeschichte hinlegen würde. Als er 1999 zum ersten Mal wieder bei der Tour de France antrat, frisch genesen, da hatte man das Gefühl, dass er neugeboren wäre. Von der ersten Etappe an dominierte er das gesamte Feld. Mit einer nahezu lächerlichen Mühelosigkeit ließ er einfach alle anderen Fahrer hinter sich. Ein neuer Superstar war geboren. Lance Armstrong!

Armstrong fuhr, als wäre er nicht von dieser Welt. Es schien, als würde er die Berge regelrecht hochfliegen. Er erklomm die steilsten Pässe, ohne dass man ihm auch nur die geringste Anstrengung anmerken konnte. Ich hängte mich so gut ich konnte an meinen Konkurrenten. Doch ich war absolut chancenlos. In den letzten Jahren kam ich einfach nicht mehr an ihm vorbei. Ich musste mich wieder mit dem zweiten Platz begnügen, während er sich Tour für Tour den Sieg sicherte. In diesem Jahr aber hatte man mich nicht mehr als Konkurrenten für Lance auf dem Zettel.

Es war, als würde ich wieder von vorne beginnen. Als hätte ich die Leichtigkeit, die ich noch bei meinem ersten Rennen hatte. Dennoch war ich ehrgeizig. Ich wollte es allen beweisen. Dass niemand mehr an mich glaubte, gab mir Freiheit. Und ich hatte einen guten Start.

Die ersten fünf Etappen fuhr ich souverän. Wie gewohnt war Lance auch dieses Mal der ganz große Favorit. Er hatte in den letzten Jahren jede einzelne Tour gewonnen. Es gab niemanden, der ihm auch nur ansatzweise gefährlich werden konnte. Ich hatte vor, das wieder zu ändern. Allerdings geriet ich zu Beginn des Rennens selbst ins Straucheln. Als ich die fünfte Etappe hinter mich gebracht hatte, fühlte ich mich noch topfit und legte mich nach dem Essen früh ins Bett. Nach einer Stunde wachte ich wieder auf. Ich merkte, dass irgendwas nicht stimmte. Mein ganzer Körper zitterte. Ich schwitzte wie verrückt. Meine Laken waren nass. Was war nur los? Als ich mich vor einer Stunde ins Bett gelegt hatte, war doch noch alles gut gewesen, und jetzt fühlte ich mich, als müsste ich sterben. Das musste irgendeine Reaktion auf die Infusion sein. Ich rief Rudy an. Als er zu mir ins Zimmer kam, wurde er blass.

»Was ist denn mit dir passiert?«, fragte er und setzte sich zu mir ans Bett. »Soll ich einen Krankenwagen rufen?«

Ich schüttelte den Kopf. »Ich kriege das hin«, sagte ich. Er fasste mir an die Stirn. »Du brennst ja! Du hast hohes Fieber!«

Er rief die Ärzte. Die machten mir einen Wadenwickel und gaben mir fiebersenkende Medikamente. »So kannst du nicht fahren«, sagte Rudy.

»Doch«, hielt ich gegen. »Ich muss.«

»Das schaffst du nicht.«

»Ich muss ...«

Ich atmete schwer durch. Das konnte doch alles nicht wahr sein. Ich war doch auf einem so guten Weg. Und jetzt das! Aber ich hatte keine Wahl. Ich musste weitermachen. Aufgeben? Das war nicht drin. Als ich am nächsten Morgen aufwachte, sah ich alles um mich herum in einen merkwürdigen Nebel gehüllt. Ich war noch immer fiebrig. Mir war schlecht. Ich konnte mich kaum auf den Beinen halten. Dennoch setzte ich mich auf mein Rad und fuhr los. Ich wusste: Wenn ich heute ausfallen würde, dann hätte ich überhaupt keine Chance mehr. Mein Freund und Teamkamerad Tobias Steinhauser sollte mich unterstützen, bis ich ins Ziel kam. Bis ich irgendwie ins Ziel kam. Ich hatte ihn vor dem Rennen eingeweiht.

»Das ist völlig irre, dass du fährst.«

Ich antwortete ihm nicht. Ich konzentrierte mich nur darauf, nicht umzukippen. Mir war so verdammt schwindelig. Der Schleier über meinen Augen wollte einfach nicht verschwinden. Alles drehte sich.

»Steini«, sagte ich. »Ich weiß nicht, ob ich das packe.«

Meine Hände begannen zu zittern. Tobias ließ sich zu unserem Mannschaftswagen zurückfallen und besorgte mir zwei Paracetamol.

»Die helfen«, sagte er.

Ich schluckte sie weg. Wirklich besser ging es mir nicht. Aber ich brach zumindest nicht zusammen. Ich redete mir selber gut zu. Es waren nur noch ein paar Kilometer, dachte ich. Und es gab keinen nennenswerten Anstieg. Das würde ich schaffen. Ich atmete schwer durch und fuhr weiter. Ich weiß nicht genau, wie es mir gelang, aber irgendwie überquerte ich die Ziellinie. Wir ließen uns zurück ins Hotel fahren, wo ich in einen langen, festen Schlaf fiel.

Am nächsten Morgen erwartete uns glücklicherweise noch eine Flachetappe, erst übermorgen würde es wieder in die Berge gehen. Ich fühlte mich schon etwas besser, aber ich hatte noch immer Fieber. Ich wollte mir auf keinen Fall etwas anmerken lassen. Die Berganfahrten brachten mich an mein Limit. Aber es gelang mir trotzdem, gute Leistungen zu absolvieren. Nach einer Woche schließlich war ich wieder richtig fit. Ich hatte mich durchgebissen. Dass mir das gelungen war und ich trotz schwerer Krankheit mit recht passablen Zeiten ins Ziel gekommen war, beflügelte mich. Wenn ich es unter diesen Umständen schaffen würde, dachte ich, dann könnte ich im Vollbesitz meiner Kräfte wirklich alles reißen. Also ging ich in den Angriff über. Es gelang mir, immer deutlicher zu Lance aufzuschließen. Die Kommentatoren waren verblüfft. Damit hatte niemand mehr gerechnet. Ich hatte mich zurückgekämpft. Plötzlich spielte ich wieder ganz vorne mit. Ich war nicht mehr der Gejagte. Ich war wieder der Jäger. Und schließlich lag dann auch die letzte Bergetappe vor uns. Hier konnte sich nun alles entscheiden. Ich wusste, dass Lance die Gelegenheit nutzen würde, noch einmal alles zu geben und seinen Vorsprung weiter auszubauen. Aber ich hatte vor, ihn in den Pyrenäen-Pässen richtig zu attackieren. Vielleicht würde es mir sogar gelingen, in Führung zu gehen.

Wir erreichten den Tourmalet. Ich fühlte mich gut. Ich war fit. Meine Beine spielten mit. Und ich hatte Lust, so richtig anzugreifen. 20 Kilometer schlängelte sich die Straße den Berg hoch. Gleich zu Beginn wagte ich einen ersten Angriff. Nur um zu sehen, wie stark Lance heute unterwegs war. Ich trat in die Pedale und fuhr an Armstrong vorbei. Ich baute den Abstand aus. 50 Meter. 100 Meter. 200 Meter. Doch dann holte der Amerikaner wieder auf. Wir fuhren Kopf an Kopf. Verdammt. Nicht nur ich hatte einen guten Tag. Ich entschloss mich, mir meinen nächsten Angriff für später aufzusparen. Der Weg war noch lang. Ich musste mit meiner Energie haushalten. Langsam holte auch der Spanier Iban Mayo auf. Wir fuhren in der Spitzengruppe auf den nächsten Berg zu. Das Tempo war hoch. Plötzlich setzte Mayo zu einem Angriff an. Er überholte Lance und mich. Lance setzte nach. Die beiden fuhren jetzt direkt nebeneinander. Ich hielt mich hinter ihnen. Wenn ich es schaffen würde, zeitgleich mit Lance ins Ziel zu kommen, dann hätte er nur noch 15 Sekunden Vorsprung. Die würde ich ihm im Zeitfahren abnehmen können, wenn alles gut ging. Ich musste diese Etappe nicht gewinnen. Ich musste nur mithalten.

»Fuck!«, hörte ich plötzlich eine Stimme.

Dann ging alles ganz schnell. Lance fiel. Offenbar hatte sich sein Lenker in der Tasche eines Zuschauers verhakt. Auch Mayo fiel. Ich konnte den beiden gerade noch ausweichen. Und fuhr an ihnen vorbei. Jetzt lag ich in Führung. Ich war Erster. Das war meine große Chance. Wenn ich jetzt noch einen Sprint vorgab, dann wäre ich nicht mehr einzuholen. Doch ich konnte nicht. Das wäre vielleicht ein leichter, aber ganz sicher kein fairer Sieg gewesen. Ich drosselte mein Tempo, fuhr langsam. Dann meldete sich auch Rudy per Funk.

»Wir sind hier bei der Tour de France, Jan. Überleg dir ganz genau, was du tust.«

Aber meine Entscheidung hatte ich bereits getroffen. Es war keine überlegte Entscheidung. Es war mehr ein natürlicher Instinkt. Ich konnte gar nicht anders. Bald schloss eine erste Verfolgergruppe zu mir auf. Dann sah ich, wie sich Lance und Mayo wieder aufgerappelt hatten und ebenfalls aufschlossen. Erst dann gab ich Tempo. Ich weiß nicht genau, was passiert war, aber der Sturz musste Lance einen solchen Adrenalinschub gegeben haben, dass er nun auf einem völlig anderen Level fuhr. Er raste an uns vorbei und bestieg den Berg, wie ich es noch nie zuvor gesehen hatte. Es war, als würde er ihn einfach hoch schweben. Ich konnte nicht mithalten. Lance baute seinen Vorsprung aus. Ich kam vierzig Sekunden nach ihm ins Ziel. Ich hatte in der Gesamtwertung nun eine Minute Rückstand auf Lance. Beim finalen Zeitfahren holte ich dann noch einmal ordentlich auf. Ich machte bis zu 14 Sekunden gut. Doch es regnete. Die Strecke war nass und ölig und ich rutschte weg.

Somit hatte ich mir meinen Toursieg dann doch noch versaut. Aber dennoch: So nah wie in diesem Jahr war ich Lance in der Gesamtwertung noch nie gekommen! Uns trennte gerade einmal eine Minute.

Ich war wieder zurück. Ich bestieg das Treppchen auf dem zweiten Platz. Hinter Lance. Sogar die Telekom kam nun wieder zu mir zurück und fragte an, ob man nicht doch noch einmal miteinander sprechen wollte.

Was ich in dieser Zeit gelernt habe:

Doch es war nicht einmal meine Leistung, die in Erinnerung bleiben sollte. Es war meine Entscheidung, dass ich auf Lance gewartet hatte. Dafür wurde ich sogar mit einem Preis für besonders sportliches Verhalten ausgezeichnet. Um ganz ehrlich zu sein, verstand ich die Aufregung damals gar nicht, denn auf Lance zu warten, war für mich keine strategische Entscheidung gewesen. Es war der Inbegriff von Fair Play. Alles andere hätte für mich auch gar keinen Sinn gemacht. Wir waren zwei Athleten, die sich in einer Sportart miteinander messen wollten. Der bessere sollte gewinnen. Nicht der abgebrühtere. Ich hätte mich selbst nicht mehr im Spiegel betrachten können, wenn ich die Tour de France gewonnen hätte, weil ich einen Vorteil ausgenutzt hätte. Und ich glaube, ein solcher Sieg wäre auch immer mit einem Makel behaftet gewesen. Nein, ich wollte die Tour de France gewinnen, weil ich die bessere Leistung abrufen konnte. Und ich glaube, hier liegt ein ganz entscheidender Gedanke beim Fair Play. Man ist dabei nämlich nicht nur seinem Gegner gegenüber gerecht. Sondern in erster Linie, sich selbst.

Fair Play gegenüber anderen bedeutet, die Grundlage zu schaffen, um seine eigene Leistung ehrlich gespiegelt zu bekommen. Das ist oftmals mehr wert als ein Sieg. Und es zeigt den wahren Charakter eines Menschen.

Frustration und Flucht

Ich hatte wirklich das Gefühl, dass mich mein Glück verlassen würde. Auch im Jahr 2001 biss ich mir an Armstrong die Zähne aus. Doch so richtig schlimm wurde es erst im darauffolgenden Jahr. Schon als ich in die Saison startete, spürte ich, dass mit meinem Knie irgendwas nicht stimmte. Es machte mir ständig Ärger. Immer wieder entzündete es sich, sodass ich es überhaupt nicht mehr belasten konnte. Ich rannte von Arzt zu Arzt, aber sie alle hatten nur denselben Rat für mich: »Mach eine Pause. Jede Belastung macht es sonst nur noch viel schlimmer.« Und das ausgerechnet in diesem Jahr. Ich war so früh wie selten in die Saison 2002 gestartet und hatte das gesamte Frühjahr bereits durchgeplant. Ich wollte an zahlreichen Rundfahrten teilnehmen, um dann bei der Tour de France in absoluter Topform aufzulaufen. Doch daraus wurde nichts. Wir mussten ein Rennen nach dem anderen absagen. Ich schaffte es einfach nicht. Ich fühlte mich wahnsinnig frustriert. Auch weil kein Arzt mir eine ordentliche Perspektive geben konnte. Peter Becker bastelte mir einen neuen Trainingsplan, bei dem ich mein Knie nur ganz leicht belastete. Aber ich hatte das Gefühl, das brachte mir überhaupt nichts. So machte ich keine Fortschritte. Eines Nachmittags war ich so frustriert, dass ich die Empfehlungen der Ärzte in den Wind schoss. Ich trainierte so, wie ich es wollte. Und zwar mit maximaler Belastung. Anders gewöhnt sich das Knie ja sonst nie an das höhere Niveau. Nun, das war kein allzu kluger Gedanke. Ich überstrapazierte meine Sehne so sehr, dass das Knie nach dieser Kamikaze-Trainingseinheit erst recht hinüber war. Mein Arzt war völlig geschockt, als er die Aufnahmen sah. »Was zum Teufel hast du gemacht, Jan?«

Ich zuckte mit den Schultern. »Langsam das Niveau erhöhen?«, fragte ich vorsichtig.

»Es wirkt eher, als wärst du eine Etappe bei der Tour de France gefahren. Für den Rest des Jahres kannst du jetzt wirklich alle Rennen streichen«, sagte er streng. »Da geht gar nichts mehr.«

Ich fühlte eine ungeheure Wut in mir aufsteigen. Ich setzte mich in mein Auto und machte mich auf den Weg nach Hause.

Auf halber Strecke rief mich Eyk an. Eyk hatte mir zu Hause meine Höhenkammer eingerichtet, die ich extra in unser Haus hatte einbauen lassen. Ein super Typ, mit dem ich ständig trainierte.

»Jani, mein Bester, was gibt es Neues?«, fragte er mich.

»Keine guten Nachrichten«, sagte ich kurz angebunden. »Das Knie ist hinüber.«

»Ach, Mensch, jetzt schon wieder? Ich wollte heute eigentlich zu einer kleinen Trainingseinheit vorbeikommen ...«

»Bist du in der Gegend?«, fragte ich ihn.

»In Freiburg.«

Ich war gerade auf dem halben Weg nach Merdingen, lenkte meinen Porsche aber kurzerhand um. »Lass uns was essen gehen«, schlug ich ihm vor. »Ich ruf nur schnell Gaby an und sage ihr, dass es heute später wird.«

Ich schaute auf die Uhr. Es war bereits halb zehn. Aber ich hatte so schlechte Laune, dass ich ein bisschen Abwechslung wirklich gut vertragen konnte. Wir trafen uns bei einem meiner liebsten Italiener in der Stadt.

»Erzähl mal«, sagte Eyk. »Was genau ist denn nur mit dir los?«

Ich zuckte mit den Schultern. »Ich weiß gar nicht, wo ich anfangen soll«, sagte ich und spürte, wie der Ärger wieder in mir aufstieg. Die Saison war für mich gelaufen.

Eyk bestellte sich ein Glas Rotwein. Ich hatte seit Wochen keinen Tropfen Alkohol mehr getrunken, aber da ich das Training ja jetzt sowieso abhaken konnte, orderte ich mir auch ein Glas. Ich trank insgesamt nur recht wenig. Aber ich trank gerne. Meine Liebe zum Rotwein hatte damals Bjarne erweckt. In seinem ersten Jahr beim Team Telekom bestand er darauf, dass wir bei jedem Mannschaftsdinner mit einem Glas Rotwein anstoßen sollten. Mir gefiel diese Tradition. Eines Abends saß ich mit ihm zusammen und er erzählte mir, dass hinter jedem Glas Wein eine eigene Geschichte stecke. Dass jede Rebe einen eigenen Geschmack habe. Er eröffnete mir damals eine ganz neue Welt. Und da Gabys Vater auch einen Weinberg bewirtschaftete, war mir diese Welt immer näher gekommen. Als wir das Restaurant verließen, waren aus dem ersten Gläschen drei Flaschen geworden. Ich hatte sie beinahe komplett alleine geleert. Der Alkohol tat seine Wirkung. Er betäubte mich. Meine schlechte Laune hatte ich mittlerweile einfach vergessen. Eyk und ich vereinbarten, dass wir für diesen Abend nicht mehr über Verletzungen oder Radsport sprechen würden. Stattdessen würden wir uns einfach eine gute Zeit machen. Wir beschlossen, noch in einen Club zu gehen. Ich war so aufgekratzt, dass ich noch nicht nach Hause wollte.

»Wird später«, schrieb ich Gaby eine SMS.

Im Club war richtig was los. Aus den Boxen dröhnte laute House-Musik, auf einem großen Pult stand ein DJ mit riesigen

Kopfhören auf den Ohren und die Menschen tanzten ausgelassen. Ich nickte zu der Musik und begrüßte ein paar Freunde, die ich an einem der VIP-Tische erkannte.

»Was machst du denn hier?«, brüllten sie gegen die treibenden Bässe an. »Welch große Ehre, dass du dich mal bei uns blicken lässt.« Es stimmte ja. Ich war kein Partygänger. Ich hatte mein Leben lang Clubs und Diskotheken gemieden. Was wollte ich dort auch? Mein Alltag war diszipliniertes Training. Ich konnte es mir überhaupt nicht leisten, nachts irgendwo zu versacken. Aber heute war das anders. Heute legte ich es drauf an.

»Ich wollte mal sehen, was ich die letzten Monate so verpasst habe ...«, antwortete ich. »Ich gehe uns mal etwas zu trinken holen.«

Dann stolperte ich zur Bar und organisierte ein paar weitere Gläser Rotwein. Ich hatte ja sowieso nichts mehr zu verlieren, dachte ich. Und jetzt machte es erst so richtig Spaß.

Je später der Abend, desto ausgelassener wurde auch die Stimmung. Die Jungs schafften es sogar, mich auf die Tanzfläche zu zerren. Das muss ein trauriger Anblick gewesen sein. Ein betrunkener Jan Ullrich, der in Shirt und Jeans durch den Club stolperte, während sich die anderen Gäste der Nobeldisco ordentlich herausgeputzt hatten. Aber was soll's. Ich hatte meinen Spaß. Und die Jungs freuten sich, mit mir einmal so richtig zu feiern. Je mehr ich trank, desto mehr verlor ich meine Hemmungen. Ich war irgendwann gar nicht mehr ich selbst.

»Okay, Jan«, sagte Eyk und zog mich zu sich heran. »Ich muss jetzt wirklich nach Hause.«

»Jetzt schon?«

»Es ist halb vier.«

Wow. Halb vier. Die Zeit war wirklich verflogen. Ich besann mich ein wenig und nickte.

»Also gut«, sagte ich. »Ich komme mit. Aber vorher trinken wir noch eine letzte Runde. Deal?«

»Deal.«

Ich schmiss noch eine Runde und verließ dann gemeinsam mit Eyk unter dem Jubel meiner Freunde und der anderen Gäste, die ich kurzerhand ebenfalls zu meinen Freunden erklärt hatte, den Laden.

Als ich am nächsten Morgen aufwachte, schämte ich mich fürchterlich. Das gestern, das bin nicht ich gewesen. Aber ich war so frustriert, dass ich irgendwie vor meinen Problemen flüchten musste. Ich versuchte, mir in den nächsten Wochen ein bisschen mehr Mühe zu geben. Aber ich war zu sehr mit mir selbst beschäftigt. Mein Knie wurde nicht besser. Wieder und wieder sprach ich bei Ärzten vor. Wieder und wieder passierte gar nichts. Mittlerweile hatten beinahe acht verschiedene Ärzte sich an mir versucht. In mir wuchs der Gedanke, dass ich vielleicht schon dem Profisport den Rücken kehren musste. Ich wurde depressiv. Schließlich entschied ich mich, einen radikalen Schnitt zu machen und mich einer Operation zu unterziehen. Es war alles andere als sicher, dass diese Operation mir wirklich helfen würde. Aber ich setzte nun alles auf eine Karte. Nach dem Eingriff ging ich in eine Reha-Klinik am Tegernsee. Dort musste ich mich langsam wieder aufbauen. Ich fühlte mich schrecklich. Ich war es gewohnt, Hochleistungssport zu machen. Über Jahre ging ich an meine Grenze. Jetzt trat ich permanent auf der Stelle. Mir fiel die Decke auf den Kopf. Und wieder kompensierte ich meinen Frust, indem ich nachts auf die Piste ging. Ich hatte ja sonst nichts zu tun. Am

21. Juni 2002 fuhr ich mit ein paar Freunden nach München. Dort gab es den Kunstpark Ost, wo sich eine Bar an die nächste reihte. Wir zogen von Club zu Club. Das Wetter war gut, die Stimmung ausgelassen. Zumindest die Stimmung der anderen. Ich selbst war deprimiert. Es gab schon wieder schlechte Nachrichten, was mein Knie anging. Die Operation hatte nicht so gewirkt wie erhofft. Es waren jede Menge Menschen unterwegs. Draußen wurde geraucht und gelacht, drinnen getanzt und getrunken. Während die anderen sich eine gute Zeit machten, saß ich alleine an der Bar und trank einen Rotwein nach dem nächsten.

Neben mir saßen ein paar Typen, die sich irgendwelche Pillen einschmissen.

»Was ist das denn?«, fragte ich sie. Ich war mittlerweile so betrunken, dass ich wieder redselig wurde.

»Partypillen«, lächelten sie mir zu.

»Kann ich auch eine haben?«, fragte ich und schmiss mir das Zeug ein, ohne darüber nachzudenken. Hauptsache, den Ärger betäuben, dachte ich.

Am nächsten Tag klopfte es an die Tür meiner Unterkunft.

Ich war völlig hinüber, zog mir das Kissen über den Kopf und versuchte, einfach weiterzuschlafen.

»Herr Ullrich, sind Sie da? Bitte öffnen Sie die Tür ...«

Ich quälte mich aus meinem Bett, öffnete die Augen und brauchte ein paar Sekunden, um mich zu orientieren. Ach ja, die Reha-Klinik. Ich rieb mir den Schädel, dann öffnete ich die Tür. Vor mir stand ein älterer Herr.

»Guten Tag, Nationale Doping-Agentur.« Was wollten die denn hier?

»Sehen Sie nicht, dass ich in der Reha bin?«, fragte ich den Mann.

Doch er zuckte nur mit den Schultern. »Auch eine Reha befreit Sie nicht von einem Test«, sagte er nur. Ich zuckte mit den Schultern und schaute auf die Uhr. Es war bereits mittags. Mein Kopf schmerzte wie verrückt. Der Mann drückte mir einen kleinen Becher in die Hand. Ich kannte das Spiel. Die Doping-Kontrollen liefen immer gleich ab. Unangekündigt tauchte ein Mann vom Verband auf, meistens war es derselbe, drückte mir einen Becher in die Hand und kontrollierte, wie ich eine Urinprobe abgab. Ich machte mir keine großen Gedanken, gab dem Herrn, wonach er verlangte, und legte mich wieder ins Bett, als er schließlich mein Zimmer verlassen hatte. Was war das nur für eine Nacht, dachte ich und schlief einfach weiter.

Als ich am späten Nachmittag wieder aufwachte, hatte ich die Doping-Kontrolle schon wieder vergessen.

Doch ich sollte sehr bald wieder an sie erinnert werden.

Ein paar Tage später bekam ich eine SMS von einem meiner Ärzte.

»Komm sofort in die Klinik. Müssen reden.«

Das war merkwürdig. Ich nahm das Telefon und versuchte, meinen Arzt zu erreichen. Er meldete sich nicht. Ich sprach ihm auf die Mailbox. Doch er rief mich auch nicht mehr zurück. Was war denn nur los? Ich schrieb ihm eine SMS und fragte, um was es denn gehe.

»Komm einfach. Es ist ernst«, bekam ich nur zurück.

So langsam machte ich mir Sorgen. War ich krank? Also, ernsthaft krank? Oder ging es um mein Knie? Ich rief Gaby an und bat sie, mich abzuholen. Als ich neben ihr auf dem Beifahrersitz saß und wir in Richtung Freiburg fuhren, war ich nur noch ein Häufchen Elend.

»Mach dir keine Gedanken«, sagte sie. »Es wird schon nichts Schlimmes sein.«

Als wir in der Klinik ankamen, bat mein Arzt sie, vor der Tür zu warten. Er wollte mit mir alleine sprechen. Das klang alles andere als gut.

»Jan«, sagte er schließlich, als er die Tür hinter sich zuzog. »Wir haben ein Problem.«

»Jetzt sag schon endlich«, platzte es aus mir raus.

»Wir haben eine positive Doping-Probe.«

Ich sank in mir zusammen. Das durfte doch nicht wahr sein. Mir war klar, dass nun die Hölle über mich hereinbrechen würde. Schon seit der Festina-Geschichte waren die Medien völlig verrückt nach allem, was mit Doping zu tun hatte. Es gab investigative Journalisten, die Jagd auf Doping-Sünder machten. Und wenn sie einen aufspürten, dann zerrissen sie ihn in der Luft. Ich wusste, dass auch mir zahlreiche Reporter auf den Fersen waren, die mir immer wieder Fragenkataloge schickten und in meinem Bekanntenkreis nachfragten, in der Hoffnung, dass sie mich bei irgendwas überführen könnten.

»In deiner Urinprobe wurden Amphetamine gefunden …«

Amphetamine? Es dauerte eine Weile, bis ich verstand, dass es die Tabletten aus der Disco waren, die meine Probe hatten positiv ausfallen lassen. Zuvor hatte ich mich daran festgeklammert, dass irgendein Medikament, was ich in der Reha nahm, dafür verantwortlich sein könnte.

»Diese verdammten Tabletten«, stöhnte ich, als mir die Nacht in München wieder einfiel. Wie dumm war ich eigentlich?

Ich beichtete es zunächst Gaby. Als ich ihr erzählte, dass eine Nacht in München wohl ein wenig ausgeartet war, flippte sie völlig aus.

Ich hatte Mist gebaut. Und jetzt musste ich dafür geradestehen. Der nächste Anruf würde noch ein bisschen schwieriger werden. Ich rief beim Team Telekom an und erzählte dort, was passiert war. Die Stimmung war angespannt. Dass ich in diesem Jahr ausgefallen war, hatte man mir nachgesehen. Meine nächtlichen Eskapaden kommentierte man nicht weiter. Aber das hier, das ging einen Schritt zu weit.

»Wir besprechen das und melden uns ...«, hieß es nur.

Ein paar Stunden später rief Jürgen Kindervater an. Kindervater war der Kommunikationschef der Telekom. »Wir haben ein Problem«, sagte er. »Die Medien wissen von deiner Probe.«

Mein Herz zog sich zusammen. Jetzt würden sie mich richtig fertigmachen. Ich dachte an die ganzen hämischen Schlagzeilen, mit denen ich bereits überzogen worden war. Das hier würde noch viel härter werden.

»Jan, am besten ist es, wenn Gaby und du erst mal von der Bildfläche verschwinden. Taucht unter.«

»Meinst du das ernst?«

»Absolut.« Dann gab er mir eine Adresse in Österreich durch. »Fahrt dahin.«

»Aber ... was ist denn da?«, fragte ich.

»Fahrt einfach dahin. Und zwar schnell. In Merdingen wird in spätestens einer Stunde alles voll von Reportern sein. Die werden euch belagern.«

Ich schaute Gaby an. Wir mussten nicht viel reden. Wir wussten beide, dass es keine Alternative gab. Innerhalb kürzester Zeit packten wir unsere Sachen zusammen und verließen fluchtartig unser Haus. Im Radio hörten wir bereits die ersten Nachrichten.

»Der deutsche Radprofi Jan Ullrich soll positiv auf Doping getestet worden sein. Soeben wurde bekannt ...«

Ich drehte das Radio ab. Ich konnte das jetzt nicht hören.

Die Adresse, die uns Kindervater gegeben hatte, führte uns zu einem alten Bauernhof. Ein gemeinsamer Freund von uns kannte den Bauern und seine Familie. Sie wohnten hier auf einer wunderschönen Alm in den Tiroler Bergen nahe Kufstein. Es gab ein paar Gästezimmer für Wanderer, aber außer uns war niemand da. Der Bauer hatte bereits alles für uns vorbereitet. Er wusste, wer ich bin, aber es schien ihn nicht sonderlich zu interessieren. Auf diese Leute ist Verlass, dachte ich. Hier würden wir erst einmal unterkommen können. Hier würde uns niemand finden. Das war genau die richtige Strategie. Als wir in unserer Unterkunft ankamen, schaltete ich den Fernseher ein. Die Nachrichtensendungen berichteten alle von mir.

»Das könnte das endgültige Ende seiner Profikarriere sein«, hörte ich einen Sprecher kommentieren. Ich spürte, wie mein Kopf heiß wurde. Ich konnte jetzt nicht mehr an mich halten. Ich schmiss mich auf mein Bett und fing hemmungslos an zu weinen. Der gesamte Schmerz der letzten Monate brach einfach aus mir heraus. Fünf Wochen blieben wir unter dem Radar. In dieser Zeit begann ich, mich zu sammeln. Ich führte lange Gespräch mit Gaby. Wir kamen uns endlich wieder ein bisschen näher. Ich wusste, dass zwischen uns vieles kaputtgegangen war. Dass ich vieles kaputtgemacht hatte. Aber dass sie in dieser schweren Zeit so fest an meiner Seite stand, das war etwas, das ich ihr nicht hoch genug anrechnen konnte. Ich nahm mir vor, dass ich für unsere angeschlagene Beziehung kämpfen würde. Ich nahm mir vor, dass ich allgemein für mein angeschlagenes Leben wieder kämpfen würde. Und der erste Schritt war es, mich zu stellen. In Frankfurt am Main war eine Pressekonferenz angesetzt. Ich hatte keine Wahl. Ich schuldete der Öffentlichkeit Antworten. Ich hatte einen riesigen Fehler gemacht und entschied mich, absolut offen damit umzugehen. Als ich den großen Raum des Landessportbundes Hessen betrat, lief mir der Schweiß von der Stirn. Der gesamte Saal war brechend voll. Dutzende von Kameras waren auf mich gerichtet. Immer wieder blitzten Fotoapparate auf. Deutsche und internationale Journalisten richteten ihre Mikrofone auf mich. Ich konnte mir kaum eine schlimmere Situation vorstellen. Ich nahm einen Schluck Wasser. Dann begann ich zu erzählen. Ich erzählte von meiner positiven Doping-Probe. Ich erzählte von dem Club in München. Ich erzählte von den Tabletten. Ich erzählte es genauso, wie es gewesen war. Natürlich war mir klar, dass mich die Journalisten trotzdem nicht schonen würden. Über mich brachen zahlreiche Fragen herein: »Haben Sie ein Alkoholproblem?«, »Sind Sie in den falschen Kreisen unterwegs?«, »Sind Sie drogenabhängig?«, »Werden Sie Ihre Radsportkarriere jetzt beenden?«

Bei der letzten Frage zuckte ich kurz zusammen. »Nein, auf keinen Fall«, sagte ich. Nichts lag mir ferner. Aber auf der anderen Seite wurde mir schlagartig wieder bewusst, wie viele offene Baustellen es in meinem Leben noch gab.

Mein Verhältnis zum Team Telekom hatte sich in den letzten Monaten deutlich abgekühlt. Zwar war ich Jürgen Kindervater unfassbar dankbar, dass er mich so souverän aus der Schusslinie genommen hatte, aber in Bonn rumorte es. Man dachte offen darüber nach, mich aus dem Team zu werfen. Schließlich bat man meinen Manager Wolfgang Strohband, meinen Vertrag noch einmal ganz neu auszuhandeln. Die Bedingungen sollten für mich nun deutlich schlechter werden. Man merkte: Das Vertrauen zu mir war weg. Das war keine schöne Erfahrung. Aber dieses Mal reagierte ich nicht mit Depression und Selbstmitleid. Dieses Mal entschied ich mich für einen Neustart.

»Dann suchen wir uns ein neues Team«, sagte ich zu Wolfgang. Und ich fing gleichzeitig an, wieder zu trainieren. Meinem Knie ging es schon wieder deutlich besser. Ich hatte im August 2002 eine weitere Operation hinter mich gebracht. An meinem Geburtstag im Dezember saß ich zum ersten Mal wieder für 30 Minuten auf dem Rad. Die letzten Monate waren ein einziges Chaos gewesen. Und ich wollte jetzt nur noch eines: mich wieder auf mein Fahrrad setzen. Für die positive Amphetamin-Probe bekam ich eine Sperre. Aber zur nächsten Saison würde ich wieder fahren dürfen. Ich begann, mich auf mein Comeback vorzubereiten. Mein Kampfgeist war zurückgekehrt. Ich war fest entschlossen, es allen noch einmal zu zeigen.

Was ich in dieser Zeit gelernt habe:

Meine Tabletten-Nacht war ein bescheuerter Fehler, der sicher vermeidbar gewesen wäre. Daraus resultierte eine schwere Krise. Jeder Mensch wird im Laufe seines Lebens Krisen durchleben, ob sie vermeidbar gewesen wären oder nicht. Sie werden kommen. Was wir aber in der Hand haben, ist die Art und Weise, wie wir darauf reagieren. Auch wenn es im Moment der Krise schwerfällt, müssen wir uns immer wieder bewusst machen, dass wir sie überstehen werden. Auch wenn wir am Ende des Tunnels noch kein Licht sehen können. Ja, wir können unser Leben erst im Rückblick begreifen, obwohl wir gezwungen sind, es nach vorne zu leben. Ich finde das einen sehr trostvollen Gedanken. Im Moment der Krise kann uns gar nicht bewusst sein, wie sich unser weiteres Leben entwickeln wird. Vielleicht wird es besser als je zuvor werden? Für mich war diese Krise auch eine wichtige Erfahrung, denn sie hat etwas verändert. Denn ich habe fortan in den Angriffsmodus gewechselt. Ich wollte mich noch einmal zurückkämpfen. Ich wollte es allen beweisen. Ich habe zu Beginn des Buches geschrieben, dass Mangel eine starke Motivation sein kann. Eine Krise kann das ebenfalls.

Man braucht auch Mut, um sich aus einer aussichtslosen Lage zu befreien. Den Mut, einen neuen Weg einzuschlagen. Den Mut, in einer Krise die sicher geglaubten Pfade einmal zu verlassen.

(K)Ein Leben ohne den Radsport

Von dem Leben, das ich kannte, war nicht mehr viel übrig geblieben. Da waren nur noch Scherben. Im Jahr 2006 wurde ich erneut von der Tour de France ausgeschlossen. Dieses Mal aus einem ganz anderen Grund. Dieses Mal ging es um Doping. Und dieses Mal konnte ich es nicht so einfach geradebiegen. Von heute auf morgen verlor ich alles, was mir wichtig war. Mit meinem Aus bei T-Mobile und der Tour de France war für mich auch meine Radkarriere gestorben.

Ich saß in einem großen, kargen Besprechungsraum. Vor mir ein langer Tisch. Neben mir meine Berater und mehrere Anwälte. Ich starrte auf den Aktenberg. Hunderte von Papieren.

»Wir befinden uns hier in einer rechtlichen Grauzone, aber wir müssen jetzt ganz besonders vorsichtig sein, jeder Schritt, jede Äußerung könnte uns auf die Füße fallen, ich würde …«

Ich nahm gar nicht mehr richtig wahr, wer da eigentlich sprach. Schon seit zwei Stunden gingen wir jeden einzelnen Vertrag durch. Ich fühlte mich wie ein Statist. Meine Partner ließen mich nach und nach fallen. Aber nicht nur das. Viele drohten uns auch an, dass sie Forderungen gegen uns stellen würden. Ich realisierte das alles gar nicht richtig. Ich stand noch immer unter Schock. Befand mich in einer absoluten Ausnahmesituation. Ich hatte das Gefühl, dass mir der Boden unter den Füßen weggezogen würde.

»Vielleicht sollten wir mit einem Statement nach draußen gehen, einfach um klarzustellen ...«

»Auf keinen Fall. Am besten ist es, in dieser Situation gar nichts zu sagen. Jedes Wort könnte man gegen uns verwenden. Das ist juristisch sehr, sehr heikel.«

Ich beobachtete, wie meine Anwälte Strategien für mich aushandelten. Niemand fragte mich, was ich jetzt machen wollte. Spielte auch keine Rolle. Ich hätte keine Antwort auf diese Frage gehabt.

Ich war völlig hilflos. Ich wusste nicht, was ich tun sollte. Es fühlte sich an, als würde über mir eine Welle hereinbrechen, die mich einfach wegspülte. Ich konnte kämpfen, wie ich wollte, die Strömung riss mich einfach mit. Aber tatsächlich kämpfte ich überhaupt nicht. Ich ließ einfach alles über mich ergehen. Ich wusste, dass es vorbei war. Alle hatten mich fallen gelassen. Es würde kein Zurück mehr geben. Dieses Mal nicht.

»Okay, Jan, hast du gehört, kein Statement, keine Interviews, nicht mit der Presse reden. Halt dich einfach bedeckt.«

Ich nickte und starrte wieder auf den großen Aktenberg, der da vor uns lag.

»Gut«, sagte einer der Anwälte. »Wenn sonst nichts mehr ist ...?« Schweigen im Raum. »Dann sind wir fertig für heute.«

Die anderen Männer standen auf und verließen nach und nach das Zimmer. Einige klopften mir dabei auf die Schulter und flüsterten mir Durchhalteparolen zu. »Wird schon werden.«

Ich blieb noch sitzen. Ich weiß nicht wie lange. Eine Stunde. Vielleicht auch zwei oder drei Stunden. Ich nahm die Zeit gar nicht mehr richtig wahr. Ich war in einer ganz anderen Welt.

Ich starrte einfach nur vor mich hin und verlor mich in meinen Gedanken. Was für ein Wahnsinn. Von heute auf morgen war mein gesamtes Leben wie ein Kartenhaus zusammengestürzt. Nachdem man mich informiert hatte, dass ich nicht antreten dürfe, musste ich mit Christian Frommert, dem Kommunikationschef von T-Mobile, vor die Kameras der wartenden Journalisten treten. Ich fühlte mich regelrecht vorgeführt. Er stand neben mir und erzählte den Journalisten, dass man im Team die Entscheidung meiner Suspendierung getroffen habe, weil die Indizien so belastend seien, dass man mir nicht mehr glauben könne.

»Er hat die Chance, seine Unschuld zu beweisen«, sagte er noch. Die Kameras blitzten. Man richtete mir die Mikrofone vor den Mund. Ich erklärte, dass ich das nicht verstände und versuchen würde, meine Unschuld zu beweisen. »Das ist das Schlimmste, was mir bisher in meiner Karriere passiert ist«, sagte ich. Doch ich spulte die Sätze nur mechanisch ab, so sehr stand ich neben mir. Ich fühlte mich an diesem Tag wie ein Schwerverbrecher. Die Presse belagerte mich so sehr, dass mein Bruder Stefan mich heimlich in sein Auto packen und fluchtartig nach Hause fahren musste. Die Tage danach befand ich mich in einem Schockzustand. Ich hatte wirklich gedacht, dass sich das noch irgendwie klären würde. Dass die Telekom mich nach Bonn einladen und mit mir über alles sprechen würde. Aber zunächst meldete sich niemand bei mir. Auch auf Anrufe wartete ich vergeblich. Ich bekam nur meine Kündigung per Fax zugestellt. Und da wusste ich nicht, wie schlimm es noch werden würde.

Dabei hatte ich doch in den letzten Jahren alles wieder aufgebaut. Und jetzt das. Jetzt lag alles in Trümmern. Meine Karriere war zerstört. Mein Ruf war zerstört. Ich hatte nichts mehr. Ich hatte nur noch Sara.

Ich hatte Sara letztes Jahr kennengelernt. Aber das ist nur die halbe Wahrheit. Eigentlich kannte ich Sara schon sehr viel länger. Sie war die Schwester von meinem Teamkollegen Tobias Steinhauser, der neben mir bei Bianchi gefahren ist. Wir hatten uns schon immer gut verstanden. Aber nachdem ich mich von Gaby getrennt hatte, kamen wir uns erstmals auch näher. Sara trat zu einer Zeit in mein Leben, in der ich gedacht hatte, dass nach einer dunklen Phase alles endlich wieder aufwärts gehen würde. Ich hatte ein fulminantes Comeback bei der Tour de France. Ich hatte meine Knieprobleme überwunden. Und ich hatte endlich meine Form wiedergefunden. Ich dachte, dass es von nun an nur noch besser werden würde. Stattdessen riss mich eine Lawine in den Abgrund. Es war wirklich erstaunlich, wie ich innerhalb kürzester Zeit meine gesamte Existenz verlor. In fast jeder Zeitung wurde Tag für Tag über mich berichtet. Immer wieder wurden neue Details zu meinen Doping-Eskapaden ausgegraben. Das machte mich fertig. Ich empfand das alles als wahnsinnig ungerecht. So viele aus dem Peloton waren gedopt, dachte ich. Ich tat also nur das, wovon ich glaubte, dass so viele andere es auch taten. Und in meinem Kopf war das auch alles ganz unproblematisch. Ich verschaffte mir keinen Vorteil gegenüber irgendwem. Ich zog nur nach. In den Medien wurde ich stattdessen als großer Betrüger dargestellt. Das tat mir wahnsinnig weh. Weil das einfach nicht meinem Bild von der Wahrheit entsprach. Das Schlimmste war aber, dass sich nun so viele Leute von mir distanzierten. Menschen, die vom ersten Tag an alles gewusst hatten. Die mich sogar ermutigt hatten, auf Doping zurückzugreifen. Aber mittlerweile waren sogar meine

Leistungen, die ich erbracht hatte, nichts mehr wert. Ich steigerte mich richtig tief in meine Opferrolle hinein.

»Was meinst du, Jan?«

Ich riss mich aus meinen Gedanken und steckte mir mein Handy wieder in die Tasche. »Wie bitte?«

Sara atmete aus. Sie schloss die Augen und massierte sich die Schläfen. »Du bist überhaupt nicht richtig dabei …«, seufzte sie.

Ich ging einen Schritt auf sie zu und zog sie an mich. »Entschuldige. Wirklich. Es tut mir leid.«

Sie lehnte sich mit ihrem Kopf an meine Schulter. »Ich weiß, dass das eine schwere Zeit ist. Für mich ist es doch auch nicht einfach«, sagte sie. »Aber es geht hier doch nicht um irgendwas. Es geht um unsere Hochzeit.«

»Ich weiß«, sagte ich und gab ihr einen Kuss auf die Stirn. »Ich weiß, es tut mir leid. Wirklich. Ich bin jetzt nur noch für dich da. Für uns. Für die Hochzeit. Also, was war die Frage?«

Sie zeigte auf zwei Muster, die vor uns lagen. »Welche Farbe für die Tischdecken?«

Ich tippte auf das linke Muster. »Die hier?«

»Ich finde die andere schöner.«

»Dann nehmen wir die andere.«

Ich war innerlich zerrissen. Zum einen brach mein Leben gerade komplett unter meinen Füßen weg. Ich verlor alles, was ich hatte. Ich hatte wirklich andere Dinge im Kopf, als mir irgendwelche Tischdeckenmuster auszusuchen. Auf der anderen Seite hatte ich es genauso gewollt. Ich hatte Sara gebeten, mich möglichst viel in die Vorbereitungen einzubeziehen. Ich hatte die Hoffnung, dass mich das irgendwie ablenken würde. Es gab Tage, da funktionierte das besser. Und es gab Tage, da funktionierte es schlechter. Es waren noch zwei Wochen bis zu unserer Hochzeit. Wir wollten im kleinen Rahmen zunächst standesamtlich heiraten und dann eine große kirchliche Feier mit all unseren Freunden und Familienmitgliedern nachholen. Ich nahm mir vor, mich zusammenzureißen.

Und es gelang mir. Ich konnte meine Probleme für ein paar Tage verdrängen. Ich hatte meinen Anwälten gesagt, dass sie mich nur anrufen sollten, wenn es wirklich wichtig sei. Die Hochzeit hatte Vorrang. Und das war die richtige Entscheidung. Wir hatten unsere Familien und unsere engsten Freunde nach Österreich eingeladen. In die Berge. Die Gäste kamen mit Gondeln auf dem Gipfel an. Es war märchenhaft. Und es tat mir gut. Für ein paar Stunden konnte ich das ganze Drama vergessen, das um mich herum passierte. Ich konnte einfach nur Zeit mit den Menschen verbringen, die ich liebte. In einer ruhigen Minute saß ich mit meinem Bruder Stefan zusammen.

»Erinnerst du dich noch«, fragte ich ihn, »als wir an der Ostsee waren? Damals als Kinder?«

»Wie könnte ich das vergessen?«

Ich kniff die Augen zusammen. »Wir sind gegeneinander angetreten. Im Tauchen. Wer länger durchhält, gewinnt.«

Stefan lachte.

»Weißt du, ich hätte damals alles getan, um nur einmal gegen dich zu gewinnen.«

Ich dachte an meinen Vater. Wie es ihm wohl ging? Ob er wohl wahrnahm, was gerade mit mir passierte?

»Jani«, riss mich Stefan aus meinen Gedanken. »Sei nicht so melancholisch. Du hast eine schwere Zeit. Aber die geht vorbei. So ist das manchmal. Die Menschen lieben dich. Die Menschen hassen dich. Es spielt keine Rolle. Du bleibst Jan Ullrich.«

Ich klopfte ihm fest auf die Schulter.

Während der Hochzeit konnte ich meine Probleme ein paar Stunden vergessen. Doch sie holten mich schnell wieder ein. Wer auch immer versuchte, mich hier anzurufen, blieb hartnäckig.

»Na komm«, sagte Sara, die schon genervt vom ständigen Vibrieren meines Handys war. »Geh schon ran ...«

Ich atmete schwer durch. Ich hatte wirklich keine Lust, ein weiteres Anwaltsgespräch zu führen. Ich war einfach nur fertig mit den Nerven. Ich zog mein Handy aus der Tasche und schaute auf das Display.

Merkwürdig.

Das war unser Nachbar aus der Schweiz. Er hatte mich noch nie angerufen. Was er wohl wollte?

»Ja, hallo?«

»Herr Ullrich, es tut mir sehr leid, dass ich Sie störe«, sagte der Mann in breitem Schweizer Akzent. »Aber ich wollte Sie nur informieren, dass hier 21 Polizisten vor Ihrem Haus stehen und gerade versuchen, Ihre Türe aufzubrechen.«

Das war doch ein Scherz. Ich war mir sicher, dass hier irgendein Missverständnis vorlag. »21 Polizisten? Vor meiner Haustür?«

»Ja, genau. Sie haben gerade ein Brecheisen aus dem Auto geholt und setzen es an.«

Ich stutzte. Der Mann wollte mich doch auf den Arm nehmen.

»Sind Sie sicher?«, fragte ich noch einmal nach.

»21 sind es, ich habe sie durchgezählt.«

»Ja, gut. Aber ... was wollen die Polizisten in meinem Haus?«

»Das weiß ich nicht ...«

So langsam realisierte ich, dass das gerade wirklich passierte.

Das war kein Scherz.

»Na ja«, sagte mein Nachbar. »Ich rufe eigentlich an, weil Sie mir ja einmal einen Zweitschlüssel gegeben haben.« Das stimmte. Da Sara und ich oft unterwegs waren und der Mann mir vertrauenswürdig vorkam, hatte ich ihm für Notfälle eine Kopie unserer Schlüssel gegeben. »Und ich wollte fragen, ob ich den Beamten nicht besser die Tür aufschließen soll? Na, bevor sie sie kaputt machen.«

Ich wurde kreidebleich. Sara merkte gleich, dass etwas nicht stimmte, und strich mir über den Arm.

»Ja, gut«, sagte ich. »Also … ja, von mir aus. Schließen Sie die Tür gerne auf. Dankeschön.«

Ich legte auf. »Was ist denn passiert?«, fragte mich meine Frau.

»Es gibt eine Hausdurchsuchung bei uns.«

Ich rief sofort meinen Anwalt an und erklärte ihm die Situation.

»Da stehen Polizisten vor meiner Tür«, sagte ich ihm. »Könnt ihr da bitte sofort jemanden rüberschicken und klären, was vor sich geht?« Ich schaute Sara an. Wir mussten beide kein Wort sagen, aber uns war klar, dass unsere Flitterwochen in diesem Moment beendet waren. Ganz egal, was jetzt noch passierte. Wie sollten wir wandern gehen, wenn bei uns die Polizei im Haus stand? Dann rief mich mein Anwalt an. Anscheinend hatte die Staatsanwaltschaft zahlreiche Anzeigen gegen mich bekommen. Von irgendwelchen Leuten. Das Doping-Thema war so aufgeheizt und medial so präsent, dass sich offenbar ganz normale Bürger bemüßigt fühlten, Anzeigen gegen mich zu erstatten. Die Behörden hatten augenscheinlich das Gefühl, dass sie unter Druck standen, irgendwie handeln zu müssen. Zu dopen war nicht strafrechtlich relevant. Aber man unterstellte mir, dass ich mit illegalen Substanzen handelte.

Das war schließlich der Auslöser für die Razzia.

»Das ist doch völliger Unsinn«, sagte ich zu meinem Anwalt.

»Ich habe weder mit dem Zeug gehandelt noch habe ich davon etwas zu Hause rumliegen. Was denken die Leute denn? Dass ich ein Dealer bin?«

»Jedenfalls wundere dich nicht. Sie haben ein paar Computer mitgenommen. Und andere elektronische Geräte. Aber du wirst sie zurückkriegen.«

Mein Leben war in dieser Zeit nur noch eine Abfolge von belastenden Momenten. Der Anruf, dass mein Team mich nicht bei der Tour teilnehmen ließ. Die hämischen Schlagzeilen. Anwaltsgespräche. Immer wieder neue Nachrichten, wer sich von mir distanzierte. Die Hausdurchsuchung. Es hörte einfach nicht auf. Ich wurde paranoid. Wenn das schon in der Schweiz so lief, wie würde es dann erst werden, wenn ich zurück nach Deutschland käme? Immer wieder telefonierte ich mit meinen Anwälten.

Immer wieder gingen wir alle möglichen Szenarien durch.

»Möglicherweise können die Behörden eine Speichelprobe von dir erzwingen«, hieß es. Mein Anwalt malte mir das in den kleinsten Details aus. »Dann würden sie dich festnehmen können.«

Ich stellte mir das genau vor. Wie die Journalisten ihre Bilder machten, die dann am nächsten Morgen groß gedruckt wurden. Jan Ullrich in Handschellen. Ich schüttelte den Kopf. Was sollte nur meine Mutter von mir denken? Ich hielt das alles für realistische Möglichkeiten. Es gab eine regelrechte Hysterie um meine Person und sie fand überhaupt kein Ende mehr. Aber es musste ein Ende finden. Ich musste das hinter mir lassen!

Der erste Schritt, um in mein neues Leben zu starten, war es, einen klaren Schlussstrich unter meine Vergangenheit zu ziehen. So nahm ich mir das vor. Dass der Plan nicht aufging, hatte am Ende viele Gründe. Zum einen war ich nicht wirklich bereit, einen Schlussstrich zu ziehen. Ich war nicht bereit, mich mit meiner Vergangenheit und meinen Fehlern auseinanderzusetzen. Ich sah mich immer noch als ein Opfer der Umstände. Und zum anderen hatte ich überhaupt keine Ahnung, wie mein neues Leben aussehen sollte. Ich hatte nicht einmal eine Ahnung davon, was ich als Nächstes tun könnte. Ich nahm mir vor, dass ich mich noch einmal öffentlich äußern würde. Im Februar 2007 verkündete ich das Ende meiner Profikarriere.

Die Jahre vergingen. Aber ich schaffte es nicht, meinem Leben eine neue Richtung zu geben. Ich fand keine neue Aufgabe. Und auch, wenn ich es mir einredete – ich hatte auch noch keinen echten Schlussstrich gezogen. Wie sollte ich auch? Egal, wie sehr ich es versuchte, immer wieder wurde ich mit meiner Doping-Vergangenheit konfrontiert. Wenn alte Freunde mich anriefen, fragten sie mich danach. Wenn doch mal wieder Berichte über mich liefen, wurde nicht mehr über meine Erfolge, sondern über meine Vergehen gesprochen. Mein Name war anscheinend endgültig mit meinem tiefen Fall verknüpft.

Ich hatte das Gefühl, dass ich eine schwere Wunde hatte, die einfach nicht mehr heilte. Immer wenn es auch nur ein kleines bisschen besser wurde, riss man sie wieder mit Brutalität auf. Ich erinnerte mich wieder und wieder daran, wie ich lernte, meine Wunden auszubürsten. Vielleicht hätte ich das hier auch tun sollen. Vielleicht hätte ich schon damals einfach einmal alles aufarbeiten müssen, damit nicht immer wieder neuer Schmutz hochkommt, der sich entzündet. Aber ich war nicht in der Lage dazu. Ich fühlte mich wie gelähmt. Ich blieb wochenlang in unserem Haus in der Schweiz. Ging nicht mehr raus. Traf niemanden mehr. Ich verkroch mich bloß. Das wurde zu einem Stresstest für die gesamte Familie – auch wenn meine Kinder wahrscheinlich noch viel zu klein waren, um zu verstehen, was passierte. Aber die Situation belastete Sara umso mehr. Eines Abends lagen wir nebeneinander im Bett und schwiegen. Ich beobachtete durch das geöffnete Fenster den Vollmond.

Plötzlich hörte ich, wie Sara weinte.

Ich drehte mich zu ihr. »Was hast du?«, fragte ich sie.

»Jan, wir müssen einfach damit abschließen. Wir müssen jetzt die Vergangenheit die Vergangenheit sein lassen.«

Ich zog sie an mich heran. »Ich weiß«, flüsterte ich. Wahrscheinlich litt sie mehr als ich. Seit Monaten schon war ich nicht mehr traurig. Ich war einfach leer. Ich fühlte überhaupt nichts mehr. Alles in mir war einfach nur taub. Bis zu diesem Moment. Es brach mir das Herz, meine Frau so zu sehen.

»Wir müssen an die Zukunft denken, Jan.«

»Ich weiß«, sagte ich.

Und ich wusste es ja auch. Es brachte doch nichts, der Vergangenheit nachzutrauern. Ich musste akzeptieren, was geschehen war. Ich musste etwas Neues finden. Ein sehr langes und wichtiges Kapitel meines Lebens war abgeschlossen. Es war nun Zeit, ein neues zu schreiben. Aber ich saß vor einem weißen Blatt Papier, mit dem Stift in der Hand, und fand einfach nicht die Kraft, etwas zu schreiben. Es waren mittlerweile drei Jahre vergangen. Und nichts änderte sich.

Ich war mein ganzes Leben lang in feste Strukturen eingebunden gewesen. Und die waren nun alle weggebrochen. Außer meiner Familie hatte ich nichts mehr, was mich morgens motivierte aufzustehen. An einem dieser Tage ging ich in meine Garage und betrachtete mein Rad. Sollte ich nicht vielleicht doch eine Runde drehen? Ich griff nach dem Lenker. Doch als ich ihn berührte, überkam mich eine Art Ekel. Ich schüttelte den Kopf, lehnte das Fahrrad wieder an die Wand und ging zurück in unser Haus. Dann legte ich mich in unser Bett und starrte an die Decke. Dort verbrachte ich den ganzen Tag. Ich hatte einen Knoten in meinem Kopf. Und dieser Knoten löste sich einfach nicht. Er wurde nur größer und größer.

Im Sommer schaute ich mir die Tour de France an. Ich ertrug sie allerdings nur, wenn ich den Ton abdrehte. Radsport war nicht mehr meine bedingungslose Liebe. Radsport war jetzt meine Hassliebe. Je mehr Tage, je mehr Wochen und Monate ich auf diese Weise verbrachte, desto schwerer fiel es mir, aus dieser depressiven Phase wieder herauszukommen. Ich richtete mich regelrecht ein in meiner Lethargie. Ich fiel in ein Loch. In ein sehr, sehr tiefes Loch. Und mit jedem Tag, der verging, rutschte ich noch ein wenig tiefer. Ich hatte das Gefühl, dass mich das Leben überforderte. Ich bekam die einfachsten Dinge nicht mehr hin.

Eines Abends öffnete ich eine Flasche Wein und trank sie komplett aus. So etwas machte ich normalerweise nicht. Normalerweise hielt ich mich an ein oder zwei Gläser am Abend. Zum Essen. Aber je mehr ich trank, desto mehr spürte ich, dass der Alkohol eine ganz spezielle Wirkung auf mich hatte. Er entspannte mich. Er sorgte dafür, dass ich nicht ständig wieder an meine Vergangenheit dachte. Es war, als würde sich ein Nebel um meinen Kopf bilden, der die bösen Gedanken zumindest ein Stück weit fernhielt. Ich verfiel in eine tiefe Depression. Und irgendwann griff ich nicht mehr bloß zum Alkohol, um die Leere in mir auszufüllen. Ich griff auch zu Kokain. Ich tat das heimlich. Niemand bekam es mit. Ich verzog mich in meinen Keller und konsumierte nur für mich. Bis ich einschlief und ein neuer Tag anbrach.

Ich weiß nicht mehr genau, wie lange das so ging. Waren es Tage, Wochen, vielleicht sogar Monate? Ich hatte mein Gefühl für die Zeit verloren.

Ich weiß nur noch, dass Sara der Sache irgendwann ein Ende bereitete. Sie entdeckte ein kleines Tütchen mit weißem Pulver bei mir – und stellte mich zu Rede.

»Ist das dein Ernst?«, fragte sie und hielt das durchsichtige Tütchen hoch. »Du nimmst Kokain? Obwohl du zwei Kinder hast? Was ist los mit dir? Ich erkenne dich nicht mehr!«

Ich schaute sie an und rang nach Worten. Was sollte ich dazu sagen? Sie hatte ja recht. Ich war ein erwachsener Mann. Ich war Vater. Ich hatte Verantwortung. Was machte ich da nur? Ich ließ mich auf die Couch fallen und vergrub mein Gesicht in meinen Händen. Dann fing ich an zu weinen. Es war mir alles so furchtbar peinlich. Auf der anderen Seite war ich auch froh, dass mein Geheimnis nun kein Geheimnis mehr war. Dass ich Sara sagen konnte, wie ich mich fühlte.

»Ich weiß einfach nicht, wie es weitergehen soll«, schluchzte ich. »Jeden Morgen frage ich mich, wofür ich überhaupt noch aufstehe ...« Ich schaute in die Leere. »Ich habe keine Lebensfreude mehr, Sara. Ich bin in einem Loch. In einem ganz tiefen Loch. Und ich komme da nicht mehr raus.«

Dann heulte ich wieder los. Meine Frau setzte sich zu mir und nahm mich in den Arm.

»Wir müssen eine Lösung finden«, sagte sie. »Aber du musst bereit sein, auch Hilfe zuzulassen.«

Ich nahm meinen großen Koffer aus meinem Schrank und legte ihn auf unser Bett.

Sara stellte sich zu mir. »Lass mich das machen«, sagte sie.

Ich winkte ab. »Nein«, entgegnete ich. »Das ist schon okay …« Ich nahm ein paar Klamotten aus dem Schrank und legte sie in meinen Koffer. Es tat mir gut, das zu tun. Es tat mir gut, überhaupt etwas zu tun. Sara setzte sich auf das Bett und schaute mir zu.

»Ich bin froh, dass du das jetzt machst.« Sie machte eine kurze Pause. »Wirklich, Jan, das ist der richtige Weg.«

Ich hatte mich entschlossen, in eine Klinik zu gehen. Ich wusste, dass ich es ohne fremde Hilfe nicht schaffte. Ich sah in meinem Schrank das Fach mit meinen Sportklamotten. Ich fuhr mit der Hand über meine Trainingstrikots. Spürte den Polyester auf meiner Haut. Dann hielt ich inne. Ich schloss meine Augen. Es war, als würde mich schon die Berührung des Stoffes zurückwerfen. Plötzlich hatte ich unzählige Bilder im Kopf. Sie blitzten auf und lösten sich innerhalb von Millisekunden ab. Ich sah mich bei meinem ersten Radrennen. Sah mich in Berlin auf der Sportschule. Auf der Radrennbahn. Im Höhentrainingslager. Auf der Straße. Sah mich in Südafrika. In Colorado. Bei meiner ersten Tour der France. Sah mich, wie ich hinter Bjarne fuhr, ihm sein Wasser reichte. Wie ich die Tour dann selber gewann. Die Rennen gegen Lance.

»Jan …«

Sah mich dann, wie ich vor den Dutzenden Kameras stand, nach Worten rang, kurz nachdem mein Team mich suspendiert hatte.

»Jan!«

Ich riss mich aus meinen Gedanken.

»Es ist alles okay«, sagte ich zu Sara. Dann nahm ich die Trainingstrikots und steckte sie in meinen Koffer. Nur für alle Fälle. Man wusste ja nie.

Ich presste die Klamotten zusammen, zog den Reißverschluss zu und hob den Koffer vom Bett herunter. »Ich bin bereit«, sagte ich und gab meiner Frau einen Kuss.

Ich schaute aus dem Fenster. Es war ein warmer Spätsommertag. Der Himmel war wolkenfrei. Ich war jetzt drei Tage hier. Und es ging mir schon viel besser. Jeden Tag gab es Gespräche mit Psychologen, Einzel- und Gruppentherapien. Es gab geregelte Essenszeiten. So wie damals im Internat. Ich glaube, es tat mir einfach gut, wieder in eine richtige Struktur zurückzufinden. Ich fühlte mich sogar so gut, dass ich mir vorstellen konnte, wieder ein bisschen zu trainieren. Ich besuchte den Sportraum der Klinik und war positiv überrascht. Hier standen tatsächlich sogar ein paar Fahrräder rum. Zum ersten Mal seit langer Zeit hatte ich kein unangenehmes Gefühl bei der Vorstellung, eine kleine Ausfahrt zu machen. Ich nahm mir eines der Räder und fuhr los. Einfach so. In die Landschaft hinein. Es war ein gutes Gefühl.

Als ich nach ein paar Stunden wieder in die Klinik zurückkam, fühlte ich mich wie neugeboren. Von nun an ging es wieder bergauf. Ich schöpfte neuen Lebensmut. Ich fing wieder an, regelmäßig zu trainieren. Meinem Alltag eine Struktur zu geben. Ich ließ den Alkohol und die Drogen weg. Und es funktionierte. Es waren zwar sehr kleine Schritte, aber ich fand wieder in mein Leben zurück. Wie ich das künftig ausgestalten würde, das wusste ich noch nicht so genau. Aber ich hatte ein paar Ideen.

Ich investierte in die eine oder andere Firma. Und ich nahm an kleineren Charity-Rennen teil. Die Resonanz war gut. Die Leute schienen sich zu freuen, dass ich wieder da war. Wenn auch nur im Kleinen. Vielleicht hatte man mir meine Vergangenheit endlich verziehen, dachte ich. Aber noch immer war ich nicht bereit, mich selber mit ihr tiefer auseinanderzusetzen. Warum auch? Ich wollte jetzt nach vorne schauen.

Was ich in dieser Zeit gelernt habe:

Resilienz ist die Fähigkeit, sich wieder aufzurichten, wenn man einen schweren Rückschlag hatte. Resilienz ist eine Kraft, die es uns erlaubt, weiterzumachen, auch wenn wir glauben, dass wir nicht mehr weitermachen können. Es ist schon erstaunlich, zu was der Mensch alles fähig ist. Alleine, dass wir unsere eigenen Grenzen immer und immer wieder überschreiten können, ist eine unglaubliche Eigenschaft. Aber auch unsere Leidensfähigkeit ist beachtlich. Und doch müssen wir lernen, unsere eigene Vergangenheit zu akzeptieren und ihren Frieden mit ihr zu schließen, bevor wir unsere Zukunft gestalten können. Das ist verdammt schwer. Und ich habe sehr viele Jahre gebraucht, um diesen Frieden wirklich zu finden. Zu dem Zeitpunkt, als ich meine erste Therapie machte, hatte ich ihn noch nicht gefunden. Es würde noch viele Jahre und einige schwere Rückfälle brauchen, bis mir das gelingen sollte. Allerdings habe ich in dieser frühen Phase bereits eine Sache gelernt, die mir sehr helfen sollte. Ich lernte, Routinen zu entwickeln. Ich glaube, dass Routinen Menschen helfen können, nicht bloß ihren Alltag zu strukturieren, sie helfen auch, sich aus den tiefsten Löchern herauszukämpfen, in denen wir manchmal festhängen. Eine feste Routine gibt uns Halt. Sie ist etwas, woran wir uns festklammern können, auch wenn alles andere wegzubrechen scheint. Wie diese Routine letztlich aussieht, ist ganz egal. Ob es sich um regelmäßige Spaziergänge handelt oder, wie bei mir, um ein festes Sportprogramm, die Hauptsache ist, dass man sie durchhält. Es gibt übrigens eine Faustregel: In der Wissenschaft geht man davon aus, dass man genau 66 Tage benötigt, bis eine Gewohnheit eine Routine wird. Bis man also eine Verhaltensweise so sehr verinnerlicht hat, dass sie uns keine Überwindung mehr kostet, sondern eine Selbstverständlichkeit ist.

Routinen sind ungeheuer wertvoll! Sie helfen uns nicht bloß, unseren Alltag zu strukturieren, sie bieten uns auch Halt, wenn wir in Situationen kommen, in denen uns im Leben etwas wegbricht.

Die fatale Fahrt

Ich hatte eine verdammt harte Zeit hinter mir. Ich hatte meine Radsportkarriere beendet und war in ein tiefes Loch gefallen, aus dem ich mich ohne Hilfe nicht herausarbeiten konnte. Doch nach meiner ersten Therapie brach für mich eine bessere Zeit an. Stück für Stück gelang es mir, mich wieder neu aufzubauen. Ich tastete mich langsam vor. Trainierte wieder regelmäßig. Nahm an verschiedenen Veranstaltungen teil. Und versuchte, mir zum ersten Mal auch ein Leben neben dem Radsport aufzubauen. Meine Investitionen in verschiedene Firmen gaben mir neue Motivation. Ich versuchte, meinem Leben einen ganz neuen Dreh zu geben. Das lief für ein paar Jahre sehr gut. Ich überstürzte nichts und fand ein Tempo, mit dem ich sehr gut leben konnte.

Und dann passierte etwas, was nicht hätte passieren dürfen. An einem sonnigen Nachmittag im Mai 2014 stand ein befreundetes Paar vor unserer Haustür. Ich hatte die beiden schon eine Ewigkeit nicht mehr gesehen.

»Wir haben dir was mitgebracht«, sagten sie und hielten mir eine Flasche Rotwein entgegen. Sie wussten, dass sie mir damit eine Freude machten. Aber ich hatte wieder angefangen zu trinken. Noch hatte ich es unter Kontrolle. Immerhin trank ich nicht mehr alleine und zurückgezogen in meinem Keller, sondern nur, wenn Freunde da waren, wenn wir zusammen zu Abend aßen. Und wenn wir grillten. Das war mittlerweile meine ganz große Leidenschaft: Barbecue. Ich führte die beiden in unseren Garten und präsentierte ihnen meinen neuen Grill.

»Kommt«, sagte ich, »ich schmeiße uns ein paar gute Steaks drauf.«

Sara war mit den Kindern gerade unterwegs und wir öffneten die erste Flasche Wein. Wir hatten uns wirklich lange nicht mehr gesehen und fingen an, über alte Zeiten zu sprechen. Dann öffnete ich die zweite Flasche und nahm die Steaks vom Grill. Wir hatten ein paar schöne, unbeschwerte Stunden. Bis mein Handy klingelte.

»Ach, verdammt«, sagte ich. »Ich habe ganz vergessen, dass ich am Abend noch einen Termin bei meiner Heilpraktikerin habe.« Ich dachte kurz nach. »Ich sage ihr ab.«

»Quatsch«, entgegnete mein Freund. »Wir müssen eh los. Wir fahren heute noch zurück nach München. Mach dir keine Umstände.«

»Wir müssen das wiederholen«, verabschiedete ich mich und umarmte die beiden. Dann setzte ich mich in mein Auto. Dass ich mittlerweile wahrscheinlich viel zu viel Wein intus hatte, störte mich nicht. Ich vertrug so einiges und fühlte mich gut. Außerdem war die Praxis nicht weit von unserem Haus entfernt, vielleicht ein paar Kilometer. Heute kann ich nur den Kopf darüber schütteln, wie naiv ich damals mit dem Thema Alkohol umgegangen bin.

Nach der Behandlung fuhr ich wieder nach Hause. Doch als ich in unsere Straße einbog, kam mir plötzlich eine Idee. Ich hatte gestern beim Radfahren ein Grundstück entdeckt, was gerade neu vermessen wurde. Es lag direkt an einem Hang, man hatte einen tollen Blick auf den See und ich wollte mir das einmal näher anschauen. Ich überlegte kurz. Es war noch ziemlich früh, draußen war es noch hell und ich hatte Zeit. Vielleicht wäre jetzt eine gute Gelegenheit, mir das Grundstück einmal genauer anzuschauen. Ich fuhr die Landstraße entlang. Kein einziges anderes Auto war hier unterwegs. Ich nahm die Ausfahrt auf die Hauptstraße und fuhr über eine Kuppe. Ich kannte die Gegend ganz gut. Ich drückte auf das Gaspedal. Erst als ich die Anhöhe hinter mir ließ, bemerkte ich, dass direkt vor der Kreuzung vor mir ein Auto stand. Verdammt! Ich bremste, so stark ich konnte, aber es war zu spät. Ich war viel zu schnell gefahren. Meine Reifen quietschten. Dann knallte es. Es war ein lauter, ohrenbetäubender Lärm. Ich krachte direkt in den Wagen vor mir. Das Auto wurde abgedrängt und überschlug sich. Ich verlor die Kontrolle und rammte noch einen weiteren Wagen. Alles passierte so schnell, dass ich es gar nicht richtig wahrnahm. Ich hörte nur diesen Lärm. Dann sprangen die Airbags auf. Und dann war alles plötzlich ruhig.

Blackout.

Ich hörte nur noch ein lautes Pfeifen auf meinem Ohr. Erst langsam kam ich wieder zu mir. Ich war benommen. Alles drehte sich.

Was war hier gerade passiert? Mein Kopf tat höllisch weh – dann kamen die Erinnerungen zurück. Die Landstraße. Die Ampel. Das andere Auto. Plötzlich war ich wieder völlig bei mir. Ich sprang aus dem Wagen und lief zu dem anderen Auto. Was für ein Schock. Als der Fahrer unverletzt aus dem Wrack ausstieg, fiel mir ein riesiger Stein vom Herzen. Ich lief auf ihn zu.

»Alles in Ordnung?«, fragte ich ihn.

Er stand ebenfalls unter Schock. Nickte nur apathisch. Kurz darauf war auch schon die Polizei da.

Ich hatte das mit dem Alkohol unter Kontrolle? Von wegen.

Mir wurde bewusst, dass mein Leben vielleicht doch noch nicht so gefestigt war, wie ich gedacht hatte. Als Sara mich abholte und nach Hause brachte, sprach sie kein Wort mit mir. Sie hatte mich gewarnt, als ich wieder angefangen hatte zu trinken. Und sie hatte recht. Am nächsten Tag ließ ich mir von der Polizei die Adressen von den Beteiligten geben und besuchte sie. Ich entschuldigte mich bei allen. Danach ließ ich mich erneut in die Entzugsklinik einweisen.

Mein vermeintlich neues Glück war ziemlich zerbrechlich. Immer wenn ich dachte, dass ich mich halbwegs gefangen hatte, kam es wieder zu Situationen, die mir zeigten, dass ich noch einen langen Weg vor mir hatte. Das merkte ich besonders, als eine Firma an mich herantrat, die mich als Werbegesicht gewinnen wollte. Seit dem Doping-Skandal hatten Unternehmen eher einen großen Bogen um den Namen Ullrich gemacht. Ich freute mich, dass ich nun scheinbar nicht mehr verbrannt war, und ging den Deal ein. Ich hatte mich zu früh gefreut. Als wir die Zusammenarbeit öffentlich machten, brach ein medialer Shitstorm über uns herein. Wie könne man nur mit einem Doping-Sünder zusammenarbeiten? Einem Betrüger? Die Firma wurde in Grund und Boden geschrieben. Das setzte mir zu. Das alte Doping-Kapitel war anscheinend doch noch nicht abgeschlossen.

Und dann bekam ich wieder Probleme mit meinem Knie. Es war das alte Spiel. Bei jeder Belastung tat es weh. Wieder konnte ich kein Fahrrad mehr fahren, und die ganze Routine, die ich mir in den vergangenen Jahren aufgebaut hatte, fiel wieder in sich zusammen. Das nahm mich am meisten mit. Der Sport war meine Stütze. Ohne ihn brach ich zusammen.

Ich verfiel erneut in Depressionen. In den Wintermonaten wurde es besonders schlimm. Dann legte sich ein schwerer Nebel über den Bodensee, der wie eine dunkle Wolke manchmal wochenlang alles einhüllte. Die Natur. Unser Haus. Und mich. Wenn ich aus dem Fenster schaute, dann blickte ich nur in ein graues Nichts. Und wenn ich die Augen schloss und in mich hineinhörte, dann empfand ich dasselbe: nichts. Immer wenn ich dachte, ich hätte die Schatten vertrieben, kamen sie wieder zurück und legten sich sehr viel aggressiver über mein Leben. Dieses Mal hüllten sie mich komplett ein. Manchmal wusste ich gar nicht, welchen Tag wir hatten. Montag, Dienstag oder Mittwoch? Oder war das Wochenende schon wieder angebrochen? Mein Leben hatte überhaupt keine Struktur mehr.

An einem dieser namenlosen Tage setzte sich Sara zu mir. Sie stellte eine Tasse Tee auf den Tisch neben mich.

»Lass uns verreisen«, sagte sie.

»Und wohin?«

»Ganz egal, wir gehen dahin, wo das Wetter besser ist. Wo die Sonne scheint. Das wird dir guttun. Und du kommst ein wenig raus aus deiner depressiven Welt.«

Ich schaute sie an. Depressive Welt. Das war hart. Aber sie hatte ja recht. Ich war wirklich in einem ganz eigenen Nebel gefangen. Ich zuckte mit den Schultern.

Und so fuhren wir im Winter 2015 nach Mallorca. Und es tat mir wahnsinnig gut. Ich spürte, dass es mir schlagartig besser ging. Es fühlte sich für mich so an, als könnte ich endlich wieder durchatmen. Als wir an einem Abend gemeinsam im Garten saßen, nahm Sara meine Hände und drückte sie ganz fest. Dann schaute sie mir in die Augen. »Ich habe das lange nicht mehr gesehen«, sagte sie lächelnd.

»Was meinst du?«, fragte ich.

»Dieses Strahlen in deinen Augen ...« Dann legte sie ihre Stirn auf meine. Sie hatte recht. Mir ging es wirklich besser. Die Sonne war meine Therapie.

»Wenn wir doch nur hier bleiben könnten«, sagte ich. Sara ließ eine lange Pause. »Vielleicht können wir das ja?«

Wir schauten uns an. Dann überlegten wir. Die Kinder waren ja noch recht jung. Vor drei Jahren war noch Tony, mein dritter Sohn, auf die Welt gekommen. Benno war fünf, Max war acht und Sarah Maria, die bei Gaby lebte, war mittlerweile elf. Wir könnten versuchen, in Spanien einen guten Kindergartenplatz und eine Schule zu finden. Ich dachte nach.

»Ich werde es versuchen«, sagte Sara.

Schon am nächsten Tag telefonierte sie überall herum. Gleichzeitig beauftragten wir einen Makler, der sehr bald ein Haus für uns fand. Es war perfekt. Eine wunderschöne Finca. Sie lag zehn Minuten von Palma entfernt. Stadtnah, aber doch komplett in der Natur. Es gab eine große Küche, einen tollen Pool, es war genau das, was wir gesucht hatten. Als ich das erste Mal durch die weitläufigen Räume ging, hatte ich sofort ein Gefühl, das ich schon sehr lange nicht mehr hatte: das Gefühl, zu Hause zu sein. Ich schaute Sara an und merkte, dass sie dasselbe dachte. Auch sie fühlte sich hier wohl.

»Was denkst du?«, fragte sie mich, obwohl sie wahrscheinlich schon wusste, was in meinem Kopf vorging. »Ich denke, wir sollten es versuchen ... für drei Jahre. Dann können wir weitersehen.«

»Es ist ein riesiger Schritt, in ein anderes Land zu ziehen.«

»Vielleicht könnte das ein Neuanfang für uns sein, Jan …«

Ich nickte und gab ihr einen Kuss. Ja, ein Neuanfang. Das war genau das, was wir beide dringend bräuchten.

Was ich in dieser Zeit gelernt habe:

Dass Rückschläge zum Leben dazugehören, ist eine Selbstverständlichkeit. Jeder Mensch weiß das. Theoretisch. In der Praxis treffen sie einen dann doch immer härter, als man es erwartet hätte. Bei mir war mein Alkohol-Rückfall besonders schlimm, weil ich gerade gedacht hatte, dass ich mich gefangen hatte. Ich hatte die Illusion, dass ich mein Leben im Griff hatte. Was für ein Irrtum! Ich hatte gar nichts im Griff. Und das wurde mir an diesem Abend noch einmal schmerzlich bewusst. Eigentlich hätte ich es selber besser wissen müssen. Immer wenn es bergauf geht, folgt früher oder später auch eine Talfahrt. Doch ein Rückschlag bedeutet nicht, dass man wieder bei null beginnen muss. Im Gegenteil. Man kann den Schwung einer Abfahrt auch nutzen, um sich wieder hochzuarbeiten. Aber das ist eine Einstellungsfrage. Wir müssen lernen zu verstehen, dass ein Rückschlag immer auch ein Lernprozess ist. Er hilft uns, unser Leben, unsere Entscheidungen, unsere Selbstverständlichkeiten zu hinterfragen. Für mich bedeutete mein Rückfall, dass ich vieles hinterfragte, was ich bislang als selbstverständlich annahm. Und dann tatsächlich einen Neustart wagte.

Jeder Rückschlag hat mir auch die Chance gegeben, an mir zu arbeiten, um mich teilweise im Kleinen neu zu erfinden. Doch jede noch so kleine Korrektur verändert und verbessert auch das Gesamtbild. Das half mir jedes Mal, mich besser zu fühlen.

IV

RESPEKT

Ein Absturz im Paradies

Jetzt waren alle Dämme gebrochen. Jetzt hatte ich wirklich alles verloren. Meine Karriere. Mein Ansehen. Und nun auch noch meine Familie. Meine Frau Sara hatte mir gesagt, dass sie sich von mir trennen wollte. Dabei waren wir gerade erst nach Mallorca gezogen, um uns hier ein neues Leben aufzubauen. Aber das gelang uns nicht. Es gelang mir nicht. Ich war nur ein weiteres Mal vor meinen Problemen geflohen, die mich wieder eingeholt hatten. Dabei fing zunächst alles so vielversprechend an. Ich fuhr wieder Fahrrad. Ich baute mich langsam auf. Ich hatte ein paar neue Geschäftspartner gefunden und den gesamten Sommer bereits geplant – ich wollte an einigen Charity-Veranstaltungen teilnehmen. Und dann meldete sich mein Knie zurück. Wieder standen Operationen an. Wieder waren alle meine Pläne hinfällig. Wieder wurde ich aus meinen Routinen herausgerissen und wieder konnte ich nicht mehr Radfahren. Ich wurde erneut depressiv. Und griff wieder zum Alkohol. Es war das typische Muster. In dem Moment, wo ich aus meinen Routinen herausgerissen wurde, in dem Moment, wo ich keinen Sport mehr machen konnte, schien alles, was ich mir mühsam wieder aufgebaut hatte, in sich zusammenzufallen. Dann fing ich wieder an zu trinken. Und Sara? Sie war am Ende ihrer Kräfte. Ich hatte schon länger gespürt, dass meine Frau eine unglaubliche Distanz zu mir aufgebaut hatte. Ich schämte mich. Auch sie hatte es nicht leicht. Sie musste sich um ihre erkrankte Mutter kümmern. Und ich war ihr keine Hilfe. Im Gegenteil, ich machte alles nur noch schlimmer. Gerade jetzt, gerade in dieser schwierigen Zeit sollte ich für sie da sein. Stattdessen machte ich ihr auch noch Kummer. Aber ich würde das wieder gerade biegen, dachte ich. So wie ich es immer irgendwie wieder gerade gebogen hatte. Sobald ich wieder fit war, würde ich schon wieder genug Kraft haben, um uns beide durchzuziehen. Doch dieses Mal schaffte ich es nicht.

Sara konnte nicht mehr. Sie musste sich jetzt einen Schutzpanzer um ihr Herz bauen, damit es nicht völlig zertrümmert wurde. Sie hatte so viel Leid erfahren und ich machte ihr das Leben seit Jahren zusätzlich schwer. Immer wieder fiel ich in alte Gewohnheiten zurück. Wenn sie jetzt nicht gehen würde, würde sie zerbrechen. Das wusste sie. Und ich wusste es auch. Und dennoch wollte ich es nicht wahrhaben. Bis sie es tatsächlich tat. Bis sie die Kinder nahm und zurück nach Deutschland ging. Und ich, ich blieb zurück. Gefangen im Paradies. Ich hatte oft gedacht, dass mein Leben ein Albtraum war. Aber ich hatte keine Ahnung, wie schlimm es noch werden würde.

Sara war meine letzte Lebensstütze gewesen. Wie könnte es jetzt noch schlimmer werden? Ich fiel in ein tiefes Loch. Ich war so wahnsinnig traurig und hatte das Gefühl, mein Herz würde einfach in tausend Teile zerspringen. So etwas hatte ich noch nie zuvor empfunden. Ich musste mich unbedingt ablenken. Sonst würde ich ganz sicher an gebrochenem Herzen zugrunde gehen. Da mein Knie zu dieser Zeit noch immer schwer lädiert war, begann ich mit Boxtraining. Ich organisierte mir auf Mallorca einen Coach, der mich jeden Tag trainierte. Ich mochte den Kerl. Ein guter, rauer Typ. Irgendwann fragte er mich, ob es für mich in Ordnung wäre, wenn er ein paar seiner Freunde mitbringen würde.

»Na klar«, sagte ich. »Sie können alle kommen.«

Warum auch nicht? Meine Familie fehlte mir so wahnsinnig doll, dass ich froh war, wenn ich nicht alleine sein musste. Und so lernte ich seine Freunde kennen. Und die Freunde seiner Freunde. Und deren Freunde waren irgendwann auch dabei. Meine Finca wurde von Tag zu Tag immer belebter. Jeder brachte irgendwen mit, den er kannte. Es war ein Kommen und Gehen. Auch ein paar Dealer fanden sich bei mir ein. Ich erinnerte mich daran, wie ich mich in meiner depressiven Phase mit Kokain betäubt hatte. Das würde jetzt bestimmt wieder gut funktionieren, dachte ich. Meine Frau und meine Kinder fehlten mir so sehr, dass ich den Schmerz einfach nur noch betäuben wollte. Also begann ich wieder zu konsumieren. Und ich trank. Rotwein reichte mir nicht mehr. Ich griff jetzt zum harten Zeug. Whiskey. Johnny Walker. Die Spezialedition. Ich füllte meinen gesamten Schrank damit auf.

In dieser Zeit begann sich nicht nur mein Umfeld zu verändern. Auch ich war nicht mehr ich selbst. Ich war jetzt nicht mehr der ruhige, schüchterne Jan. Die Drogen machten aus mir einen neuen Menschen. Ein lautes, extrovertiertes Arschloch. Und mein Haus, in dem ich noch vor ein paar Monaten gemeinsam mit meiner Familie gelebt hatte, war zu einer »Rockstar-Hölle« geworden. Rund um die Uhr kamen irgendwelche Leute rein, die ich noch nie gesehen hatte. Schauspieler, Künstler, Kriminelle, Rocker, Milieu-Leute. Jeder war hier willkommen. Ich begrüßte sie alle mit großer Geste und sagte, sie sollen sich wie zu Hause fühlen.

Sie setzten sich an meinen Pool, bedienten sich an meinem Kühlschrank und feierten mit mir jeden Tag eine Party. Es störte mich nicht. Im Gegenteil. Es war mir sogar recht. Hauptsache, jetzt nicht alleine sein, dachte ich. Ich war ständig auf der Flucht. Auf der Flucht vor meiner Vergangenheit. Und auf der Flucht vor der Realität. Einfach, weil ich sie nicht ertrug. Immer wenn es etwas ruhiger um mich herum wurde, brachen die ersten vernünftigen Gedanken wieder durch: Was machst du hier eigentlich? Du hast gerade deine Frau verloren! Du richtest dich hier zugrunde. Aber ich wollte sie nicht hören. Ich wollte das nicht wahrhaben. Ich wollte mich betäuben. Dann verschwanden die Stimmen in meinem Kopf wieder. Irgendwann verlor ich völlig mein Raum- und Zeitgefühl. Ich fand keinen Schlaf mehr. Ich war nur noch wach. Völlig auf Sendung.

Ich setzte mich an meinen Wohnzimmertisch, neben mir saßen zwei schwere, volltätowierte Jungs, sie sprachen über irgendwelche Geschäfte. Ich wusste nicht genau, wer sie waren. Es war mir aber auch egal. Ich holte mir eine Whiskeyflasche, füllte drei Gläser auf und stellte sie vor uns hin.

»Auf eure Geschäfte, Jungs«, sagte ich.

Sie schauten sich verwirrt an, nahmen die Gläser, nickten mir zu und wir tranken alles auf ex. Dann verhandelten sie weiter und ignorierten mich. Ich sah, dass einer seine Knarre auf dem Tisch liegen hatte. So, als wäre es das Normalste der Welt. Ich fasste mir an den Kopf. Scheiße, dachte ich, das ist gar nicht gut. Nicht, dass hier noch irgendwas passiert. Aber nach ein paar Sekunden hatte ich den Gedanken auch schon wieder verloren und quatschte mit irgendeiner Blondine, die sich hier eingefunden hatte und mir erzählte, dass sie Schauspielerin sei und sehr bald ganz bestimmt ihren Durchbruch erleben würde. Irgendein verkannter Künstler hatte sich selbst zum DJ ernannt und sorgte dafür, dass laute Elektromusik durch Haus und Garten schallte.

»Hey«, fragte mich die blonde Schauspielerin, deren Namen ich schon wieder vergessen hatte. »Hast du was da?« Sie tippte sich an die Nase.

»Na klar«, sagte ich und wir nahmen gemeinsam Koks.

»Du bist cool«, sagte sie und verschwand dann wieder.

Ich legte mich an den Pool und schloss für ein paar Sekunden die Augen. Dann landete ein kleiner aufblasbarer Ball auf mir. Ich schreckte hoch.

»Sorry«, rief ein Typ, der gerade in meinem Pool saß. »Kannst du uns den Ball zurückwerfen?«

»Mann, du Vollidiot, verpiss dich aus meinem Pool«, brüllte ich ihn an und wunderte mich über mich selbst, warum ich auf einmal so aggressiv war. Egal. War ja mein Haus und meine Party. Ich schüttelte den Kopf, ging an meinen Schrank und zog mir noch eine Flasche Whiskey raus.

Als ich am nächsten Morgen aufwachte, sah ich, dass der Garten völlig demoliert war. Ein Liegestuhl war im Pool gelandet. Zigarettenstummel lagen auf der Wiese. Überall waren Glassplitter.

Ich fasste mir an den Kopf. Scheiße, dachte ich. So kann das nicht weitergehen. Ich brauchte unbedingt jemanden, der sich darum kümmerte. Also stellte ich eine weitere Putzfrau und zusätzlich noch einen Gärtner ein. Sie sollten sich um das Chaos kümmern. Und wo ich schon dabei war, stellte ich dann auch gleich noch ein paar Köche ein. Als sie sich bei mir vorstellten, briefte ich sie.

»Ich bin Sportler«, sagte ich ihnen. »Darum ist es mir sehr wichtig, mich gesund zu ernähren.«

Die Köche schauten mich an, ließen ihren Blick dann durch das Wohnzimmer schweifen. Überall standen Whiskeyflaschen rum. Auf dem Tisch lagen Zigaretten und Tütchen mit Kokain.

»Was genau meinen Sie mit ... gesund?«, fragte mich einer von ihnen.

»Na, gesund! Frische Lebensmittel. Viel Obst. Viel Gemüse.

Kein Fast Food, frischer Fisch und so was, klar?« Sie nickten. »Klar.«

Dann stellte ich noch einen Einkäufer ein, damit ich das Haus gar nicht mehr verlassen musste. Ich war jetzt beinahe völlig eingerichtet in meiner Parallelwelt. Ich musste nur noch eine letzte Sache erledigen.

»Guten Tag«, sagte ich. Mein Spanisch war eine Katastrophe. Also versuchte ich es auf Englisch. »Ich will Geld abheben.«

Der Mann am Bankschalter legte seinen Kopf schräg und musterte mich. Ich dürfte keinen sonderlich vertrauensvollen Eindruck gemacht haben. Ich hatte eine dicke schwarze Sonnenbrille auf, trug ein verwaschenes T-Shirt und Flip-Flops. Ich hatte seit zwei Tagen nicht mehr geschlafen und jede Menge Kokain und Whiskey intus.

»Wie viel brauchen Sie denn?«, fragte er mich dennoch freundlich.

Ich nannte ihm eine absurd hohe Summe und knallte eine Sporttasche auf den Schalter. Er schaute mich entgeistert an.

»Ist das Ihr Ernst?«, fragte er.

»Natürlich.«

Es entstand eine unangenehm lange Pause.

»Wir können Ihnen nicht einfach so eine Summe auszahlen«, sagte er.

»Und warum nicht?«

»Weil … das nicht geht.«

Langsam machte der Typ mich wütend. »Ich bin Jan Ullrich und ich will mein Geld haben«, motzte ich ihn an. »Ich werde nicht hier weggehen, bevor Sie mich nicht ausgezahlt haben!«

Ich torkelte zu einem der Stühle, ließ mich fallen und verschränkte demonstrativ die Arme. Der Bankangestellte war sichtlich überfordert. Wahrscheinlich überlegte er, ob er den Sicherheitsdienst, die Polizei oder nur seinen Chef rufen sollte. Immerhin war ich ja Großkunde seiner Bank. Ich betrachtete den Mann, wie er zögerlich hin- und herlief, dann schlief ich ein. Ich dämmerte einfach weg. Als ich wieder aufwachte, stand der Chef der Bank vor mir.

»Herr Ullrich«, sagte er, »kommen Sie bitte mit.«

Er führte mich in sein Büro, wo er mir erklärte, dass man eigentlich nicht so viel Geld ohne Voranmeldung auszahlen könne, er für mich aber eine Ausnahme machen würde.

»Das ist sehr nett«, sagte ich noch ein wenig verschlafen. Und legte meine Sporttasche auf seinen Tisch. »Einfach da rein.«

Als ich wieder zu Hause war, ging ich in mein Schlafzimmer und schüttete das Geld einfach auf den Fußboden. Das sollte ein paar Wochen reichen, dachte ich. Jetzt müsste ich das Haus gar nicht mehr verlassen. Immer wenn ein Dealer kam oder ein Angestellter bezahlt werden wollte, brachte ich ihn nun in mein Schlafzimmer und sagte ihm, er solle sich einfach bedienen.

»Ey, ey, ey, alle mal herschauen«, rief einer der jungen Schauspieler und klatschte dreimal in die Hände. »Jan macht jetzt seinen Zaubertrick.«

Ich nahm neun Zigaretten, drückte sie zusammen und schnürte ein Gummiband um sie. Dann steckte ich mir das Zigarettenbündel in den Mund, zündete alle gleichzeitig an und nahm einen großen Zug.

»Du bist der Geilste, Jan!«, hörte ich die Leute um mich grölen. Neun Zigaretten. Am Stück. Ich erinnerte mich daran, wie mich Stefan zum ersten Mal zum Rauchen verführt hatte, als ich noch ein kleiner Junge gewesen war. Schade, dass er nicht hier ist, dachte ich. Wir hätten eine gute Challenge daraus machen können. Ich legte das 9er-Zigarettenbündel in den Aschenbecher, schnappte mir eine Flasche Johnny Walker und exte sie in einem Zug komplett weg.

»Völlig geisteskrank«, rief ein junger Kerl. »Der Typ ist krass!«

Um mich herum hatte sich eine kleine Traube gebildet. Alle begannen zu klatschen. Dann ging die Musik wieder an und die anderen bildeten wieder kleine Gesprächsgrüppchen und kümmerten sich um sich selbst. Es dauerte ein paar Sekunden, dann spürte ich, wie meine Beine langsam wackelig wurden.

Aber ich stand noch immer. Zumindest für eine Weile. Ich setzte mich auf die Couch und dämmerte einfach weg.

Irgendwann wachte ich wieder auf. Ich streckte mich, als ich sah, wie ein Typ auf mich zukam.

»Hey, Bruder, schön, dass du wieder wach bist. Ich wollte einmal mit dir sprechen, weil mir zu Ohren gekommen ist, dass du es hier sehr bunt treibst.«

Ich schaute mich um. Ich wusste gar nicht, wer der Kerl überhaupt war. Und was meinte er wohl damit?

»Entschuldigung?«, fragte ich und suchte nach meiner Whiskeyflasche. Ich fand sie hinter der Couch.

»Na ja, das ist kein gesunder Lebensstil hier. Aber ich habe so ein Gerät entwickelt, das kann dich reinigen.«

»Wie reinigen?«

»Deinen Körper. Von innen.«

Er stellte mir einen komischen Holzkasten vor die Nase. An den Kasten waren zwei Kabel angeschlossen, die in zwei Metallbälle führten.

»Du musst diese Bälle nur festhalten und die Reinigung beginnt.«

Ich zuckte mit den Schultern. »Ja, okay«, sagte ich.

»Das kostet allerdings ein bisschen etwas, aber ich mache dir einen guten Preis. Ich würde dir raten, jeden Tag eine Stunde Entgiftung mit dem Gerät zu machen.«

»Okay, mache ich.« Ich nahm einen großen Schluck Whiskey aus der Flasche und nahm die beiden Metallkugeln in die Hand. Was soll's, dachte ich. Wenn es denn hilft.

An diesem Punkt in meinem Leben war mir bereits alles egal.

Was ich in dieser Zeit gelernt habe:

Ich war an einem Punkt, an dem ich alles in meinem Leben verloren hatte. Meine Karriere. Meine Familie. Und ein gutes Stück weit auch meine Kontrolle. Ich war fest davon überzeugt, dass ich mich betäuben musste, um in dieser Zeit nicht an einem gebrochenen Herzen zu sterben. Ich war in einem Ausnahmezustand. Ich glaube, dass wir alle irgendwann einmal an irgendeinem Punkt in unserem Leben sind, an dem uns die Kontrolle entgleitet. Oder an dem wir zumindest das Gefühl haben, dass sie uns entgleitet. Doch das Schlimmste, was ich in dieser Zeit verloren habe, das war meine Selbstachtung. Selbstachtung bedeutet, mit sich im Reinen zu sein. Zu akzeptieren, wer man ist. Die Fehler der Vergangenheit anzunehmen. Doch das konnte ich nicht. Im Gegenteil. Ich hasste mich teilweise selbst für die Person, die ich geworden war. Aber ein Mensch, der sich selbst nicht wertschätzen kann, der ist auch nicht gut für seine Umwelt. Ein Mensch, der sich nicht selbst annehmen kann, zieht alle anderen Menschen, die sich mit ihm umgeben, in Mitleidenschaft. Wir sind nur in der Lage, souverän mit unseren Schwächen umzugehen und eigene Fehler zu erkennen, wenn wir uns grundsätzlich annehmen und respektieren. Selbstachtung ist aber etwas, was man lernen kann. Indem man das Idealbild, dass man von sich selbst hat, in Einklang mit seinen Taten bringt. Das klingt ganz einfach. Oftmals ist es aber unendlich schwer. Es gibt so viele unterschiedliche Gründe, warum wir in gewissen Lebenslagen nicht dazu fähig sind, so zu handeln, wie wir das von uns selbst eigentlich erwarten. Aber diese Hürden zu überwinden, Dingen, die wir lieber verdrängen würden, ins Gesicht zu schauen und unser Verhalten zu ändern – das ist die ganze große Herausforderung in unserem Leben.

Meine neu gefundene Selbstachtung hilft mir, meinen Anspruch an mich selbst mit meinen Handlungen im Leben in Einklang zu bringen. Nur wenn ich mit mir selbst im Reinen bin, kann ich das auch mit den Menschen in meinem Umfeld sein.

Eine Nacht im vielleicht härtesten Knast der Insel

Ich schaute gedankenverloren auf die Sonne, die langsam unterging.

»Es werden bessere Tage kommen«, sagte Til.

Ich nickte. Wir saßen jetzt schon seit drei Stunden am Pool und hatten ein richtig gutes Gespräch. Ich hatte ihm mein ganzes Herz ausgeschüttet. Zum ersten Mal seit langer Zeit hatte ich über all die Dinge gesprochen, die mich belasteten. Sara, die Kinder, meine Vergangenheit. Die Trennung machte mir verdammt schwer zu schaffen. Til hatte einfach zugehört. Das tat gut.

Ich hatte Til Schweiger hier auf Mallorca kennengelernt. In den letzten Wochen hatten wir uns wirklich sehr intensiv angefreundet. Er war mein direkter Nachbar und wir verbrachten viel Zeit miteinander. Ich mochte ihn gerne.

»Ich muss jetzt los«, sagte er und ich stand mit ihm auf und brachte ihn zu seinem Haus.

»Danke fürs Zuhören.« Wir umarmten uns.

»Jan«, sagte Til und fixierte mich. »Diese Tür hier wird nie für dich verschlossen sein. Okay?« Ich lächelte. Ich wusste diese Geste zu schätzen. Dass ich ausgerechnet auf dem tiefsten Punkt meines Lebens eine solche Freundschaft aufbauen sollte, das berührte mich.

Am nächsten Morgen ging ich zu Til herüber, um die Abendplanung zu besprechen. Ich wollte ihn fragen, ob er Lust habe, am Nachmittag zum Barbecue zu kommen. Ich drückte die Klinke runter und – moment Mal, das konnte doch jetzt nicht wahr sein … Die Tür war abgeschlossen. Ich schüttelte den Kopf. Nicht, dass ich das als Problem empfunden hätte. Aber hatte Til nicht gestern Abend noch zu mir gesagt, dass genau diese Tür niemals für mich verschlossen sei? Wahrscheinlich nur ein blöder Zufall.

»Til?«, rief ich nach ihm. Keine Antwort. »Til, bist du da?« Merkwürdig. Ich hörte doch Stimmen. Ich entschloss mich, über den Zaun zu klettern, um zu sehen, was los war. Dann sah ich ihn. Er saß mit ein paar Leuten im Garten und lachte. Doch sein Lachen fror in dem Moment ein, in dem er sah, wie ich in sein Blumenbeet sprang.

»Sag mal, bist du gerade über meinen Zaun geklettert?«

»Die Tür, die immer für mich offen steht, war verschlossen«, sagte ich sarkastisch.

»Ey, Jan, echt, jetzt ist ein schlechter Zeitpunkt. Ich habe Besuch. Lass uns später reden.«

Was sollte das denn? Wieso wimmelte er mich plötzlich ab?

»Ich wollte dich nur was fragen, warum plötzlich so unhöflich?«

Til reagierte genervt. »Es ist kein guter Zeitpunkt. Jan. Wir reden später.«

Ich verstand nicht, warum er mich plötzlich so behandelte. Wahrscheinlich war er einfach genervt, dass ich wie selbstverständlich in seinen Garten geklettert war. Aber das hätte er doch sagen können. Ich stellte ihn zur Rede und die Situation peitschte sich immer weiter hoch. Wir wurden immer lauter und ich immer aggressiver. Irgendwann gingen Tils Freunde dazwischen. Alles wurde immer unübersichtlicher und dann sprang einer von ihnen von der Seite in mich hinein.

»Bist du irre?«, brüllte ich ihn an. »Bist du mir hier gerade in die Seite gesprungen? Was soll die Scheiße?«. Der Typ schien von sich selbst erschreckt zu sein und ergriff die Flucht. Doch ich wollte das nicht auf mir sitzen lassen und jagte ihn durch den Garten. »Dir verpasse ich eine«, brüllte ich.

Til vergrub sein Gesicht in seinen Händen. Wer konnte es ihm verdenken? Was für ein Zirkus. Und auch seine Haushälterin fand das alles gar nicht mehr lustig. Sie rief die Polizei.

Die Beamten waren innerhalb kürzester Zeit da. Nachdem sie sich einen kurzen Überblick verschafft hatten, schienen sie den Unruhestifter schnell identifiziert zu haben. Mich. Als sie Anstalten machten, mich abzuführen, wehrte ich mich. »Moment mal«, schimpfte ich. »Ich habe doch gar nichts gemacht!« Die Polizisten schauten sich an und atmeten einmal schwer durch. Scheinbar wollten sie die Lage irgendwie deeskalieren.

»Beruhigen Sie sich, Sie sind verletzt«, sagte einer der Polizisten. Ich schaute an mir herunter. Ich hatte tatsächlich Blut auf dem T-Shirt. Ich musste mir irgendwo den Arm aufgerissen haben. Ich hatte es noch nicht einmal bemerkt, so aufgebracht war ich.

»Wir bringen Sie in ein Krankenhaus, um das zu behandeln«, sagte der Polizist.

Ich schimpfte noch ein wenig vor mich hin, ließ mich dann aber auf das Angebot ein. Mein Arm sah wirklich nicht gut aus. Die anderen atmeten durch, als ich freiwillig in den Polizeiwagen stieg und mit den Beamten wegfuhr. So ein Schauspiel, schimpfte ich noch auf der Rückbank und konnte mich nur langsam wieder beruhigen. Die Polizisten ignorierten mich. Nach etwa zwanzig Minuten hatten wir dann die Klinik erreicht. Man brachte mich gleich in ein kleines Zimmer, wo ich auf einer Liege saß und den sterilen Raum betrachtete. Ein Deckenventilator drehte sich langsam. Die beiden Polizisten standen an der Tür und schauten mich schlecht gelaunt an. Schließlich kam der Arzt. Er versorgte meine Wunde, ging an seinen Medizinschrank und zog plötzlich eine Spritze auf.

»Moment, Moment«, schreckte ich zurück. »Was wird das?«

»Wir nehmen Ihnen Blut ab«, sagte der Arzt ruhig.

»Auf gar keinen Fall!«, rief ich. »Davon war nie die Rede.« Warum wollten sie mir denn jetzt Blut abnehmen? Das konnte ja nur einen Grund haben – sie wollten einen Drogentest machen. Das konnten sie sich abschminken!

»Stellen Sie sich nicht so an«, ermahnte mich einer der Polizisten.

»Sie können mich mal«, brüllte ich. »Keine Spritze. Weg damit!«

»Seien Sie kooperativ«, wurde ich ermahnt. Aber ich dachte gar nicht daran. Ich wehrte mich mit Händen und Füßen. Nicht die beste Idee. Die Konsequenzen sollte ich schnell zu spüren bekommen. Ich landete wieder im Polizeiauto. Dieses Mal wurde ich nicht in ein Krankenhaus gebracht – sondern in ein Gefängnis.

Die Zelle war klein und eng. Das kann nur ein schlechter Scherz sein, dachte ich und schaute mich um. Es gab kein richtiges Bett, sondern bloß einen großen Stein, auf den man eine Auflage gelegt hatte. Sie war grün und gelb. Ich wollte gar nicht wissen, wieso. Außerdem stank es bestialisch.

»Hallo?«, rief ich. »Ist da jemand?«

Niemand reagierte. Ich hatte wahnsinnigen Durst und brauchte Wasser. Aber das schien hier niemanden zu interessieren.

»Hallo?«

Nichts. Man ließ mich in diesem Kellerloch einfach zurück. Nicht mal eine Toilette gab es. Das erklärte wiederum den Gestank. Man verrichtete einfach sein Geschäft vor Ort. Ich schaute mir die Wände an. Sie waren mit Fäkalien beschmiert. Ich musste würgen. So etwas Widerliches hatte ich noch nie gesehen.

»Wann komme ich hier raus?«, brüllte ich. »Ich will einen Anwalt haben!«

Ich hätte hier unten sterben können und niemanden hätte es interessiert. Ich hatte eine wahnsinnige Wut im Bauch. Irgendwann, nach ein paar Stunden, kam ein Wärter und drückte mir ein Sandwich durch die Gitterstäbe.

»Habt ihr Wasser?«, fragte ich ihn.

Er zuckte mit den Schultern und verschwand wieder. Was für ein Albtraum! Das hier, das war die längste Nacht meines Lebens. Am nächsten Morgen ließ man mich wieder raus. Til hatte seine Anzeige gegen mich wieder zurückgezogen. Heute weiß ich, dass er seine Intervention als eine Art Warnruf für mich verstand. Aber sie beeindruckte mich natürlich nicht. Zu sehr war ich in meinem ganz eigenen Film gefangen. Als ich völlig lädiert aus dem Knast herauskam, begrüßten mich erst einmal ein paar Journalisten und Kamerateams auf der Straße. »Herr Ullrich, wie war es denn im Gefängnis?«, fragten sie und schossen ein paar Bilder von mir. Das machte allerdings keinen sonderlichen Eindruck auf mich.

Als ich aus dem Gefängnis kam, lebte ich mein Leben genauso weiter wie die letzten Wochen. Das Einzige, was sich veränderte, waren die Journalisten, die nun permanent vor meiner Finca standen und versuchten, Fotos von mir zu machen. Nachdem es jahrelang ruhig um mich gewesen war, waren die Medien nun wieder voll mit Artikeln über mich.

»Kompletter Absturz! Jan Ullrich am Ende!«, stand auf den Titelseiten. Plötzlich kamen wieder die ganzen alten Erinnerungen hoch. Konnte man mich nicht einfach nur in Ruhe lassen? Ich hatte doch niemals jemandem etwas getan! Warum stürzten sich alle so auf mich? Ich fühlte mich hilflos und wütend. Das machte mich wahnsinnig. Ich betäubte dieses Gefühl mit noch mehr Kokain und Whiskey.

Mein Verhältnis zu den Medien war schwierig. Das lag einfach daran, dass ich mein Leben lang nie groß die Öffentlichkeit gesucht hatte. Denn ich wusste, dass man als öffentliche Person in seiner Privatssphäre eingeschränkt war. Ich hatte so viel erlebt. Ich hatte erlebt, wie Papparazzi mich verfolgten. Wie sie in mein Haus hinein fotografierten. Wie sie meine Freundin bedrängten. Nichts davon wollte ich. Ich war nie ein Showman, sondern einfach ein schüchterner Typ. Ich habe den Sport geliebt. Und ich wollte auch immer Erfolg haben. Dass ich dadurch zu einer Person des öffentlichen Lebens wurde, fiel mir allerdings nicht leicht. Plötzlich schrieb jeder über mich, was er dachte. Ich habe immer verstanden, dass das ein Teil des Spiels ist. Ein Preis, den man als öffentliche Person zahlen muss. Leichtgefallen ist mir das dennoch nicht. Das erste Mal, dass ich wirklich Probleme mit der Presse hatte, war nach meinem Tour-de-France-Sieg 1997. Nach der Saison hatte ich Probleme, richtig ins Training zu finden. Es fiel mir einfach wahnsinnig schwer. Ich spürte den Druck, der auf meinen Schultern lastete. Ich wollte niemanden enttäuschen. Und genau das blockierte mich.

Also fuhr ich mit meiner damaligen Freundin Gaby noch einmal in den Urlaub. Vielleicht brauchte ich einfach noch ein bisschen Zeit für mich, dachte ich, um den Druck besser zu verarbeiten. Ich ließ es mir gut gehen, ging mit meiner Freundin gut essen und nahm einiges an Gewicht zu. Das würde ich zum Frühjahr schon wieder abtrainieren, dachte ich mir. Ich machte mir keine großen Gedanken. Aber das sprach nur dafür, dass ich noch nicht so richtig begriffen hatte, wie es in meinem Leben fortan laufen würde. Eines Tages gingen wir in Spanien an die Tankstelle, wo eine große deutsche Boulevardzeitung auslag. Ich schielte auf die Titelseite. Moment mal ..., konnte das sein? Ich ging noch einmal zurück und schaute mir die Zeitung genauer an. Das war doch wohl nicht deren Ernst! Irgendein Paparazzo musste mich in meinen Ferien abgeschossen haben. Und zwar in einer denkbar ungünstigen Pose. Man sah meinen stolzen Bauch, den ich mir über den Winter angefuttert hatte. Ich war nicht wirklich dick. Aber im Vergleich zu den Bildern, die man von mir kannte, sah der Unterschied zu meiner Tour-de-France-Zeit schon erschreckend aus. Allerdings war ich nach der Tour auch völlig unterernährt und hatte nur noch magere vier Prozent Körperfettanteil. Über den beiden Bildern stand hämisch:

»Ulle hat ein DICKES Problem.«

Ich lief rot an. Das war mir so wahnsinnig unangenehm. Wieso veröffentlichte man so etwas? Aber es waren nicht nur die deutschen Medien, auch die internationalen Zeitungen druckten die Fotos nach. Ich konnte nur mit dem Kopf schütteln. Ich hatte doch noch mehr als genügend Zeit, bis die Saison wieder begann. Aber ab diesem Zeitpunkt hatten sich die Medien auf mich eingeschossen. Mit einem neuen Thema: meinem Gewicht. Und es nahm immer schlimmere Züge an. Als ich eines Abends von einem harten Rennen nach Hause fuhr, hielt ich bei einer Tankstelle an und kaufte mir einen Schokoriegel. Ich hatte den ganzen Tag noch nichts gegessen und brauchte nach der langen Fahrt irgendetwas, um meine Kohlenhydrat-Vorräte kurzfristig aufzufüllen. Als ich bezahlte, nickte mir der Mann hinter der Theke zu. »Sie sind Jan Ullrich, oder?«

Ich versuchte, nicht allzu viel Aufsehen zu erregen, und nickte freundlich.

»Ich bin ein großer Fan«, sagte der Mann.

Ich bedankte mich, bezahlte und fuhr nach Hause. Zwei Tage später erschien in den Boulevardmedien ein Artikel darüber, dass ich nachts in Tankstellen Schokoriegel kaufen würde, um meine Heißhungerattacken zu stillen. Ich konnte das gar nicht glauben. Hatte er jetzt tatsächlich die Presse angerufen?

Mir ging das alles sehr nahe. Auch wenn ich niemals darüber gesprochen habe, war ich wahnsinnig sensibel. Mich nahm das alles mit.

»Du musst lernen, damit klarzukommen«, tröstete mich Gaby. Aber das sagte sich leichter, als es sich lebte.

Noch schlimmer wurde es dann, als ich von der Tour de France ausgeschlossen wurde und meine Karriere ein Ende fand, als man herausfand, dass ich mich gedopt hatte. Es verging kein Tag, an dem ich nicht durch die Medien gezerrt wurde. Eine große deutsche Boulevardzeitung hatte sich etwas ganz Besonderes ausgedacht. »Ulle, sag die Wahrheit!« titelten sie. Und schrieben mir jeden Tag eine Nachricht. Ob ich mich zu den Doping-Vorwürfen äußern möchte. Ich antwortete nicht. Am nächsten Tag titelten sie: »Ullrich schweigt! Wir bleiben dran.« Am Nachmittag bekam ich dann wieder einen Anruf. »Jan, willst du uns heute ein Statement geben?« Ich verneinte.

Am nächsten Tag kam die erwartete Überschrift. »Ulle schweigt weiter – wir geben nicht auf!« Einen ganzen Monat lang zog sich diese Aktion. Nach einer Woche schaltete ich mein Handy einfach ab und verkroch mich.

Und dann war da noch die Sendung von Reinhold Beckmann. Ich war in die Show eingeladen worden, auch um das Ende meiner Radsportkarriere zu begründen. Vor Beginn der Aufzeichnung hatte ich darauf hingewiesen, dass ich mich weiterhin nicht zu den Doping-Vorwürfen äußern könnte und schlug vor, dass wir das Thema entsprechend ausklammern sollten. Ich würde eine Frage dazu beantworten und vor der Kamera versprechen, dass ich wiederkommen und alles offenlegen würde, sobald alle offenen Verfahren, die mir drohten, abgewendet waren. Natürlich kam es anders. Der Schwerpunkt der gesamten Sendung lag auf dem Thema Doping. Ich kann das heute auf eine bestimmte Art und Weise verstehen. Beckmann war Journalist und das Doping-Thema war das Thema, das die ganze Nation interessierte. Alle erwarteten eine Aussage von mir. Aber ich konnte zu diesem Zeitpunkt nichts sagen. Meine Anwälte hatten mir strikt davon abgeraten. War das klug? Im Nachhinein wahrscheinlich nicht.

Aber ich hielt mich dennoch strikt an mein Schweigeprogramm. Mir blieb nichts anderes übrig, als mich auf ein paar Floskeln zu stützen.

Das kam alles andere als gut an. Dann schaltete Beckmann noch einen Doping-Experten dazu, der mich scharf angriff. Ich fühlte mich hintergangen. Kurz vor der Sendung wurde mir doch etwas völlig anderes versprochen.

Das hier, das war's, dachte ich. Noch während die Aufzeichnung lief, entschied ich mich, mich komplett aus der Öffentlichkeit zurückzuziehen. Ich fühlte mich von den Medien hintergangen.

Das war ein unfairer Vorwurf, das weiß ich heute. Sie machten auch nur das, was ihr Job war. Und sie waren ja im Recht. Ich hatte betrogen. Sie hatten es aufgedeckt. Es war doch klar, dass sie ein Statement von mir haben wollten. Dennoch war ich damals der festen Überzeugung, dass sie eine Hexenjagd auf mich veranstalten würden. Gut, die zahlreichen Paparazzi, die mich belagerten, kann ich auch im Nachhinein nicht schönreden. Dennoch ging es mir damals wohl um etwas ganz anderes.

Was ich in dieser Zeit gelernt habe:

Der Grund, warum ich mich so falsch behandelt fühlte, war ganz einfach. Mir ging es um Respekt. Ich hatte das Gefühl, dass man mir nicht mit dem Respekt entgegentrat, mit dem ich Menschen begegnete. Die Schlagzeilen waren dabei gar nicht so sehr das Problem, sondern die Art, wie sie entstanden waren. Mich störte eher, dass man aus einem langen Interview mit mir nur diesen einen Satz herausnahm, den man mir besonders zu Lasten legen konnte. Obwohl er gar nicht so gemeint war. Mich störte, dass man sich in Talkshows nicht an Absprachen hielt. Ich hatte das Gefühl, gar nicht mehr frei sprechen zu können. Dass jedes Wort auf die Goldwaage gelegt wurde. Ich konnte mich einfach nicht mit den Mechanismen unserer Mediengesellschaft arrangieren, weil das nie Teil meiner Welt war. Aber, das sage ich ganz klar, das war damals mein Problem. Heute verstehe ich, dass ich die Maßstäbe, die ich an zwischenmenschliche Beziehungen anlegte, versucht habe, auf die Presse zu übertragen. Das konnte nicht funktionieren. Ich bin immer mit einer sehr klaren Einstellung durch das Leben gegangen. Ich habe jeden Menschen gleich behandelt. Ganz egal, ob es sich um einen hochrangigen Politiker, einen großen Sportler oder einen Angestellten im Supermarkt handelt. Für mich macht es auch keinen Unterschied, ob jemand einen Rang oder einen Namen hat. Darum habe ich auch nie verstanden, dass man mich so anders behandelt hat, als ich meine ersten Erfolge im Radsport hatte. Ich war doch noch immer der selbe Jan, der ich davor gewesen bin. Es hatte sich nichts geändert. Überhaupt nichts. Warum nahmen mich die Menschen plötzlich so anders wahr? Vielleicht ist diese Einstellung naiv. Das kann sein. Aber ich werde sie nicht ändern. Denn ich bin fest davon überzeugt, dass unsere Welt eine bessere wäre, wenn wir die Menschen als die Menschen sehen, die sie sind. Und nicht als die Menschen, die irgendeine Position, einen Job oder einen Titel tragen.

Es ist ganz einfach:
Respekt gegenüber anderen Menschen bedeutet, dass man sie als Mensch und nicht als Funktionsträger sieht. Und sie so behandelt, wie man auch behandelt werden möchte.

Eine neue, alte Heimat

August 2018 war ich wieder in Deutschland. Ich hatte mich in einer Entzugsklinik eingeschrieben. Die Eskapaden der letzten Monate waren einfach zu viel. Dennoch tat ich es nicht für mich. Ich tat das für meine Kinder. Ich wollte sie unter keinen Umständen verlieren. Sara hatte einen Entzug zur Voraussetzung gemacht, dass ich wieder Kontakt mit ihnen haben dürfte. Also war für mich klar, dass ich das jetzt auch durchziehen müsste. Auch, wenn ich selber die Notwendigkeit gar nicht richtig erkannte. Und so war ich auch gar nicht bei der Sache. Ich tat das, was man mir sagte, ich nahm die Therapie so mit, wie sie war, aber ich hatte noch immer nicht das Gefühl, dass ich wirklich etwas falsch gemacht hatte. Wieso verstand es denn niemand? Ich hatte eine schwere Zeit und wollte die Schmerzen betäuben. Nicht mehr und nicht weniger. Ich kannte mich doch. Ich wusste, dass ich diese extreme Phase jederzeit beenden könnte. Mein ganzes Leben war nichts anderes als eine Ansammlung von extremen Phasen. Wieso nahmen das alle so ernst?

Dann klopfte es an meiner Tür. Mike Baldinger kam rein. Mike war ein alter Freund aus Merdingen. Ein ehemaliger Profi im Motorradrennsport. Als ich dort noch mit Gaby gelebt hatte, hatten wir viel miteinander trainiert und uns angefreundet.

Mike war einer der wenigen Freunde, denen ich noch komplett vertraute. Er hatte mich nie gedrängt, irgendetwas zu tun, was ich gerade nicht wollte. Er war immer nur da, wenn ich ihn brauchte.

»Hey, Großer«, begrüßte er mich. »Hier ist jemand, der dich sehen will.«

Dann trat Lance in mein Zimmer. Ich konnte das nicht glauben. Träumte ich das?

»Hey man …«, begrüßte Lance mich in seinem breitesten texanischen Akzent. »Hab gehört, du hast eine harte Zeit. Ich wollte mal nach dir sehen.«

Es war ein unglaubliches Gefühl, dass er plötzlich vor mir stand. Lance war mein größter sportlicher Rivale gewesen. Er hatte die entscheidenden Jahre meines Lebens so stark beeinflusst wie wohl kaum ein anderer Mensch. Und jetzt war er hier. Einfach so.

Ich schloss ihn in die Arme. »Gut, dich zu sehen«, sagte ich. Nachdem wir beide unsere Profikarriere beendet hatten, hatten wir immer mal Kontakt zueinander gehabt, weil wir bei der einen oder anderen Veranstaltung zusammenarbeiten wollten. Aber ergeben hatte sich das leider nie. Und jetzt stand er hier. Wie lange war es her, dass ich ihn das letzte Mal gesehen hatte? Es musste bei meiner letzten Tour de France gewesen sein.

»Was machst du hier?«

Lance erzählte mir, dass Mike mit ihm gesprochen hatte.

»Ich glaube, du brauchst einfach Hilfe, Dude. Und das ist nichts Schlimmes. Die brauchen wir alle mal.«

Es war unglaublich, dass Lance gekommen war. Er war extra aus den Staaten angereist, um mir Mut zuzusprechen. Auch er hatte es die letzten Jahre nicht leicht gehabt. Der ganze Doping-

Skandal hatte sich wie ein großer Schatten über unsere gesamte Radfahrer-Generation gelegt. Wir alle hatten mit den Folgen zu kämpfen. Die einen mehr, die anderen weniger.

»Ich glaube, dass unsere beiden Leben sehr viel enger miteinander verbunden sind, als du glaubst, Jan.«

Ich schaute Lance an. Er lächelte. Aber ich spürte, dass ihn das alles hier bewegte.

»Du hast ja keine Ahnung, wie viel Angst du mir damals bei der Tour gemacht hast«, sagte er. »Du warst der härteste Gegner, den ich jemals hatte. Und ich bin an dir gewachsen. Dafür werde ich dir immer dankbar sein.«

Egal, was die Leute über Lance denken – er ist einer der großherzigsten Menschen, die mir je begegnet sind.

Doch der Entzug war nur der Anfang. Nur der erste Schritt. Denn eigentlich war ich noch gar nicht so weit. Ich machte den Entzug, weil ich dazu gedrängt wurde. Nicht, weil ich ihn selbst unbedingt wollte. Das kam erst ein paar Wochen später. Als ich merkte, dass ich wieder in alte Muster zurückfiel. An einem dieser Tage ging ich in mein Badezimmer und drehte den Wasserhahn auf. Dann schaute ich mich im Spiegel an. Ich erkannte mich kaum noch wieder. Ich hatte mir meinen Schädel rasiert, mein Gesicht war dünn und eingefallen. Ich hatte dunkle Augenringe und sah wirklich miserabel aus. Nein, das hier, das war nicht mein Leben. Und der Zombie, der mich im Spiegel betrachtete, das war nicht Jan Ullrich. Ich war unten. Ganz unten. Aber es musste noch einmal so schlimm werden, wie es jetzt war, damit ich erkannte, dass ich auch die letzte Grenze erreicht hatte. Ich schaute mich an und erkannte, dass mir nur noch eine Wahl blieb. Ich musste mich endgültig für das Leben entscheiden. Sonst wäre ich sehr bald wirklich tot gewesen.

Ich ging zunächst nach Miami und danach in die Schweiz. Dort wollte ich nun einen richtigen Entzug machen. Aber ich fand keinen Platz. Ich war völlig verloren. Ich irrte irgendwo im Land herum und wusste nicht, wie es weitergehen sollte.

Ich griff zu meinem Handy. Und rief noch einmal bei Mike Baldinger an. »Mike, ich glaube ..., ich brauche deine Hilfe. Ich bin in einer Notsituation.«

»Wo bist du?«, fragte er. »Irgendwo in der Schweiz«, entgegnete ich. Ich war wirklich verloren.

»Ich hole dich ab ...«

Mike brachte mich nach Merdingen. Als wir wieder in meine alte Heimat fuhren, hatte ich Tränen in den Augen. Ich hatte sofort zahlreiche Erinnerungen an all die Straßen und Plätze hier. In Merdingen hatte ich meine Profikarriere begonnen. In Merdingen hatte ich meine erste Freundin kennengelernt. Hier hatte ich die unbeschwerteste Zeit meines Lebens erlebt. Wie einfach die Dinge doch damals gewesen waren.

»Sie sind es immer noch«, sagte Mike. »Wenn man es sich selbst nicht so schwer macht.«

»Ich will einfach, dass alles wieder gut wird.«

»Das wird es«, sagte Mike und fuhr die unendlich lange Landstraße entlang. Die Sonne stand leuchtend über den satten grünen Feldern. »Hör zu, Jan, ich bin für dich da. Aber ich habe eine Frau und Kinder. Wenn du Quatsch machst, dann ...«

»... werde ich nicht«, sagte ich. »Dieses Mal nicht. Dieses Mal will ich einfach nur zur Ruhe kommen.«

Und hier war ich wieder. In Merdingen. Ich wohnte ein paar Tage bei Mike. Dann schlief ich ein paar Tage bei Gabys Familie auf der Couch. Und dann suchte ich mir ein eigenes Haus. Ich sagte meinem Makler, dass er die Finca in Mallorca abstoßen sollte. Ich wollte damit nichts mehr zu tun haben. Ich wollte mir ein neues Leben aufbauen. Und das gelang mir. Stück für Stück. Ich fing wieder an, mich gesund zu ernähren. Ich fing wieder an, Sport zu machen. Fahrrad zu fahren. Ich kämpfte mich zurück. So, wie ich mich schon unzählige Male zurückgekämpft hatte. Aber dieses Mal war etwas anders. Dieses Mal begann ich damit, meine Vergangenheit nicht einfach hinter mir zu lassen, sondern sie auch zu reflektieren. Ich wollte verstehen, wie es so weit hatte kommen können. Ich dachte an meine Kindheit, in der ich nie gesehen worden war. Ich dachte an den Sport, der mir endlich Aufmerksamkeit beschied. An meine ersten Erfolge. An meine Trainer, die für mich zu Vaterfiguren wurden. Menschen, denen ich blind vertraute. Und an den größten Fehler, den ich gemacht hatte: das Doping. Ich hatte mich mein Leben lang in die Opferrolle begeben. Ich hatte mein Leben lang gesagt, dass ich doch keine Wahl gehabt hätte. Aber jetzt begriff ich, dass das Unsinn war. Wir hatten immer eine Wahl. Nur war ich damals nicht bereit, die Konsequenz zu tragen. Die Konsequenz nämlich, den Traum einer Radsportkarriere aufzugeben. Dazu war ich damals nicht bereit. Ich habe immer wieder gesagt, dass ich niemanden betrogen habe. Dass ich nur Chancengleichheit herstellen wollte. Das stimmte. Aber dennoch habe ich betrogen, nämlich die Menschen, die zu mir aufgesehen haben. Die Fans, die Menschen, die sich außerhalb der Radsportwelt befanden. Das musste ich mir eingestehen. Die Welt ist nicht nur schwarz oder weiß. Sie hat viele Schattierungen. Ich habe das nicht erkannt. Ich habe nie die Verantwortung für meine Fehler übernommen. Vielleicht wäre alles ganz anders gekommen, wenn ich einfach von Anfang an offen und ehrlich gewesen wäre. Wenn ich einfach darüber gesprochen hätte, was passiert war. Wenn ich versucht hätte, zu erklären, warum ich so gehandelt hatte. Vielleicht hätten die Menschen es verstanden. Vielleicht auch nicht. Aber ich habe ihnen nie eine Chance gegeben, mir zu verzeihen. Ich habe mich einfach fallen lassen. In ein tiefes, tiefes Loch. Und ich habe viele Menschen mitgerissen. Menschen, die ich geliebt habe. Die ich immer noch liebe. Mike half mir in den ersten Tagen auch, das Chaos wieder zu ordnen. Meine Konten waren gesperrt, meine Karte eingezogen. Wir machten einen Schlachtplan. Und räumten auf. Ich begann eine Therapie. Sah meine Kinder wieder regelmäßig. Das größte Geschenk, das das Leben mir in dieser Zeit machte, war, dass all diese Menschen mir verziehen. Gaby und Sara. Meine Familie, die sich jahrelang Sorgen um mich machte. Meine echten Freunde, die immer nur das Beste für mich wollten. Korffi, meine alten Trainer – mit allen traf ich mich. Und wir sprachen uns aus. Es fühlte sich an, als würde ich meine Seele von einem schweren Ballast befreien. Als könnte ich nun endlich wieder durchatmen.

Was ich in dieser Zeit gelernt habe:

Es gibt da diesen bekannten Spruch, der besagt, dass man ziemlich viele Freunde hat, wenn man ganz oben ist, aber wenige von ihnen übrig bleiben, wenn man fällt. Ich kann das so nicht bestätigen. Als ich ganz oben war, hatte ich viele Freunde.

Als ich ganz unten war auch. Ständig haben sich Leute mit mir umgeben, die etwas von mir wollten. Die an mir gezerrt haben. Einige dieser Menschen, das weiß ich heute, wollten mich nur ausnutzen. Andere hatten vielleicht gute Absichten, sorgten aber dennoch dafür, dass es mit mir abwärts ging. Als ich auf Mallorca war und mich in Alkohol und Drogen flüchtete, da wollte ich mich ja auch ganz bewusst mit Menschen umgeben, die meinen Lebensstil nicht infrage stellen. Die mir dabei halfen, meiner Realität zu entfliehen. Es gab zahlreiche alte Freunde, die in dieser Zeit immer wieder auf mich zukamen und versuchten, mich zur Vernunft zu bringen. Aber ich hörte nicht auf sie. Im Gegenteil. Ich drückte sie weg. Ich war in einem Zustand, in dem ich das alles nicht hören wollte. Ich bin der festen Überzeugung, dass man einen Menschen nicht von seinem Weg abbringen kann. Schon gar nicht, wenn er suchtkrank ist. Auch ich war nicht offen für die Argumente meiner Freunde und meiner Familie, endlich in einen Entzug zu gehen. Ich hörte erst auf, als ich selber merkte, dass es Zeit war aufzuhören. Das gilt für so vieles in unserem Leben. Wir ändern unsere schlechten Gewohnheiten immer erst dann, wenn wir spüren, dass der Leidensdruck zu hoch wird. So sind wir Menschen nun einmal. Aber wer meine wahren Freunde waren, das erkannte ich genau in diesem Moment. In dem Moment, als ich mein Leben neu aufbauen wollte. Wahre Freunde reden dir gut zu, wenn du dich auf einem schlechten Weg befindest. Wahre Freunde werden dir aber nichts aufzwingen. Sie sind einfach da, wenn du sie am meisten brauchst. Ich habe aus dieser Zeit sehr viel gelernt. Ich habe vor allem gelernt, dass ich selber auch auf genau diese Weise für die Menschen da sein möchte. Dann, wenn sie mich brauchen.

Heute weiß ich, welche Menschen wirklich gut für mich sind und welche nur von mir profitieren wollen. Ich wurde oft enttäuscht und habe nur ganz wenige wirklich wahre Freunde. Aber die waren dann immer für mich da – ohne mir aber etwas aufzwingen zu wollen.

Warum ich die Wahrheit über mein Doping verschwieg – und wie mich das beinahe umbrachte

Ich hatte ja keine Ahnung, was ich da auf mich genommen hatte. Natürlich wusste ich, dass das Niveau im Profiradsport noch einmal deutlich höher lag als bei den Amateuren. Aber da ich bislang immer alle Herausforderungen beinahe spielerisch auf mich genommen hatte, dachte ich, dass mein Einstand im Team Telekom ähnlich werden würde. Wie ich mich doch täuschen sollte! Meine erste große Belastungsprobe war die Vuelta a España 1995. Die Vuelta war eine der größten Rundfahrten der Welt. An sie kamen nur die Tour de France und der Giro d'Italia heran. Die Vuelta a España, das waren 3500 Kilometer in drei Wochen. Kaum Ruhetage. Eine ungeheure Belastung für den menschlichen Körper. Eine Belastung, die ich mir bis dahin nicht auch nur ansatzweise hätte vorstellen können. Schon nach den ersten zwei Etappen bekam ich zu spüren, was es wirklich heißen sollte, bei den Profis mitzufahren. Die Strecken waren viel länger, als ich es gewohnt war, und die Anstiege waren brutal. Mein Körper kannte das nicht. Es war aber nicht nur der körperliche Schmerz, der einen belastete. Es war vor allem die psychische Belastung. Denn dieses Mal war ich wirklich gut in Form. Und dennoch hatte ich keinerlei Chance gegen die anderen Fahrer. Da waren Fahrer, die beinahe Übermenschliches leisteten. Fahrer, die einfach aus dem Nichts ausreißen, sich an die Spitze setzen und sich über Stunden hinweg das gesamte Verfolgerfeld vom Leib halten konnten. Sie erklommen die Berge mit einer solchen Leichtigkeit, dass mir schwindelig wurde. Ich hatte das Gefühl, dass sie nicht auf Fahrrädern, sondern auf Mopeds sitzen würden. Sie trotzten scheinbar den Gesetzen der Physik. Wie funktionierte das?

Ich versuchte, mich damit zu trösten, dass ich zwar gut trainiert, aber dennoch körperlich angeschlagen war und unter brutalen Zahnschmerzen litt. Aber das war nur die halbe Wahrheit. Ich musste mir eingestehen, dass ich gegen die restlichen Fahrer einfach nicht ankam. Ich versuchte es ja. Wieder und wieder setzte ich zu Attacken an. Aber sie führten zu nichts. Ich quälte mich fürchterlich. Von Tag zu Tag wurde es schlimmer.

Die Schmerzen, die ich beim Anstieg spürte, waren irgendwann unerträglich. Mein Körper rebellierte. Alles in mir bettelte aufzuhören. Einfach nicht weiterzufahren. Während ich gegen die Schmerzen ankämpfte, hatte ich wieder die Bilder im Kopf von meiner Zeit auf der Sportschule. Ich erinnerte mich daran, wie ich das erste Mal auf der Holzbahn gefallen war. Und wie Peter mir zeigte, wie ich meine Wunde ausbürsten musste. Immer weiter und weiter, bis der Schorf komplett weg war und Blut und Eiter aus der Wunde kamen, die die Splitter herausspülten. Ich dachte damals, dass Radsport nicht noch grausamer werden konnte. Doch da war ich noch keine Vuelta gefahren.

Ich entschloss mich, das Rennen abzubrechen. Ich hatte einfach überhaupt keine Chance. Keine Chance, eine erfolgreiche

Attacke zu fahren. Keine Chance, den Rennverlauf irgendwie zu beeinflussen. Ich musste der Wahrheit ins Gesicht sehen. Ich war schlichtweg nicht gut genug. Vielleicht war ich nicht dazu gemacht, ein Profi zu sein. Selten zuvor hatte ich in meinem Leben eine solche Frustration empfunden. Dieses Mal konnte ich es noch auf meine Zahnschmerzen schieben. Doch ich spürte bei den nächsten Rennen, an denen ich teilnahm, dass da eine riesige Kluft zwischen mir und den anderen Fahrern war. Zwar gelang es mir auch immer mal wieder, einzelne Etappen vorne mitzufahren, doch sich langfristig an der Spitze zu halten, das erschien mir unmöglich. So ging das bei allen Rennen. Ich merkte einfach, dass ich nicht auf Dauer die Leistung erbrachte, die nötig war. Das frustrierte mich wahnsinnig.

Als ich mich auf meine erste Tour de France vorbereitete, kam am Abend ein Mediziner auf mich zu.

Er fragte mich, wie es mir gehen würde. Ich zuckte mit den Schultern. Meine Stimmung war noch immer miserabel. Ich lag auf meinem Bett und starrte auf den Deckenventilator, der sich langsam drehte.

»Was hast du denn?«, fragte er mich. Ich fing an, ihm von meinen Sorgen zu erzählen. Von dem Gefühl, dass ich es auf lange Sicht nicht schaffen würde, mitzuhalten.

»So ein Quatsch«, sagte er und schüttelte den Kopf. »Red dir das nicht ein. Du bist ein Talent. Du bist verdammt gut.« Dann ließ er eine kurze Pause. »Für die gegebenen Umstände.«

Für die gegebenen Umstände? Was sollte das denn bedeuten?

»Na ja, die meisten anderen Fahrer haben dir gegenüber einen Vorteil.«

»Was denn für einen Vorteil?«

»Die meisten hier fahren auf EPO«, sagte der Mediziner.

Auf EPO? Ich kannte EPO natürlich. EPO war ein Hormon. Es sendet eine Botschaft an die Nieren, dass sie weitere rote Blutkörperchen bilden sollen. Aber ich konnte mit seiner Aussage dennoch nicht viel anfangen.

»Wie meinst du das, sie fahren auf EPO?«

»Na ja, du warst doch schon einmal im Höhentrainingslager. Dort wird EPO gebildet. Das ist die eine Möglichkeit.«

»Und die andere?«

»Man spritzt es sich.«

»Und das ist erlaubt?«

»Sagen wir so …, es ist ein Graubereich. Es gibt Werte, die nicht überschritten werden dürfen. Aber wenn du drunter liegst, ist alles in Ordnung.«

Ich kannte die Wirkung von EPO aus dem Höhentrainingslager. Die vermehrten roten Blutkörperchen sorgen dafür, dass den Muskeln mehr Sauerstoff zugeführt wurde. Man konnte seinen Körper über seine natürliche Grenze hinaus belasten. Mir war nur nicht klar, dass man sich EPO spritzen konnte.

Aber das erklärte mir auf einmal, warum die ganzen Profis so gut wie gar nicht mehr ins Höhentrainingslager fuhren, um sich vorzubereiten.

Der Mediziner zog eine kleine Ampulle aus der Tasche. Ich betrachtete sie. »Ist das gefährlich?«

»Nein, natürlich nicht. Vertrau mir.«

Und das tat ich. Ich vertraute ihm. Schnell merkte ich, dass das EPO eine ganz spezielle Wirkung hatte. Es war nicht so, dass ich übermenschliche Kräfte entwickelte, nachdem ich es mir injiziert hatte. Es war nicht so, dass man sich stärker fühlte. Man war auch nicht berauscht. Man fühlte sich einfach nur gesund, so, als hätte man lange ausgeschlafen.

Das EPO hatte keinen kurzzeitigen Effekt. Aber auf Dauer, auf langen Strecken half es einem, länger durchzuhalten. Es war so, als würde der Körper noch eine zusätzliche Energiereserve bekommen, die er davor nicht gehabt hatte. Und plötzlich veränderte sich alles. Plötzlich fühlte ich, dass wir alle wieder die gleichen Voraussetzungen hatten. Ich war wieder auf einem Level mit ihnen. Und so nahm ich EPO. Und so begann das Doping. Nicht aus dem Bewusstsein, dass ich mir einen Vorteil verschaffen wollte. Nein, ich wollte einfach nur Chancengleichheit herstellen. Wenn alle das machten, dachte ich mir, dann hatte ich ja keine andere Wahl. Es war für mich einfach Teil des Systems.

Im Laufe der Jahre gewöhnte ich mich an das EPO. Und dennoch: Es gab keinen Moment in meinem Leben, in dem ich das als normal empfunden hätte. Ich fühlte mich jedes Mal schlecht dabei. Aber es gehörte einfach dazu. Ich wusste, dass dies für mich der einzige Weg war, irgendwie eine Form von Chancengleichheit herzustellen. Erst kurz vor dem Tourstart im Jahr 1998 wurde das Alltägliche für mich wieder aus seiner vermeintlichen Normalität gebracht. Denn die Tour de France 1998 begann mit einem handfesten Eklat. Bei der Einreise des französischen Festina-Teams wurde ein Wagen vom Zoll kontrolliert. Als die Beamten den Kofferraum durchsuchten, staunten sie nicht schlecht. Sie stießen auf einen Medikamentenvorrat, mit dem man ein Krankenhaus hätte ausstatten können. 234 Dosen EPO, 82 Ampullen mit menschlichem Wachstumshormon, 160 Kapseln Testosteron. Außerdem: ein Hepatitis-Impfstoff. Nicht die dümmste Idee, wenn man sich bewusst machte, wie viele Spritzen die Fahrer sich bei der Menge an Doping setzten. Plötzlich ging alles ganz schnell. Französische Polizisten strömten in das

Fahrerlager und durchsuchten Autos und Busse der Teams. Seitens der Teamverantwortlichen wurde noch versucht, alles abzustreiten, aber die Beweise waren erdrückend. Schließlich wurde das Team suspendiert. In einer Geschäftsstelle des Teams wurde eine Razzia durchgeführt, man fand weitere Dopingmittel. Die Medien überschlugen sich beinahe. Die Bilder gingen um die Welt. Sie erreichten auch mich.

Ich stellte mir erneut die Frage, ob ich nicht vielleicht doch etwas falsch gemacht hatte. Auch wenn vielleicht alle anderen das tun, war es richtig zu dopen? Ich suchte das Gespräch mit Teamärzten. Man einigte sich darauf, dass man erst einmal abwarten würde, man wollte die Entwicklungen weiter beobachten.

Einige Fahrer veranstalteten dramatische, letztlich aber fruchtlose Proteste. Sie drohten zu streiken. Aber das hielt die Polizei nicht davon ab, mit absoluter Härte durchzugreifen. Der Schweizer Alex Zülle wurde angehalten. Man führte eine Leibesvisitation durch, sperrte ihn für 24 Stunden in Polizeigewahrsam und gab ihm angeblich nichts weiter als ein Glas Wasser.

Das machte wohl gehörigen Eindruck auf ihn. In dem Buch *Die Radsportmafia* wird Zülles Geständnis so zitiert: »Alle wussten, das ganze Peloton war gedopt. Ich hatte die Wahl, entweder nachzugeben und mitzumachen oder aufzugeben und wieder als Anstreicher zu arbeiten. Es tut mir leid, dass ich gelogen habe, aber es ging nicht anders.«

Damit sprach er wahrscheinlich nicht nur mir, sondern so einigen anderen Fahrern ebenfalls direkt aus dem Herzen. Er brachte es auf den Punkt. Welche Wahl hatte man denn? Entweder man ließ die Finger vom Doping, dann konnte man gleich nach Hause fahren. Oder man machte mit und war auf demselben Niveau wie fast alle anderen Fahrer.

Der Doping-Skandal überschattete jedenfalls die gesamte Tour. Man merkte, wie alle immer nervöser wurden und nicht mehr wussten, wie sie nun weitermachen sollten. Schnell verbreiteten sich Gerüchte, wie einzelne Fahrer auf kreative Art und Weise ihr EPO ins Lager schmuggelten. Einige sollen den Stoff in Cola-Dosen oder Staubsaugern transportiert haben. Wiederum andere wollten gehört haben, dass bestimmte Fahrer kleine Depots am Streckenrand vergraben hatten. Ich weiß nicht wirklich, wie viel davon stimmte.

Tatsächlich verdrängte ich das ganze Thema so gut, wie ich nur irgendwie konnte.

Innerlich hatte ich damals die Hoffnung, dass sich nun vielleicht etwas verändern könnte. Dass es eine Art Stunde null geben würde. Dass Doping nun endgültig geächtet werden würde. Dass alle nun damit aufhören würden. Ich stellte mir vor, dass es ein großes Abrüsten geben würde, sodass jedes Team wieder bei null anfinge und auf diese Weise eine neue Chancengleichheit hergestellt würde. Ich sollte mich täuschen. Zwar gab es neue EPO-Erkennungsmethoden, sodass immer mehr Fahrer von dieser Form des Dopings Abstand nahmen. Aber die ersten Fahrer hatten längst eine neue Methode entdeckt. Und schnell wurde ich angehalten, erneut nachzuziehen, wenn ich Chancengleichheit herstellen wollte.

Die Sonne strahlte. Es war ein glühend heißer Vormittag, als ich mit Rudy durch die Straßen von Madrid ging. Vor einem Haus blieben wir stehen. Hier waren wir richtig. Dr. Eufemiano Fuentes. Ein hoch angesehener und erfahrener spanischer Arzt, der schon seit vielen Jahren mit Profisportlern arbeitete. Ich atmete einmal tief durch und klopfte an die Tür. Als Fuentes uns öffnete, war ich überrascht. Vor mir stand ein großer Mann, der mich überschwänglich und mit ausladenden Gesten begrüßte. Dr. Fuentes war Mitte vierzig, gut gekleidet und sehr freundlich. Er lotste uns in sein Büro.

»Der große Jan Ullrich«, sagte er und gestikulierte wild. »Ich bin ein Fan, jawohl, ein Fan der allerersten Stunde!«

»Man hat mir gesagt, dass Sie mir helfen können.«

Ich hatte von der Methode bereits gehört. Eigenblutdoping. Beim Eigenblutdoping ging es um Bluttransfusionen. Dabei wird den Sportlern Blut entnommen, eingelagert und vor einem entscheidenden Rennen mit einer Transfusion wieder zugeführt. Im ersten Moment, in dem das Blut abgenommen wird, fühlt man sich zunächst einmal geschwächt. Aber sobald es wieder im Körper ist, soll das Blut einem einen Energieschub geben. Das Grundprinzip ist dasselbe wie bei EPO. Wieder hat man auf einen Schlag viele rote Blutkörperchen, die den Muskeln mehr Sauerstoff zuführen – und sie dadurch leistungsfähiger machen.

Und das Beste: Es wäre nicht nachweisbar. Es wäre ja nur mein eigenes Blut.

Ich hatte ein ganz unangenehmes Gefühl. Sich EPO zu spritzen, war das eine, aber sich gleich Blut abnehmen zu lassen, nur um es sich ein paar Wochen später wieder in den Körper zu transferieren? Das klang unheimlich. Das klang wie in einem ganz, ganz falschen Horrorfilm. Aber man beruhigte mich. Man sagte mir, dass man so etwas schon in den 1970er-Jahren gemacht hätte. Dass das alles nichts Außergewöhnliches sei. Und dass es viele Fahrer gebe, die diese Methode mittlerweile anwendeten. Sehr viele Fahrer.

Fuentes war mir sympathisch. Ich hatte das Gefühl, dass er wusste, wovon er spricht. Dennoch erbat ich mir Bedenkzeit. Ich flog zurück nach Hause.

Ich rang mit mir, ich hatte wirklich gemischte Gefühle. Ich wollte das nicht machen. Aber wer will das schon? Ich glaube, dass es keinen Sportler auf dieser Welt gibt, der bei dem Gedanken an eine solche Prozedur keine Bauchschmerzen hätte. Auf der anderen Seite wusste ich auch, dass ich kaum eine Wahl hatte. Es gab schlichtweg keine andere Möglichkeit, um weiter an der Spitze mitzufahren. Ich musste das machen, was viele andere auch machten. Oder ich war raus. So einfach.

Zwei Wochen lang rang ich mit mir. Willst du dich wirklich wieder in diesen Teufelskreis begeben, fragte ich mich. Willst du das wirklich alles auf dich nehmen? Aber was wäre die Alternative? Ich war doch ein Profisportler. Also musste ich mich professionell verhalten. Und wenn die Ärzte sagten, es wäre ungefährlich ...? Ich ließ mir nur mein eigenes Blut abnehmen und wieder zurückführen. Was war schon dabei? Ich lief auf und ab. Ich wusste, dass ich nur eine Wahl hatte: entweder ganz oder gar nicht. Wahrscheinlich war es mein Ehrgeiz, der zu der finalen Entscheidung führte. Ich war mittlerweile bei Bianchi unter Vertrag und ich wollte es noch einmal wissen. Ich war gut in Form. Ich hatte die besten Chancen auf ein großes Comeback. Ich atmete tief durch.

»Also gut«, sagte ich mir. »Lass es uns machen.«

Ich war also wieder zurück in Madrid und es wurde mir Blut abgenommen. Dieses Blut sollte ich wieder zurückbekommen, wenn es darauf ankam. Auch wenn das zurückgeführte Blut nicht mehr mit Zusatzstoffen angereichert wurde, hatte man nach der Rückführung dennoch einen höheren Anteil an roten

Blutkörperchen im Kreislauf. Und somit einen merklichen Vorteil. Aber da ich nicht als einziger dieses Verfahren anwendete, war in meinem Kopf die Chancengleichheit zu vielen meiner Konkurrenten hergestellt und ich konnte mich wieder auf meine Vorbereitung und mein Training konzentrieren. Ich fühlte mich ein paar Tage schlapp, aber das legte sich dann wieder. Und so fuhr ich wieder gedopt. Dieses Mal nicht mehr mit EPO, sondern mit meinem eigenen, vor den wichtigen Rennen wieder zugeführten Blut.

Und so ging es weiter. 2006 sollte mein großes Jahr werden. Ich war nach einer starken Saison bei Bianchi wieder zur Telekom zurückgekehrt. Ich war absolut davon überzeugt, dass ich imstande war, die Tour de France dieses Jahr zu gewinnen. Alles passte. Meine Form. Mein Team. Und meine Einstellung. Ich hatte den Winter so hart durchtrainiert wie noch nie zuvor in meinem Leben. Und morgen, da sollte es losgehen. Es war der 30. Juni 2006 und ich saß mit meinem Berater Rudy zusammen im Hotel au Boeuf in Straßburg. Ich machte mich ein bisschen warm, als mir auffiel, dass sich vor dem Hotel immer mehr Journalisten versammelten. Irgendwann standen da gut zweihundert Menschen. Ich schaute Rudy an. Er zuckte mit den Schultern. In dem Moment erhielt ich einen Anruf von einem meiner engsten Freunde, der mich jedes Jahr kurz vor Tourstart anrief, um mir Glück zu wünschen. Dieses Mal wollte er mir allerdings kein Glück wünschen. Dieses Mal hatte er eine ziemlich spezielle Frage. »Jan, ich lese gerade im Videotext, dass sie dich suspendiert haben. … Was ist denn da los, sag mal?« Suspendiert?

Mich? So ein Unsinn. Warum sollte man mich denn suspendieren? Ich war bereit, die Tour am nächsten Tag zu gewinnen.

»Ich sitze gerade auf der Rolle und trainiere in meinem Hotelzimmer. Das kann nicht stimmen«, winkte ich ab, als sich genau in diesem Moment die Tür öffnete und Christian Frommert, Kommunikationschef von T-Mobile, in das Zimmer kam.

»Du, Christian«, fragte ich ihn. »Was ist denn da draußen los?«

»Jan«, sagte er und musterte mich. Nach einer kurzen Pause fuhr er fort. »Du bist suspendiert. Du wirst die Tour morgen nicht fahren.« Ich lachte. »Christian«, sagte ich. »Ich bin in der Form meines Lebens. Natürlich werde ich morgen fahren.«

Frommert schüttelte den Kopf. »Nein, wirst du nicht. Sag mal, hast du nicht mitbekommen, was los ist?«

Ich hatte gehört, dass es Ermittlungen in Spanien gab, jedoch hatte ich bis dato keine detaillierteren Informationen. Auch von dem Team hatte niemand darüber mit mir gesprochen.

Frommert sagte mir, dass es seit einer Woche kein anderes Thema mehr in den Schlagzeilen gab.

Und tatsächlich: Im Mai war eine Lawine losgetreten worden, die mich nun überrollen sollte. Im Mai hatte es in Spanien eine Razzia gegeben, von der auch Dr. Fuentes betroffen war. Ich war so sehr auf mein Training fokussiert, dass das alles an mir vorbeiging. Der Kommunikationschef unseres Teams erklärte mir daraufhin, dass es zu meinem eigenen Schutz sei, mich jetzt besser »rauszunehmen« und nach Hause zu schicken, weil ich mich bei dem ganzen Ärger ohnehin nicht mehr auf den Sport konzentrieren könnte.

»Das wird sich schon wieder legen«, sagte ich. »So wie immer.« Doch Frommert schüttelte nur den Kopf. »Dieses Mal nicht, Jan. Im Ernst. Du bist raus.« Erst jetzt begriff ich, was hier passierte.

Was ich in dieser Zeit gelernt habe:

Ich habe in meinem Leben viele Fehler gemacht, aber kaum einer war so folgenschwer wie meine Entscheidung zu dopen. Vielleicht nur einer: Dass ich viele Jahre zu den Doping-Vorwürfen geschwiegen habe. Es war ein Schweigen, das schwer auf mir lastete. Es war ein Schweigen, das mich schließlich kaputt gemacht hat.

Ich habe gedopt. Warum fiel es mir so wahnsinnig schwer, das auszusprechen? Ich glaube, es lag daran, dass ich keinen Weg gefunden hatte, meine Beweggründe zu erklären. Als ich in den Profisport wechselte, war Doping bereits sehr weit verbreitet. Es gab wohl nicht viele Fahrer im Peloton, die nicht auf die illegalen Substanzen zurückgegriffen hatten. Und zu Beginn, da hatte ich noch nicht einmal ein großes Problembewusstsein. Ob ich das EPO nun im Höhentrainingslager gewann oder indem ich es mir selbst zuführte, so sagte man mir ständig, wäre ja kein großer Unterschied. Es wäre nur einfacher. Eigentlich wusste ich, dass das nicht stimmt, aber ich übernahm diese Erklärung. Vielleicht auch um mich selbst zu beruhigen. Und außerdem: Die meisten anderen Fahrer machten das ja auch. Ich hatte also eine Wahl: Ich würde kein EPO nehmen und könnte somit meine Profikarriere beenden, weil ich keine Chance hätte, mit den anderen Fahrern mitzuhalten. Oder ich würde mitspielen. In meinem Kopf habe ich nie betrogen. Ich habe mir keinen Vorteil gegenüber irgendwem verschafft. Ich habe einfach nur gleichgezogen. Aber das ist natürlich Unsinn. Natürlich habe ich betrogen. Ich habe alle Zuschauer betrogen, die zu mir aufgeschaut haben. Und ich habe den Sport betrogen. Das musste ich mir eingestehen.

Warum habe ich nun geschwiegen? Vielleich, weil mir die Vorstellungkraft fehlte, aus der Situation wieder herauszukommen. Wenn ich gesagt hätte, dass ich gedopt gewesen war, ohne zu erklären, dass Doping systematisch verbreitet war, dann wäre der Eindruck entstanden, dass meine Erfolge keine echten Erfolge waren. Dass ich die anderen Sportler betrogen hätte. Aber das stimmte so nicht. Wenn ich allerdings erklärt hätte, dass es ein systematisches Doping gegeben hätte, dann hätte ich damit andere Leute angeschwärzt. Und das wollte ich ebenfalls nicht. Das war nicht meine Art. Ich war nur für mich selbst verantwortlich. Das waren meine damaligen Gedanken. Also entschied ich mich dazu zu schweigen.

Die Welt ist nicht nur schwarz oder weiß. Sie hat viele Schattierungen. Ich habe das nicht erkannt. Ich habe nie die Verantwortung für meine Fehler übernommen. Vielleicht wäre alles ganz anders gekommen, wenn ich einfach von Anfang an offen und ehrlich gewesen wäre. Wenn ich einfach darüber gesprochen hätte, was passiert war. Wenn ich versucht hätte, zu erklären, warum ich so gehandelt hatte. Vielleicht hätten die Menschen es verstanden. Vielleicht auch nicht. Aber ich habe ihnen nie eine Chance gegeben, mir zu verzeihen. Ich habe mich einfach fallen lassen. In ein tiefes, tiefes Loch.

Heute ist der Radsport ein anderer. Heute gibt es andere Kontrollmechanismen. Ja, es gab die Stunde null, von der ich immer geträumt hatte. Ein einvernehmliches Abrüsten.

Aber vielleicht kommt es eines Tages wieder anders. Und vielleicht ist mein Fall dann eine Warnung für jeden Sportler, der mit dem Gedanken spielt zu dopen. Es ist der falsche Weg. Immer. Das weiß ich heute.

Die Wahrheit kann sehr komplex sein. Dennoch habe ich gelernt, dass Transparenz und Aufrichtigkeit immer der beste Weg sind, der uns durch das Leben führt. Ich habe erst meinen inneren Frieden gefunden, als ich wirklich ehrlich zu mir und zu meinem Umfeld war.

Ein Blick zurück, ein Schritt nach vorne

Ich wischte mir den Schweiß von der Stirn und trat weiter in die Pedale. Beinahe mechanisch. Immer steiler führte mich die Strecke den Berg hinauf. Das war er, der berüchtigte Alpe d'Huez. Vor kaum einem Berg hatte ich mehr Ehrfurcht. Ich lehnte meinen Körper nach vorne. Spürte, wie die kühle Luft meine Lungen füllte. 13,8 Kilometer Anstieg. Eine einzige Tortur. Ich schloss für einen kurzen Moment die Augen. Und dann passiert es. Auf einmal, da war alles wieder da. All die Erinnerungen. All die Gefühle. Das Glück. Das Leid. Die Anstrengung. Die Hoffnung. Und der Schmerz. Es fühlte sich an, als wäre ich 25 Jahre in die Vergangenheit versetzt worden. Als wäre ich wieder mitten in der Tour de France. Bei dem wichtigsten Rennen meines Lebens.

»Okay«, hörte ich eine Stimme, die mich wieder aus meinen Gedanken riss. »Wir haben starkes Material, wir können hier gerne kurz unterbrechen.« Und hier war ich wieder. In der Gegenwart, Herbst 2022, inmitten der französischen Alpen. Vor mir fuhr ein Wagen mit einer aufmontierten Kamera. Er bremste ab und ich fuhr rechts ran. »Toll geworden«, nickte mir Sebastian Dehnhardt zu, der Regisseur, der mich seit Monaten begleitete. Ich hatte mich bereit erklärt, eine Dokumentation über mein Leben zu drehen. »Der Gejagte« sollte sie heißen und mein gesamtes Leben noch einmal nachzeichnen. Ich hatte keine Ahnung, auf was für einen schmerzhaften Prozess ich mich da einlassen würde, als ich zustimmte, die wichtigsten Orte meines Lebens noch einmal zu besuchen und die wichtigsten Etappen meiner Radsportkarriere noch einmal abzufahren.

Als ich meinen düstersten Absturz auf Mallorca hinter mir hatte und zurück nach Merdingen kam, hatte ich das erste Mal seit einer sehr langen Zeit das Gefühl, dass ich wieder ein Licht am Ende des Tunnels erkannte. Doch ich hatte noch einen verdammt langen Weg vor mir. Ich hatte in den vergangenen Jahren so viele Brücken hinter mir eingerissen, dass ich mich zunächst einmal wieder ganz neu aufbauen musste. Ich musste meinen Körper entgiften. Ich musste das Chaos, das ich in meiner Drogenzeit angerichtet hatte, hinter mir aufräumen. Ich musste endlich meine Vergangenheit aufarbeiten, um mir selbst eine Zukunft zu ermöglichen. Ich musste lernen, mich selbst zu begreifen.

Ich hatte gedacht, dass ich meine Vergangenheit hinter mir gelassen hätte. Vielleicht hatte ich das sogar. Aber so richtig verarbeiten, das tat ich erst jetzt. Das tat ich erst hier. In Frankreich, auf der Strecke, die mein Leben war. Bei den Arbeiten an dieser Doku. Die Erfahrung, wieder hier zu sein, wieder alles noch einmal zu durchleben, war verdammt hart. Es kamen so viele Gefühle und Erinnerungen wieder hoch, die ich ganz fest verschlossen hatte. Aber die Konfrontation mit meiner Vergangenheit half mir, sie als ein Teil meines Lebens zu akzeptieren. Sowohl die guten als auch die schlechten Seiten. Immer wieder musste ich mich den Fragen von Sebastian Dehnhardt stellen. Immer wieder musste ich auch mich selbst hinterfragen.

Ich musste lernen zu verstehen, warum ich getan hatte, was ich getan habe. Ich begann in dieser Zeit, sehr viel über mich selbst nachzudenken. Ich dachte über den kleinen Jungen nach, der unbedingt von seinem Vater gesehen werden wollte. Der das erste Mal beachtet wurde, als er Leistung auf dem Fahrrad zeigte. Ich dachte über meine Trainer nach, die für mich zu Vaterfiguren wurden. Ich dachte auch über das Sportsystem nach, in das ich Zeit meines Lebens immer eingebunden war. Für alles war gesorgt. Ich vertraute den Menschen um mich. Ich hatte damals keinen Grund anzuzweifeln, dass die Entscheidungen, die man mir abnahm, die richtigen waren. Der Radsport wurde zu meiner Familie. Ich ordnete ihm beinahe alles unter. Ich opferte mich für ihn auf. Vielleicht war ich naiv, als ich damals mit Doping in Berührung kam. Doping war Teil des Systems. Ich erkannte erst zu diesem Zeitpunkt, wie verseucht dieses System eigentlich war, aber ich wusste mir nicht anders zu helfen, als mitzumachen. Die Alternative wäre gewesen auszusteigen. Dann hätte ich vor dem Nichts gestanden. Ich wäre damals nicht dazu in der Lage gewesen. Ich dachte auch über mein jahrelanges Schweigen nach. Ich hatte geschwiegen, weil es mir unmöglich gewesen wäre, das Richtige zu sagen. Ich hätte nicht die richtigen Worte finden können.

Ich hätte nicht das System Doping erklären können, ohne dass ich andere Sportler bezichtigt hätte. Und das wollte ich nicht. Ich hatte damals das Gefühl, auf diese Weise hätte ich meinen Sport verraten. Das war nicht mein Verständnis von Fair Play. Ich habe den Preis dafür gezahlt. Der Preis war meine Verbannung aus der Welt des Radsports. Eine Strafe, an der ich beinahe zerbrochen wäre. Die Dokumentation zu drehen, war eine Überwindung. Doch der schwerste Teil sollte erst noch kommen.

Fast ein Jahr nach den Dreharbeiten saß ich in einem Kino in München. Mir ging es gar nicht gut. Ich hatte die ganze Nacht nicht geschlafen. »Das wird gut werden«, sagte mein Freund Mike Baldinger und schlug mir freundschaftlich auf die Schulter. »Mach dir keine Gedanken!« Mach dir keine Gedanken …, das sagte er so leicht. Ich machte mir wahnsinnig viele Gedanken. Heute sollte die Doku vorgestellt werden. Der ganze Saal war voll mit Journalisten. Es war mein erster großer Auftritt in der Öffentlichkeit seit langer Zeit. Nervös schaute ich mich um. Dann kam auch mein Freund Georges Kern zu mir. Georges war seit vielen Jahren eine Art Mentor für mich. Ich kannte ihn schon seit den Anfängen meiner Profikarriere und ich wusste, dass er immer ein offenes Ohr für mich hatte. Nach meinem Absturz war er neben Mike einer der Menschen, die mir wieder auf die Beine halfen. Heute war er hier. Das bedeutete mir viel. Es war gut, jemanden an der Seite zu haben, dem ich vertraute. Er lächelte mich an. »Nervös?«, fragte er, ohne die Antwort abzuwarten. Er kannte mich ja. Ich atmete noch einmal tief durch. Dann ging die Vorstellung los. Ich sah mein Leben, mein ganzes Leben, noch einmal auf der Leinwand vorbeiziehen. Meine Kindheit, meine Jugend, meine ersten Erfolge – und mein tiefer Fall. Als die zwei gezeigten Folgen vorbei waren, begann das Publikum zu applaudieren. Ich atmete durch. Wenigstens wurde ich schon einmal nicht ausgebuht, dachte ich. Dann ging ich auf die Bühne. Nach einer kurzen Einleitung interviewte mich die Sportmoderatorin Annika Zimmermann. Ich klammerte mich an mein Mikrofon. Wieder hatte ich einen Fluchtreflex. Am liebsten wollte ich aus dem Saal rausrennen. Ich wusste, dass der Raum voller Journalisten war. Dass man jedes Wort, was ich hier sagen würde, gegen mich verwenden könnte. Dass mir jede unüberlegte Aussage wieder auf die Füße fallen würde. Dann schaute ich in den Raum und sah, dass auch meine Freunde da waren. Meine Familie. Sara, meine Ex-Frau war gekommen. Gäste, wie die Mutter von meinem viel zu früh verstorbenen Radsportkollegen Marco Pantani. Mein alter Trainer Peter Sager saß hier. Und meine alten Weggefährten: Jens Heppner, Danilo Hondo, Ralf Grabsch. Und so viele mehr. Und natürlich war auch Korffi da, der mich über die meisten Etappen meines Lebens sowieso begleitet hatte. Und dann veränderte sich plötzlich etwas. Ich fing an, mir keine Gedanken mehr darüber zu machen, wer was wie aufnehmen würde. Ich hatte mich in der Dokumentation geöffnet. Ich hatte über alles gesprochen, zum ersten Mal in meinem Leben. Und es hatte mir gutgetan. Warum sollte ich das jetzt nicht auch tun? Und plötzlich waren all die Blockaden in meinem Kopf wie weg gesprengt. Ich fing einfach an zu reden. Ohne mir die Worte zurecht zu legen. Ich war einfach nur geradeheraus ehrlich. Ich erzählte von meinem Absturz. Ich erzählte von meinen Depressionen. Und ich sprach offen über das Doping. Etwas, das ich noch nie zuvor so gemacht hatte. Es war unglaublich befreiend. Und in dem Moment war es mir egal, was die Leute dachten. Ich war ehrlich. Ich war im Reinen mit mir selbst. Sollten sie doch schreiben, was sie wollten.

Als ich die ersten Presseberichte sah, war ich überrascht. Meine große Lebensbeichte wurde nirgendwo hämisch aufgegriffen. Im Gegenteil. Man zollte mir Respekt dafür. Plötzlich spürte ich, dass die vielen Ängste, die ich jahrelang mit mir herumgetragen hatte, grundlos gewesen waren. Ich hätte schon viel früher einfach nur offen und ehrlich sein müssen. Die positiven Berichte freuten mich. Aber die Resonanz auf meine Doku, die von dem

Publikum kam, die überwältigte mich regelrecht. Ich bekam Hunderte von Briefen. Briefe von Menschen, die mir aus ihrem Leben erzählten. Die mir von ihren Krisen erzählten. Die mir berichteten, wie sehr ich sie motiviert hätte, nicht aufzugeben. Das rührte mich so unglaublich. Denn plötzlich begriff ich: Ich war nicht alleine. Ich war nie alleine gewesen. Keiner von uns ist das. Krisen gehören zu jedem Leben dazu. Die Frage ist nur, wie wir mit ihnen umgehen. Viele Probleme konnte ich mit meinem Kampfgeist überwinden. Aber um die größte Krise meines Lebens zu bekämpfen, musste ich lernen, mich selbst zu akzeptieren. Das war ein langer Weg. Es war die steinigste Etappe von allen. Die Tour meines Lebens. Aber ich hatte sie bezwungen. Ich hatte das Ziel erreicht. Und endlich war ich angekommen. Ganz bei mir selbst.

Was ich in dieser Zeit gelernt habe:

Die größte Herausforderung, vor der wir stehen, ist die, uns selbst so zu akzeptieren, wie wir sind. Mit allen unseren Fehlern. Mit allen unseren Unzulänglichkeiten. Wir sind erst dann wirklich stark, wenn wir akzeptieren, dass wir auch schwach sein dürfen. Dass das zu uns gehört. Ich bin lange Zeit davor geflohen, mich mit mir selbst auseinanderzusetzen. Das war ein riesiger Fehler. Aber vielleicht war auch dieser Fehler notwendig. Vielleicht war es genau dieser Umweg, den ich gegangen bin, der mich heute an den Ort geführt hat, an dem ich jetzt stehe. Als ein glücklicher, selbstzufriedener Mensch. Der sich akzeptiert, wie er ist.

Akzeptiere dich so, wie du bist. Denn nur wenn du dich ganz annimmst mit deinen Stärken und deinen Schwächen, kannst du deinen Platz im Leben finden.

Nachwort

Es heißt, dass wir manchmal über unsere Grenzen hinausgehen müssen, um zu uns selbst zurückzufinden. Vielleicht musste ich einmal alle meine Grenzen überschreiten, nur damit ich irgendwann meine Mitte finden konnte. Heute, da habe ich sie gefunden. Heute bin ich angekommen. Ich habe Frieden mit meiner bewegten Vergangenheit geschlossen. Ich habe viele Kämpfe in meinem Leben gewonnen. Ich habe viele Kämpfe in meinem Leben verloren. Aber das Schlimmste war, dass es einen Punkt in meinem Leben gab, an dem ich mich selbst nicht mehr erkannt habe. Das war der Punkt, an dem ich erkannte, dass ich mich ändern muss, wenn ich nicht sterben wollte.

Das habe ich heute getan. Und dennoch bin ich dankbar für jede Erfahrung, die ich gemacht habe. Ich bin dankbar für die guten Zeiten. Und ich bin dankbar für die schlechten Zeiten.

Als ich meinen düstersten Absturz auf Mallorca hinter mir hatte und zurück nach Merdingen kam, hatte ich das erste Mal seit einer sehr langen Zeit das Gefühl, dass ich wieder ein Licht am Ende des Tunnels erkenne. Dass ich wieder Frieden finden könnte. Doch ich hatte noch einen verdammt langen Weg vor mir.

Ich hatte in den vergangenen Jahren so viele Brücken hinter mir eingerissen, dass ich mich zunächst einmal wieder ganz neu aufbauen musste. Ich musste meinen Körper entgiften. Ich musste das Chaos, das ich in meiner Drogenzeit angerichtet hatte, hinter mir aufräumen. Ich musste die Verletzungen heilen, die ich auch den Menschen zugefügt hatte, die ich am meisten liebte. Aber das Wichtigste war: Ich musste zu mir selbst zurückfinden. Ich musste endlich meine Vergangenheit aufarbeiten, um mir selbst eine Zukunft zu ermöglichen. Ich musste lernen, mich selbst zu begreifen.

Es war ein langer, ein steiniger und auch ein steiler Weg zurück. Vor einem Jahr begann ich mit den Arbeiten an einer Doku über mein Leben. Kurz darauf begann ich, dieses Buch zu schreiben. Die Dokumentation und dieses Buch hier waren für mich wie eine Therapie. Ich habe in den letzten Jahren das getan, wovor ich mich viele Jahre zuvor gedrückt hatte. Ich habe mich mit meiner Vergangenheit auseinandergesetzt. Ich habe versucht zu reflektieren, warum ich gehandelt habe, wie ich gehandelt habe. Ich habe meine Fehler erkannt und sie angenommen. Vieles wäre wahrscheinlich anders gelaufen, wenn ich einfach offen und transparent gewesen wäre. Wenn ich von vornherein genau das gesagt hätte, was ich dachte und fühlte. Aber im Rückblick, da weiß man es ja immer besser.

Dass ich es geschafft habe, mich wieder zurück ins Leben zu kämpfen und meinen Platz zu finden, das verdanke ich auch meinem Wertekompass, der in meinen dunkelsten Stunden vielleicht nicht immer ganz präzise war – aber es noch immer schaffte, mir den richtigen Weg zu zeigen. Hätte ich meinen Kampfgeist nicht wiedergefunden, dann hätte ich nie wieder aus meinem Loch herausgefunden. Hätte ich nicht mein Leben lang gegenüber den Menschen, die mir nahestanden, Fair Play gespielt, dann hätte ich einen Schaden angerichtet, der nicht mehr gutzumachen gewesen wäre. Hätte ich nicht früh gelernt, Resilienz aufzubauen, dann wäre ich längst an mir selbst zerbrochen. Und hätte ich nicht mein Leben lang die Menschen mit Respekt behandelt, dann würde ich heute nicht den Respekt erfahren, dass man mir die Hand reicht – und mir meine Fehler verzeiht. Ich habe im vergangenen Jahr aufgeräumt mit meiner Vergangenheit. Jetzt bin ich bereit, in meine Zukunft zu gehen. Ich bin mir ganz sicher, dass ich dazu die richtigen Menschen an meiner Seite habe. Ich habe wundervolle Kinder und eine tolle Frau, die mir die Welt bedeuten. Ich habe die besten Freunde an meiner Seite, die ich mir nur wünschen kann. Ich bin mir sicher, dass ich endlich weiß, wer ich bin und wofür ich stehe. Und ich freue mich endlich wieder auf all die Herausforderungen, die noch kommen mögen!

Quellenverzeichnis

Fournel, Paul: »**Im Peloton: Radsportgeschichten**«. Covadonga (15. Mai 2023)

Friebe, Jens: »**Jan Ullrich: The Best There Never Was**«. Macmillan; Main Market Edition (9. Juni 2022)

Guillaume Martin: »**Sokrates auf dem Rennrad: Eine Tour de France der Philosophen**«. Covadonga; 4. Auflage (24. Februar 2021)

Hamilton, Tyler und Cole, Daniel: »**Die Radsport-Mafia und ihre schmutzigen Geschäfte: Der Insiderbericht über die Welt des Radsports**«. Piper Taschenbuch; 8. Auflage (14. April 2014)

Maso, Benjo: »**Der Schweiß der Götter: Die Geschichte des Radsports**«. Covadonga (1. Oktober 2011)

Moll, Sebastian: »**Ulle: Jan Ullrich. Geschichte eines tragischen Helden.**« Delius Klasing; 2. aktualisierte Auflage 2024

Ullrich, Jan und Boßdorf, Hagen: »**Ganz oder gar nicht: Meine Geschichte**«. Econ (1. Januar 2004)